2판

현대 노인복지론

정성배 · 김현기 · 신선애

창지사

머리말

현대 사회는 의료기술 발달과 생명존중 가치관의 확립으로 노인인구 증가라는 사실을 필연적으로 받아들일 수밖에 없을 것입니다. 이러한 고령화 현상은 그 어떤 인류의 역사에서도 경험할 수 없었던 다양한 욕구와 복합적인 문제를 발생시키고 있어 그에 따른 대비와 예방이 필요합니다. 노인 관련 사회문제와 욕구 해결은 노인복지 영역에서 주로 담당하게 되므로 노인복지 영역도 점점 더 확대되어 가고 있는 추세임을 알 수 있습니다. 따라서 현대 사회의 사회복지분야 가운데 가장 많은 역할을 차지하고 있는 노인복지 연구에 대한 다각적이고 세밀한 노력이 요구됩니다.

본 교재는 현시대에 맞게 각 대학에서 노인복지학 관련 교재로 유용하게 사용할 수 있도록 노력하였습니다. 또한, 노인복지 학습에 도움을 주기 위해 노인복지영역에서 가장 많이 사용되는 주제를 중심으로 내용을 구성하고자 다음과 같이 세 가지 측면에 주목하였습니다.

첫째, 교재 내용 구성에 있어 노인복지 영역에서 핵심적인 내용을 제시하고자 하였습니다. 기존의 수많은 노인복지 관련 교재가 있으나, 본 교재는 실제 학습 상황에서 가장 중요하게 다루는 내용을 중심으로 소개하면서 본문의 양을 최소화할 수 있게 노력하였습니다.

둘째, 교재 내용 구성에 있어 가장 최신 자료를 중심으로 제시하고자 하였습니다. 노인인구 증가에 따른 노인복지욕구, 노인복지정책, 노인복지시설, 노인복지서비스 등 다양한 노인복지 관련 자료 가운데 가장 최신 자료를 소개할 수 있게 노력하였습니다. 또한, 노인복지 실천 현장에서 가장 많이 다루는 사례를 중심으로 내용을 구성하고자 노력하였습니다.

셋째, 각 장마다 해결문제와 찬반토론을 제시하였습니다. 본 교재에서 습득된 내용을 이론에 그치지 않고, 실제 노인복지 현장에서 경험할 수 있는 다양한 쟁점을 중심으로 해결문제와 찬반토론을 통해 이론적 학습과 노인복지현장의 연결성을 찾고자 하였습니다. 또한, 본 교재에서 제시된 해결문제와 찬반토론이 각 대학 강의에서 시도되는 토론학습과 팀프로젝트와 같은 다양한 교수학습활동에 활용되기를 기대합니다.

본 교재의 구성은 13개 장으로 구성하였습니다. 각 대학의 교육과정은 15주~16주로 구성되는 것이 일반적이므로 오리엔테이션, 중간고사, 기말고사 등을 고려하여 13개 장으로 구성하였습니다. 그 내용을 좀 더 구체적으로 살펴보면 다음과 같습니다.

제1장에서는 고령화와 노인복지의 이해라는 주제로 선정하였습니다. 1절은 고령화와 인류의 진화를 다루었고, 2절은 노인인구 변화, 3절은 대표적 노인문제, 4절은 노인복지의 이해 순으로 제시하였습니다.

제2장에서는 노인과 노화의 이해라는 주제로 선정하였습니다. 1절은 노인과 노화의 정의. 2절은 노인의 신체적 특징, 3절은 노인의 심리적 특성, 4절은 노인의 사회적 특성 순으로 제시하였습니다.

제3장에서는 노인의료보장 정책이라는 주제를 선정하였습니다. 1절은 노인의료보장 개념 및 필요성, 2절은 노인의료보장 정책의 현황, 3절은 노인의료보장 개선방안 순으로 제시하였습니다.

제4장에서는 노인소득보장 정책이라는 주제를 선정하였습니다. 1절은 노인소득보장 개요, 2절은 노인소득보장 정책 현황, 3절은 노인소득보장 정책의 개선방안 순으로 제시하였습니다.

제5장에서는 노인고용보장 정책이라는 주제를 선정하였습니다. 1절은 고령사회와 노인고용의 필요성, 2절은 노인고용 현황, 3절은 노인고용제도와 실태, 4절은 노인고용정책의 개선방안 순으로 제시하였습니다.

제6장에서는 노인복지시설이라는 주제를 선정하였습니다. 1절은 노인복지시설의 개념과 등장배경, 2절은 노인복지시설의 유형 및 현황, 3절은 노인복지시설 서비스의 개선방안 순으로 제시하였습니다.

제7장에서는 재가노인복지시설이라는 주제를 선정하였습니다. 1절은 재가노인복지서비스의 이해, 2절은 재가노인복지서비스 종류, 3절은 재가노인복지시설 현황 순으로 제시하였습니다.

제8장에서는 노인복지실천과 상담이라는 주제를 선정하였습니다. 1절은 노인복지실천의 이해, 2절은 노인복지실천 구성 체계, 3절은 노인복지실천 원칙과 과정, 4절은 노인복지실천 모델, 5절은 노인 상담 순으로 제시하였습니다.

제9장에서는 노인 사례관리라는 주제를 선정하였습니다. 1절은 노인 사례관리 개

념과 필요성, 2절은 노인 사례관리 목적과 특징, 3절은 노인 사례관리 역할과 기능, 4절은 노인 사례관리 구성과 과정, 5절은 노인 사례관리 개선방안 순으로 제시하였습니다.

제10장에서는 노인학대라는 주제를 선정하였습니다. 1절은 노인학대의 개념 및 유형, 2절은 노인학대의 주요 이론, 3절은 노인학대의 국내 실태, 4절은 노인학대 발생 요인, 5절은 노인학대 개선방안 순으로 제시하였습니다.

제11장에서는 노인여가라는 주제를 선정하였습니다. 1절은 노인여가의 개념과 의의, 2절은 노인여가활동 유형, 3절은 노인여가활동과 여가복지시설 현황, 4절은 노인여가활동 개선방안 순으로 제시하였습니다.

제12장에서는 노인 자원봉사활동이라는 주제를 선정하였습니다. 1절은 노인 자원봉사활동 개념과 의의, 2절은 노인 자원봉사활동 특성 및 필요성, 3절은 노인 자원봉사활동 대표 이론, 4절은 노인 자원봉사활동 분야와 지원기관, 5절은 노인 자원봉사활동 개선방안 순으로 제시하였습니다.

제13장에서는 노인장기요양보험제도라는 주제를 선정하였습니다. 1절은 노인장기요양보험제도의 이해, 2절은 노인장기요양보험의 적용 대상, 3절은 노인장기요양급여의 유형, 4절은 노인장기요양급여의 이용 절차, 5절은 노인장기요양보험제도의 재원, 6절은 노인장기요양급여의 수가체계 순으로 제시하였습니다.

본 교재가 현 시대에 맞게 노인복지학을 공부하는 학생과 노인복지현장 종사자에게 유용한 참고 서적으로 활용되기를 바라지만, 부족한 부분이 많아 아쉬운 면이 있습니다. 추후 수정하고, 보완할 것이니 여러분들의 아낌없는 지적과 충고를 바랍니다.

끝으로 본 교재 집필을 위해 자료 정리를 도와준 김지혜 학생에게 진심을 다해 고마운 마음을 전합니다. 또한 본 교재 출판에 여러 도움을 주신 창지사 임직원 여러분들께도 감사의 인사를 전합니다.

2025년 8월

대표저자 정성배

목 차

제1장

고령화와 노인복지 이해

1. 고령화와 인류의 진화

1) 신인류 출현과 뉴 실버 세대

(1) 고령화라는 신인류 탄생

현대사회의 첨단 과학기술 발달과 생명존중이라는 가치관의 확대로 평균수명이 연장되면서 고령화 속도도 점점 더 빨라지고 있는 것은 사실이다. 이러한 현대사회에서 인류는 신체적·심리적·사회적으로 건강함의 유지와 각 제반 환경에 적응하기 위한 진화를 거듭하면서 강한 사회적 적응력과 뛰어난 신체발육을 소유하게 되었다. 그 결과 과거의 그 어떤 인류 역사에서도 찾아볼 수 없을 정도로 가장 긴 수명까지 겸비하기에 이르렀다. 실로 현대사회는 고령화라는 새로운 인류가 탄생한 것이라 볼 수도 있다.

고령화라는 신인류의 탄생에 따라 그와 관련된 다양한 사회적 욕구와 사회문제가 발생되어 그 욕구와 문제를 해결하기 위한 노인복지정책도 서기 2020년대를 살아가는 우리 사회에서 필연적으로 나타날 수밖에 없을 것이다. 그뿐만 아니라 그와 관련된 사회현상이 더 확대되면서 또 다른 주제의 노인복지도 더 증가할 수밖에 없을 것이다.

(2) 뉴 실버(New Silver) 세대와 관련 세대

뉴 실버 세대 역시 신체조건이 건장하고 긴 수명을 가지고 있고, 전통적인 사고나 기준에서 벗어나 새로운 가치관을 소유하는 노인 세대로 등장하고 있다. 이로 인해 우리 사회의 욕구와 문제도 과거와는 다르게 점점 더 복잡하고 다양하게 나타나는 추세로 보인다. 또한, 뉴 실버 세대가 우리 사회의 새로운 주류가 될 가능성도 높아 뉴실버 세대가 현대 사회 중심에서 커다란 한 축을 지배할 수도 있다.

비슷한 용어인 베이비 붐(baby boom) 세대는 세계적으로 보면, 2차 세계대전이 끝난 후인 1945년부터 1965년 사이에 태어난 세대를 지칭하는 것이 일반적이다. 한국의 경우엔 6·25 한국전쟁 휴전 직후인 1950년대 중반과 1960년대에 태어난

이들을 베이비 붐 세대라고 하면서 5060세대라고도 지칭한다. 이들은 1970년대 말에서 1980년대 초에 사회에 진출해 한국의 경제성장을 이끈 주역이라 할 수 있는데, 2010년경부터 이들 베이비붐 세대의 은퇴가 시작되어 에이지 붐(age boom) 세대가 주류를 이룬 뉴 실버 세대 시대가 열린 것으로 보인다.

이들은 경제권력에서 뒤처졌던 과거의 노인 세대와는 달리 우리 사회의 경제권력을 장기간 소유할 수 있는 뉴 실버 세대가 될 수 있고, 돌봄 대상으로서도 단기간 돌봄이 아닌 장기간 돌봄이 필요한 대상이 될 수 있다.

이와 함께 아이를 가지지 않는 맞벌이 부부인 딩크족(DINK : Double Income No Kids)이 형성되었고, 자녀, 손자·손녀와 관계없이 노부부끼리 독립된 시간을 보내려는 통크족(Two Only No Kids)이 등장하면서 새로운 노인 세대라 할 수 있는 뉴실버 시대가 도래하고 있다.

2) 노인에 대한 부정적 측면과 긍정적 측면

(1) 노인에 대한 부정적 측면

노인에 대한 대표적인 부정적 측면을 정리해 보면 다음과 같이 제시할 수 있다

- 노인들은 건강 상태가 나쁠 것이다.
- 치매나 중풍은 노인에게만 나타날 것이다.
- 대부분의 노인들은 비슷한 성향을 가질 것이다.
- 노인들은 고집이 많을 것이다.
- 노인들은 경제활동이 어려워 빈곤할 것이다.
- 노인의 지능은 낮을 것이다.
- 노인들은 성적 기능이 없을 것이다. 등을 들 수 있다.

(2) 긍정적 측면

노인에 대한 대표적인 긍정적 측면을 정리해 보면 다음과 같이 제시할 수 있다.

- 노인은 정신적으로 성숙해서 더 지혜로울 것이다.
- 노인은 포용력이 많아질 것이다.
- 노인은 성격이 원만할 것이다.
- 노인은 경제적으로 더 안정될 것이다.
- 역사적으로 보더라도 많은 정치가들과 선구자들도 노령의 나이에 더 능력을 인정받고 활동할 수 있을 것이기 때문에 노인은 통찰력이 높을 것이다. 등을 들 수 있다.

3) 우리 사회의 노인 위치

인류의 대부분 역사는 노인이 살았던 삶에서 과거에 경험했던 많은 사례들이 후세에 영향을 주기 때문에 노인이 인정받았던 적이 많았다. 하지만, 현대사회는 농경사회에서 도시사회로 생활양식의 변화, 과학기술 발달 등으로 노인에 대한 인정과 존경보다는 돌봐주어야 하는 복지 대상자로 보는 경향이 더 크게 나타나고 있는 것 같다.

한국의 경우 대가족이 줄어들어 핵가족이 증가하고, 노인을 공경하는 전통적 유교사상인 효도정신이 점점 사라지는 현상 등으로 이제 더 이상 가족이 노인을 존경하고 돌보는 시대는 끝났다고 표현해도 과언이 아닌 것 같다.

2. 노인인구 변화

1) 노인인구 비율에 따른 각 사회의 조작적 정의

UN에서 정한 기준으로 볼 때 노인인구가 전체 인구의 7%이상~14%미만을 고령화사회(aging society), 14%이상~20%미만은 고령사회(aged society), 20%이상은 초고령사회(super aged society)로 규정한다는 것이 노인복지 학계의 일반적인 상식으로 알려졌다.[1)]

한국은 2000년에 전체 인구의 7%가 넘는 노인인구로 나타나 고령화사회에 진입하였고, 2017년에는 전체 인구의 14%가 넘는 노인인구로 나타나 고령사회에 진입하였다. 통계청을 비롯한 다양한 미래 인구 분석 자료에서 한국은 2026년쯤에 노인인구가 20% 이상으로 나타나 초고령사회로 진입할 것으로 전망하고 있다.

2) 한국의 인구구조

통계청에서 2021년 12월에 발표한 「2020~2070 장래인구추계」에 따르면, 한국은 베이비붐세대가 고령인구로 이동하는 2020년 12월 현재 총인구 5,184만 명에서 향후 10년간은 연평균 6만 명 내외로 줄어들어 2030년엔 5,120만 명 수준으로 감소하고, 2070년에 3,766만 명(1979년 수준)에 이를 것으로 전망하였다. 특히, 출생아는 2020년 27만 명에서 2070년 20만 명(2020년의 71% 수준)으로 감소하면서 2020년부터 향후 10년간 생산연령인구도 357만 명 감소하는데, 고령인구는 490만 명이 증가할 것으로 전망하였다. 2020년과 2070년의 연령별 인구 구성비를 연령구조별로 좀 더 자세히 살펴보면, 15~64세 생산연령인구 비중은 감소

1) "UN에서 공식적으로 고령화사회, 고령사회, 초고령사회라고 분류한 적이 전혀 없을 뿐만 아니라 세계보건기구(WHO), 경제협력개발기구(OECD), 국제노동기구(ILO) 등과 같은 국제기구와 세계 학계에서도 그런 분류를 거의 사용하지 않고 있다. 다만, 일본과 한국에선 이런 분류 방법을 사용하고 있을 뿐이다. 한국은 일본 정부나 학계에서 유엔이 그런 분류 방법을 제시했다고 하면서 지난 20여 년 이상 사용해 왔는데, 그런 분류 방법에 대한 정확한 근거를 확인하지 않고 받아들여 사용하고 있는 것으로 추측된다(백세시대. 2018년 4월 27일)."라는 보도 내용이 있어 참고가 된다.

(72.1%→46.1%), 65세 이상 고령인구 비중은 증가(15.7%→46.4%), 0~14세 유소년 인구 비중은 감소(12.2%→7.5%)할 것으로 전망하였다. 생산연령인구는 2020년 3,738만 명에서 10년간 357만 명 감소, 2070년에 1,737만 명 수준이고, 고령인구는 2020년 815만 명에서 2024년에 1,000만 명을 넘고, 2070년에는 1,747만 명까지 증가할 것으로 보고하였다.

이와 같은 통계자료에서 보듯이 한국은 저출산 고령화 현상이 점점 심화되고 있는 것을 확인할 수 있어 노인복지 영역은 우리 사회에서 피할 수 없는 주제로 다가오고 있음을 알 수 있다.

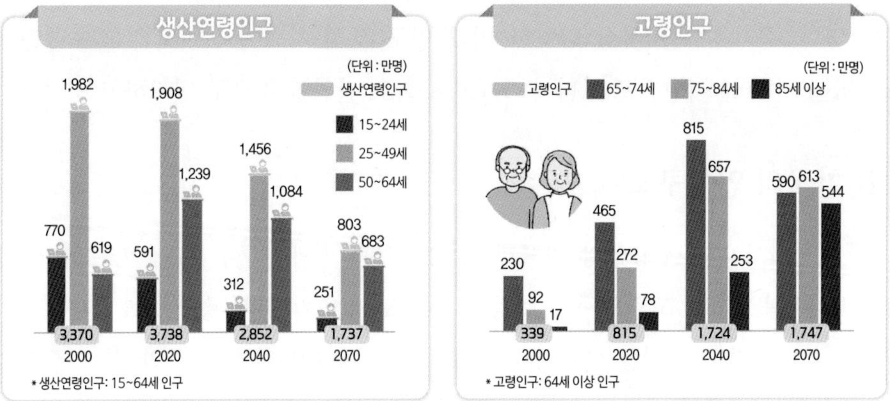

[그림 1-1] 장래 생산연령인구와 고령인구 추계

출처 : 통계청(2021). 「2020~2070 장래인구추계」.

3. 대표적 노인문제

현대의 대표적 노인문제는 다음과 같이 제시할 수 있다. 가족의 노인부양기능 약화, 노인부양의 공적 영역으로 전환, 노후 생활보장 불안, 노인일자리, 노인의 여가와 고독, 노인 역할 상실 등을 들 수 있다.

1) 가족의 노인부양기능 약화

전통적으로 우리나라는 유교사상에 근거하여 3대가 한집에 모여 사는 대가족 구조에서 부모를 공경하고, 자녀가 고령의 부모를 돌보는 문화를 가진 사회였었다. 하지만, 현대 사회는 과거의 유교사상이 줄어들고 자녀가 부모를 돌보는 가치관도 변화되어 대가족 구조가 축소되고, 1인 가구가 늘어나 자녀가 고령의 부모를 돌보는 문화를 기대하기는 어려울 것으로 판단된다. 이는 현대 노인의 입장에서 보면, 본인은 자녀를 돌보았고, 고령의 부모도 돌보았는데, 정작 본인이 노인이 되었을 때인 현대는 자녀들이 돌봐주지 않게 되어 참으로 억울한 면이 있을 수 있겠다.

2) 노인부양의 공적 영역으로 전환

가족이 노인을 부양하고 돌봐주는 사례가 줄어들고, 국가와 사회가 노인을 돌봐주는 공적 돌봄과 부양시스템을 확대하는 사회서비스 제도가 점점 증가하고 있다. 특히, 한국은 2008년 노인장기요양보험제도가 실시되면서 노인돌봄 영역을 사회보험으로 적용하기 시작하였다. 이는 한국에서 노인돌봄 영역은 더 이상 개인이나 가족 만의 영역이 아닌 국가나 사회가 그 역할을 담당해야 한다는 것을 증명하고 있다.

3) 노후 생활보장 불안

과거 친족과 가족을 중심으로 노인부양을 담당했던 시대에서 노후 생활보장은 주로 가족이 그 역할을 담당했을 것이다. 하지만, 가족의 노인부양과 노인돌봄 역할이 점점 축소되어 가는 현대 사회에서 노후 생활보장은 매우 불안할 가능성이 높아 보인다. 평균수명 증가로 노인이라는 시기를 피하기는 어려워 어차피 노인 시기는 나타날 수밖에 없는데, 노인 시기의 노후생활이 윤택하지 못하거나, 빈곤한 삶이 될까 걱정되고 불안한 마음은 점점 더 확대될 가능성이 크다. 더군다나 아무도 돌봐주지 않는 노년의 삶을 생각한다면 얼마나 노후생활이 불안하고 초조할 것인지를 짐작할 수 있다.

4) 노인일자리

100세 시대라는 말은 현대사회에서 적지 않게 회자되는 용어로 우리 사회에서 더 이상 어색한 용어가 아닌 것으로 보인다. 정년 연령도 60세 즈음이 상식으로 여겨지는 것이 일반적인 사실이다. 이는 한국의 경우 60세 이후부터 100세까지인 40여 년을 직업과 일자리가 없이 생활할 수 있음을 짐작할 수 있다. 인간의 생애에서 40여 년 동안 직업과 일자리 없이 생활해야 하다는 점을 상상해 보면, 참으로 고통스러운 시기일 것이다. 사람에게 직업과 일자리는 건전한 고단함과 달콤한 휴식의 반복으로 연결되어 삶의 원동력이 될 가능성이 매우 높다. 이와 같은 이유로 노인일자리의 중요성을 확인할 수 있고, 노인복지적 측면에서도 노인일자리 확충은 사회보장적 효과가 크게 나타날 수 있다. 즉, 우리 사회에서 노인일자리 확충을 위한 노력도 피할 수 없는 중요한 과제 가운데 하나일 것이다.

5) 노인의 여가와 고독

적지 않은 노인들의 고민 가운데 하나가 여가생활을 어떻게 보낼 것인가? 이다. 이는 노인과 같은 은퇴 시기 이후의 여가생활이 얼마나 중요한지 확인할 수 있는 대목이다. 모든 것이 왕성했던 젊은 시기와는 다르게 노인 시기에 많은 사회활동이 줄어든다면 고독한 삶일 것이다. 인간에게 고독이란 참으로 무서울 수 있다. 그리스 철학자 아리스토텔레스가 "인간은 사회적 동물이다."라고 표현하였듯이 인간은 많은 사람들과 연관된 활동을 자의건 타의건 요구하고, 실천한다. 그런 사회적 활동이 없을 때 나타나는 고독은 인간의 삶에서 불행할 수 있고 비참하단 생각까지도 가질 수 있다. 특히, 1인 가구 노인의 경우 고독사로도 연결될 수 있어 인간에게 고독은 매우 위험한 요인이며, 노인복지 영역에서도 빼놓을 수 없는 주요 문제 가운데 하나이다. 이는 노인복지 영역에서 고독을 줄이기 위한 노력과 노인의 건전한 여가 활동의 중요성을 다시 한번 확인할 수 있는 대목이다.

6) 노인 역할 상실

농경사회의 노인은 많은 농사 경험에서 오는 정보를 소유하고 있는 고귀한 존재로 당시 사람들에게 존경을 받았을 것으로 짐작된다. 또한, 첨단 기계를 사용하지 않는 시대에서 전통적인 방법으로 어업을 생업으로 하는 시대의 노인도 당시 사람들에게 많은 경험에서 오는 정보를 소유한 중요한 존재로 인정받아 왔을 것이다. 하지만, 최첨단 과학과 인터넷의 발달로 지구 끝 다른 나라의 첨단 농사 기법 정보를 확인할 수 있고, 인공위성을 이용해 물고기 떼를 찾을 수 있으며, 날씨도 미리 알 수 있는 현시대에서는 노인의 지위와 그 가치가 하락되어 노인이 갖는 역할이 점점 상실되어 가고 있는 현실에 직면하고 있다.

4. 노인복지의 이해

1) 노인복지 개념

노인(老人)이란 나이가 많은 늙은 사람이란 뜻을 가진다. 복지(福祉)란 행복한 삶으로 평안한 상태를 가리킨다. 이와 같은 낱말 풀이로 정리해 보면 늙고 나이 든 사람들을 대상으로 행복하고 평안한 상태가 되도록 노력하는 것이 노인복지라 할 수 있다.

즉, 노인복지는 노인이 겪는 사회적 문제와 욕구를 해결하여 안정을 찾을 수 있는 복지 상태를 유지하게 하는 모든 사회적 활동이라고 정리할 수 있다. 또한, 노인복지는 아동복지, 장애인복지, 지역복지 등과 같이 사회복지실천 분야에서 가장 중요한 영역 가운데 하나이다.

2) 노인복지의 광의적 개념과 협의적 개념

노인복지의 광의적 개념은 노인의 다양한 욕구와 사회문제 해결을 위한 모든 활동을 포함하는 것으로 일자리, 주택, 도로, 공원 등을 포함한다. 또한, 질병, 장애, 빈곤, 실업과 같은 사회문제해결과 각종 노인복지 서비스를 위한 다양한 복지 정책 등을 포괄하여 노인복지의 광의적 개념으로 정의할 수 있다. 한편, 거시적 측면의 노인복지는 노인생활 전면의 사회적 보장을 포함한다.

노인복지의 협의적 개념은 사회복지현장에서 사회서비스로 노인을 돌보는 구체적 행위라 할 수 있다. 또한, 공공부조나 사회보험 방식으로 제공되는 다양한 노인복지 서비스를 위한 구체적인 프로그램으로 한정할 수 있다. 한편, 미시적 측면의 노인복지는 노인에게 최소한의 생활을 유지할 수 있게 보장해 주는 사회서비스라 할 수 있다.

3) 노인을 위한 복지의 당위성

노인을 대상으로 다양한 복지서비스를 제공하는 것은 우리 시대의 당연한 현상이라 할 수 있는데, 그 이유는 다음과 같은 당위성을 갖기 때문이다.

첫째, 가족부양의 약화에 따른 가치관의 변화이다. 통계청(2021)의 「가족 중 부모 노후 생계 책임자」란 보고서에 따르면, 부모의 노후 생계를 주로 누가 돌보아야 하는지에 대해 가족(자녀)이 전적으로 돌보아야 한다는 의견에 대해 2002년은 64.8%로 높았으나, 2014년 31.2%, 2018년 36.7%, 2020년 20.9%로 감소하여 노부모 부양에 대한 가족과 자녀의 전적 책임 의식이 점점 낮아져 가고 있는 것을 알 수 있다. 이는 우리 사회에서 노인부양에 대한 가족부양 약화라는 가치관 변화가 점점 더 확대되고 있음을 알 수 있다.

둘째, 노년부양비 증가이다. 통계청(2021)의 「장래인구추계」에 의하면 노년부양비의 추세를 보면, 2010년에는 생산가능인구 6.7명이 노인 1명을 부양하였으나, 2018년에는 5.1명이었으며, 2030년에는 2.6명, 2050년에는 1.3명, 2065년에는 생산가능인구 1명이 노인 1명을 부양할 것이라는 예측 내용을 보고하였다. 이처럼 노인 부양부담이 계속 증가하는 추세로 향후 노인부양에 따른 비용 증가는 필연적일 수밖에 없으며, 미래세대의 노인복지 부담도 클 수밖에 없을 것이다. 즉, 본격적인 고령화가 시작되기 이전에 노후생활 안정대책과 젊은 세대의 부담 완화를 위해서도 노인복지에 대한 관심을 가질 수밖에 없을 것이다.

셋째, 노인복지의 공공성 강화이다. 노인복지에 대한 수요는 민간과 공공을 가르지 않고 넓은 영역까지 확장되고 있다. 분명한 것은 민간 영역보다 공공영역에 대한 노인복지 욕구가 더 많아지고 있으며, 실제로 공공영역에 대한 노인복지 실천도 점점 증가하고 있다. 또한, 과거 노인복지 영역에서 국가는 관리하거나 규제하는 역할이었지만, 이제는 국가의 역할이 노인복지 서비스 공급자이자 생산자로서 역할이 확대되면서 양질의 복지서비스를 제공하는 역할의 중심은 국가라는 점이 사실로 굳어가고 있는 추세로 보인다. 그렇기 때문에 노인복지 욕구 해결에 공공 영역의 중요성이 점점 더 확대되는 당위성을 찾을 수 있다.

넷째, 사회대통합이 필요하기 때문이다. 젊은 세대가 노인 세대를 돌보는 것은 사회통합 중 하나일 것이고, 건강한 사회로 가는 당연한 과정으로 보인다. 또한, 지금의 노인 세대는 과거 우리나라의 경제발전과 사회발달에 많은 기여를 하였기에 다음 세대에서 수고했던 노인을 복지하는 정책과 시스템을 마련하는 것은 너무나 당연한 일일 것이다. 훗날 그다음 세대는 노인이 되어있을 것이고, 또다시 그다음 세대는 노인을 복지하는 세대 대통합 과정은 우리 사회의 긍정적 시너지를 발산할 것이다. 즉, 노인복지는 우리 사회를 평안하고 안정되게 통합하는 역할을 담당하는 중요한 과정 가운데 하나임이 틀림없다.

이러한 이유들로 인해 노인복지에 대한 당위성이 필요하다고 정리해 볼 수 있겠다.

4) 노인복지의 학문적 분야

노인복지의 학문적 분야는 노인생물학, 노년의학, 노년사회학, 노년사회복지학, 노년심리학, 교육노년학 등을 들 수 있다.

〈표 1-1〉 노인복지학 관련 연구 영역

분야	연구 영역
노인 생물학	노화에 따른 신체적, 생리적 변화 등
노인 의학	노인의 신체 및 정신적 질병과 치료 등
노인 사회학	노인인구 외 수명, 문화와 성인 사회화, 노인집단과 불평등, 사회제도와 노인, 노인과 사회문제, 노인을 위한 프로그램과 전망 등
노인 사회복지학	노인의 적응 및 욕구해결을 위한 정책, 프로그램, 서비스 제공 등
노인 심리학	연령증가에 따른 감각, 지각, 정신기능, 감정, 성격의 변화와 이와 연관된 행동 등
노인 교육학	노인의 학습, 노인에 관련된 교육방법 등

출처 : 정순둘 외(2020). 「노인복지학」.

5) 노인복지실천

노인복지실천이란 노인을 대상으로 사회복지실천의 가치, 원칙, 기술을 적용하여 노인이 인간다운 삶을 영위할 수 있도록 사회복지서비스를 제공하는 방법을 의미한다(정순둘 외, 2020).

노인복지실천은 구성과 목적이 일반적인 사회복지실천 방법과 상당히 유사하게 진행되나, 그 실천 대상이 노인이라는 클라이언트로 국한된다는 점에서 차이가 있을 수 있다. 하지만, 현대의 노인복지 실천은 노인이란 대상에만 국한되는 것이 아니라, 노인 가족도 포함되고, 노인이 살고 있는 지역사회의 다양한 요인까지 그 영역을 확대하는 추세임을 알 수 있다. 즉, 노인복지의 실천 분야는 노인 자신이 사회에 잘 적응할 수 있는 것을 목표로 하며, 문제해결을 위해 본인의 역량을 발휘할 수 있도록 강화시키는 것까지를 포함한다고 정리할 수 있다.

6) 노인복지 동향

한국은 전 세계에서 유례없이 빠르게 고령사회에 진입하는 국가 가운데 가장 대표적인 국가임이 틀림없다. 그에 따른 사회문제와 이를 해결하기 위한 복지정책 또한, 중요한 국가 과제로 부상하고 있다. 이는 우리나라에서 자연스럽게 사회복지 영역에서 노인복지가 차지하는 비율이 점점 더 증가할 것이라는 점을 알 수 있고, 사회복지 영역에서도 노인복지 영역이 가장 큰 비중을 차지하는 복지 분야라는 점을 확인할 수 있다.

우리나라는 2008년부터 실시하고 있는 「노인장기요양보험제도」와 함께 노인복지의 공공성 강화라는 새로운 패러다임으로 변화될 것임을 예측할 수 있다. 또한, 향후 노인복지는 시설복지에서 재가복지나 지역사회보호라는 개념으로 변화될 가능성이 매우 높을 것으로 전망할 수 있다.

〈연습 문제〉

1. 총 인구대비 초고령사회의 기준에 해당하는 노인인구 비율은?(　)

① 5%이상　② 7%–14%미만　③ 10%

④ 14%–20%미만　⑤ 20%이상

2. 우리나라가 고령화 사회에 처음 진입한 해는 언제인가?(　)

① 1998년　② 1999년　③ 2000년　④ 2002년　⑤ 2017년

3. 노인복지를 위한 당위성과 거리가 가장 먼 것은?(　)

① 가족부양의 약화에 따른 가치관의 변화

② 노년부양비의 증가

③ 노인복지의 공공성 강화

④ 사회 대통합의 필요성

⑤ 노인 부부 활동 강화

〈정답 및 해설〉

1. 정답 : ⑤

해설 : 노인인구가 전체 인구대비 7%이상 ~ 14%미만은 고령화사회, 14%이상 ~ 20%미만은 고령사회, 20%이상은 초고령사회라 하는 기준이 있다.

2. 정답 : ③

해설 : 우리나라는 2000년도에 전체인구 대비 노인인구가 14%가 넘어 고령사회로 진입하였다.

3. 정답 : ⑤

해설 : 노인복지를 위한 당위성은 가족부양의 약화에 따른 가치관의 변화, 노년부양비의 증가, 노인복지의 공공성 강화, 사회 대통합의 필요성이 대표적인 당위성이다.

〈해결 문제〉

우리나라의 노인인구 증가는 필연적인 것 같다. 노인인구에 대한 부양은 가족 책임인가? 국가 책임인가? 가족부양의 영역은 어디까지이고, 국가부양의 영역은 어디까지로 보는 것이 바람직할까?

〈찬반 토론〉

2019년 2월 21일 대법원은 육체노동 가동연한을 60세에서 65세로 상향조정하는 것이 적절하다고 결론을 지었고, 2019년 1월 24일에는 박능후 보건복지부 장관이 노인 연령을 70세 이상으로 확대할 필요성이 있다는 점을 제기하였다. 대한노인협회도 스스로 노인 연령 기준을 65세에서 70세로 늘리는 방안을 진행 중이며, 기존의 노인 혜택인 대중교통 무료, 노령연금 등을 없애 우리 사회의 미래를 대비해 출산과 보육 정책에 그 예산을 사용하려는 노력도 나타나고 있다. 그렇다면, 노인 연령을 70세로 높이는 것에 대해 찬성과 반대로 나누어 찬반 토론을 해보자.

제2장

노인과 노화의 이해

1. 노인과 노화의 정의

1) 노인의 정의

(1) 일반적 정의(노화현상에 의한 정의)

국제노년학회(1951)에서는 노인이란 인간의 노화과정에서 나타나는 생물적, 심리적, 환경적 변화 및 행동적 변화가 복합적으로 상호작용하는 과정에 있는 사람이라고 규정하며, 다음의 다섯 가지 특성을 지닌 사람을 의미한다고 설명하고 있다. 즉, 노인은 ① 환경 변화에 적절히 적응할 수 있는 조직기능이 감퇴되고 있는 사람, ② 생체의 자체 통합능력이 감퇴되고 있는 사람, ③ 인체의 기관, 조직, 기능에 쇠퇴현상이 일어나는 시기에 있는 사람, ④ 생활상의 적응능력이 결손되어 가고 있는 사람, ⑤ 조직의 예비능력이 감퇴하여 적응이 제대로 되지 않는 사람이라고 규정하고 있다(이은희·박양숙, 2017 재인용).

브린(Breen)은 노인의 개념에 최소한 생물학적, 심리적, 사회적 노화의 개념이 포함되어야 한다고 주장하며 ① 생리적·생물학적인 면에서 퇴화기에 있고, ② 심리적인 면에서 정신기능과 성격이 노인 특유의 보수·온건·의존·경직 성향으로 변화하며, ③ 사회적인 면에서 지위와 역할이 상실된 사람을 노인이라 정의하였다(박한식 외. 2019 재인용).

권중돈(2019)은 개인 자각에 따른 노인은 개개인의 주관적 판단에 의해 스스로를 노인이라고 규정한다. 이러한 개인 자각에 따른 노인의 정의는 노화의 다양한 측면을 고려한 종합적 판단을 내포하기는 하지만, 매우 주관적이고 추상적이어서 노인에 관한 연구나 정책에서 활용하기에는 한계가 있다고 보고 있다.

이와 같은 노인에 관한 개념 정의를 종합해 보면, 노인이란 노화의 과정 또는 그 결과로써 생리적, 심리적, 사회적 기능이 약화되어 자립적 생활능력과 환경에 대한 적응능력이 약화되고 있는 사람이라고 정리할 수 있다.

(2) 조작적 정의

조작적 정의의 뜻은 추상적인 사물 또는 현상을 객관적으로 증명하기 위해 측정 가능한 형태로 조작하여 그 의미와 개념을 설명할 수 있는 방법을 말한다. 노인에 대한 조작적 정의는 다섯 가지로 나누어 제시해 보겠다. 개인의 자각에 의한 노인, 사회적 역할상실에 의한 노인, 역연령 기준에 의한 노인, 기능상 연령에 의한 노인, 그 외의 다양한 기준으로 구분하여 그 내용을 구체적으로 살펴보면 다음과 같다.

① 개인의 자각

노인의 정의를 개인의 자각으로 내리는 것은 다른 외부 요인의 영향과 상관없이 각 개인이 스스로 노인이라고 느끼거나 생각하는 것을 의미한다. 개인적 자각은 각 개인의 성향에 따른 자각으로 객관성이 결여될 가능성이 높다. 그럼에도 불구하고 개인적으로 느끼는 자각은 각 개인에게 있어서는 매우 중요할 수 있어 노화의 생물학적·심리적·사회적 측면 등 다양한 노인복지 영역에서 유용한 개념으로 사용되고 있다.

② 사회적 역할상실

사회적 역할상실에 따른 노인은 사회적 시계 또는 사회적 연령의 개념을 적용하여 노인을 정의하는 것이다. 개인은 사회의 연령규범에 따라 다양한 사회적 지위와 역할을 획득하고 상실하게 되는데, 이렇게 주요한 사회적 지위와 역할을 상실한 사람을 노인으로 간주한다. 예를 들면, 직장에서 퇴직한 사람이나 가정에서 주부의 지위와 역할을 이양한 사람을 노인으로 간주한다. 그러나 이 정의는 사회적 지위와 역할이 불분명하거나 일생 동안 특별한 사회적 지위를 갖지 못한 사람에게는 적용하기 어렵다는 한계가 있다(권중돈, 2019).

③ 역연령 기준

역연령은 출생 이후 달력상의 나이로 계산한 만 나이가 일정 연령 이상일 경우 노인으로 규정한다. 연대기적 연령이라고 하며, 사회적 관습과 행정적 기준으로 보편적으로 사용되는 연령기준이다.[1] 한국은 사회적 환경과 행정규정에 따라 노인과 관련한 역연령 기준이 약간 차이가 있다. 노인복지법과 기초생활보장법에서는 65세, 고용보험법과 근로기준법상에서 고령근로자의 역연령 기준은 55세이다(정순둘 외, 2020). 서구의 대부분의 나라에서 노인을 역연령상 65세로 규정하고 있고, 한국도 역연령상 65세를 노인으로 규정하고 있다.

④ 기능상 연령

기능상 연령은 인간으로서 행할 수 있는 다양한 기능이 떨어져 노인으로 판단되는 기준을 의미한다. 주로 산업현장에서 특정한 업무를 수행하는 기능이 부족하거나, 사회적으로 인간으로서 수행해야 할 능력과 기능이 현저하게 떨어질 때 노인으로 적용하는 경우가 있다. 하지만, 이러한 인간의 기능 차이를 판단하는 것 자체가 주관적인 견해가 많이 반영될 수 있어 기능상 연령을 사회적으로 널리 사용하는 데는 한계가 많을 수 있다.

⑤ 그 외의 다양한 기준

노년기가 장기화되고, 노인들의 특성을 65세라는 연령으로만 구분하는 것은 부적절할 수 있어 노령기준을 다양하게 규정한 사례를 소개하면 다음과 같다(정순둘 외, 2020 재인용). 뉴가르텐(Neugarten)은 미국 노인집단을 세 단계로 분류하였다. 즉, 연소노인은 55~64세, 중고령노인은 65~74세, 고령노인은 75세 이상이다. 에췰리(Atchley)의 경우는 이와는 조금 다르게 연소노인 60~74세, 중고령노인 75~84세, 고령노인을 85세 이상으로 구분한다. 브로디(Brody)는 60~64세를 연소노인, 65~74세를 중고령노인, 75세 이상을 고령노인으로 구분한다. 미국통계국에서는 55세를 기준으로 네 가지 범주를 둔다. 55~64세는 the olders, 65~74세는 the elders, 75~84세는 the aged, 그리고 85세 이상은 the very old이다. UN 인구통계국

1) 노인에 관한 정의에서 가장 보편적으로 사용하는 것이 역연령기준이다. 전 세계적으로 역연령의 나이 기준을 가장 많이 적용하는데, 노인을 역연령기준을 적용해 일정 연령인 만 65세 나이를 노인으로 규정하는 것이다. 역연령인 65세를 노인으로 규정하는 것은 독일을 비롯한 유럽 대부분 사회보장에 앞장섰던 나라에서 노령연금 수급기준연령을 65세로 규정한 것과 관련성이 큰 것으로 보인다.

에서는 체질과 평균수명 등을 고려해서 생애주기를 5단계로 나누어 새로운 연령 기준을 제시했다. 0~17세는 미성년자(Underage), 18~65세는 청년(Youth or young people), 66~79세는 중년(Middle Aged), 80~99세는 노인(Elderly or senior), 100세 이후를 장수노인(Long-lived elderly)으로 구분한다.

2) 노화의 긍정적 측면과 부정적 측면

삶의 과정은 역동적인 변화의 연속이며, 이러한 과정은 인간성장의 발달과정일 것이다. 그렇다면 퇴행적 과정도 발달과정 하나라고 단언할 수 없지만, 퇴행은 노화이고, 성장과는 대비되는 개념일 수 있고, 인간의 퇴행은 하나의 발달과정이라 볼 수도 있다.

노화과정에서는 부정적 측면과 긍정적 측면이 동시에 나타날 수 있다. 노화는 인간이 노인이 되면서 나타나는 퇴행, 신체기능 저하, 상실 등과 같은 부정적 측면이 먼저 나타나는 것 같다. 하지만, 노화의 과정에서는 퇴행과 상실만 있는 것이 아니라 수많은 세월에서 겪은 다양한 경험으로 노인 특유의 지혜가 쌓이거나, 심리적으로는 새로운 직관력, 판단력 같은 긍정적 측면도 나타난다. 최근에는 노화의 긍정적 측면을 강조하여 성공적인 노화, 건강한 노년생활이라는 개념이 부상하고 있다.

2. 노인의 신체적 특성

모든 인간은 성장 과정 중 노화를 맞는다. 인류의 역사에서 수많은 권력자도 노화를 막으려 했지만, 실패할 수밖에 없었다. 인간의 노화는 신체적인 노화가 대부분을 차지한다. 인간은 20대까지 신체적 성장 과정을 거치지만, 그 이후부터 신체적 성장은 기대하기 어렵고, 신체적 노화를 맞게 되고, 노인이 되면서 그 신체적 노화는 더 심해진다. 노인의 신체적 특성인 노화현상을 생리적 노화와 신체구조 노화로 구분하여 정리하면 다음과 같다.

1) 생리적 노화

노인의 신체적 특성 중 생리적 노화를 다음 8가지로 제시한 사례를 소개하면 다음과 같다(고수현·윤선오, 2021).

(1) 소화기능

연령의 증가와 더불어 위장과 대장근육이 약화되는데 이는 소화기능을 감소시키고 변비를 일으키는 주요 원인으로 작용한다. 50대 후반이나 60대 초반에 이르게 되면 귀밑 침샘으로부터 침의 분비가 저하되고 위액과 소화효소의 분비는 건강한 젊은 사람의 1/2~1/3 정도로 감소하여 소화흡수율이 저하된다. 또한, 위벽의 점막세포가 노화하여 위산분비가 줄어들면서 무산성이나 저산성위염의 가능성도 높아진다. 위액과 소화효소의 감소로 인해 칼슘이나 철과 같은 무기질의 분해와 흡수가 떨어져 골격계 질환과 빈혈의 위험성이 높아진다. 특히, 한국인에게는 위암을 포함한 상부 위장의 질환이 많은 것으로 나타난다.

(2) 혈액순환기능

일반적으로 34세의 평균 심박출량[2)]은 91.8±7.1㎖인데, 연령이 증가하면서 매년 1%씩 감소하여 82세에 이르면 60.1±5.1㎖가 되며, 30세의 평균 혈액순환 소요시간은 21.3±1.8초인데 그로부터 매년 0.14초씩 느려져서 82세의 평균 혈액순환 소요시간은 28.7±5.5초로 떨어진다. 이는 연령의 증가와 따라 혈액순환과 신진대사기능이 약화됨을 보여주는 것으로서 여성의 폐경도 심박출량의 감소 및 혈액순환속도의 저하와 직·간접적인 관계를 가지고 있다. 연령이 증가하면 혈관의 벽에 지방질(콜레스테롤 등)과 노폐물이 침착하고 경화현상을 나타내면서 혈액의 흐름을 방해하고 혈압이 높아지는데 그 정도가 심하게 되면 고혈압, 동맥경화증 및 뇌졸중의 원인이 된다. 혈액순환의 약화와 감소는 생리기능의 저하와 뇌세포 파손의 원인이 되어 혈관성 치매를 발생하기도 한다.

2) 심박출량은 심장박동 1회에 방출하는 혈액의 양이다.

(3) 호흡기능

호흡기의 기능은 크게 전폐용량[3], 폐활량 및 잔기량[4]의 관찰을 통해 진단한다. 일반적으로 20대 후반 건강인의 전폐용량은 평균 7ℓ, 폐활량은 5.2ℓ, 잔기량은 18ℓ를 유지하는데, 나이가 들면서 전폐용량과 폐활량은 점차 감소하고 잔기량은 점진적으로 늘어나는 현상을 보이게 된다. 70세에 이르게 되면 1회 흡입하는 호흡의 양은 6ℓ로 줄어들고, 잔기량은 2~2.5ℓ로 늘어난다. 이는 연령의 증가와 함께 폐에 들어와서 순환되지 않고 남아 있는 호흡의 양이 점적으로 증가함을 보여주는데, 이러한 잔기량은 20대 후반부터 증가하기 시작하여 70세가 되면 20대 후반의 30~40%까지 증가하게 된다. 이것은 노년기에 이르게 되면 신진대사 기능이 전반적으로 약화된다는 것을 의미한다. 또한, 흡입한 호흡량을 배출하지 못하고 체내에 남게 되는 잔기량의 증가는 폐 등 호흡기 질환의 주된 원인이 되기도 한다.

(4) 기초대사기능

연령이 증가하면서 기초대사율은 감소하고, 탄수화물 대사율은 증가하는데, 이것은 연령의 증가와 더불어 신진대사기능이 약화되면서 인체 내부에서 산소의 소모량이 줄어들고 있음을 말한다. 즉, 혈액순환이 원활하지 않아 인체 내부로 당분이 적절히 유동되지 못하고 혈액에 정체되어 있음을 보여준다. 이러한 현상으로 인해 중년기 이후에는 혈액 속의 당의 수치가 점진적으로 높아지면서 당뇨병의 위험성이 증가한다.

(5) 신장과 비장기능

신장은 인체 내의 수분과 전해질의 균형, 산과 염기의 평형, 체내 노폐물의 배설 등을 담당하여 신체의 항상성을 유지하는 기능을 맡고 있는 기관이다. 신장기능의 노화는 인체의 항상성 유지를 어렵게 하며 급격한 환경변화에 대한 적응력

3) 전폐용량은 공기를 최대한 폐 속으로 흡입할 수 있는 양이다.

4) 잔기량은 흡입한 공기 중 흡수・처리되어 방출되지 못하고 폐에 잔류된 양이다.

을 떨어지게 한다. 비장은 당을 조절하는 인슐린을 생산하는 기관인데, 노화에 의한 비장의 기능저하는 인슐린의 생산저하를 가져옴으로써 노인성 당뇨병의 발생률을 증가시킨다. 중년 이후 노화가 시작되면 젊은 시절에 비해 혈당수치가 점진적으로 증가하게 되고 기력이 떨어지게 된다. 따라서 중년 이후 올바른 식습관을 갖는 것이 중요하다.

(6) 간과 담낭기능

노화와 더불어 간세포가 줄어들고 간의 질량이 낮아지고, 간 손상에 대한 재생력이 감소한다. 그러나 영양이 좋은 상태일 경우 간 기능은 지속적으로 유지된다. 담낭은 간에서 생성된 담즙을 농축, 저장하고 음식물이 십이지장에 도달할 때 담즙을 분비하여 음식물의 소화를 돕는 역할을 한다. 연령의 증가와 함께 담낭 내에 담즙이 과포화될 가능성이 높아지고, 담즙을 구성하고 있는 성분들의 고형화로 담석증에 걸릴 확률도 높아진다. 일반적으로 남성보다는 여성이 담석증에 걸릴 확률이 높은 것으로 나타났다.

(7) 수면과 방광기능

수면시간은 개인에 따라 다양한 차이를 보이지만 20세에서 55세까지 점진적으로 감소되다가 55세 이후부터 급속히 감소되어 60세 이상이 되면 하루에 약 5~6시간을 수면하게 된다. 노년기에 이르게 되면 불면현상이 나타나기도 하는데, 이는 노년기의 우울증이나 신경증, 죽음에 대한 공포 등의 심리적 문제로 인해 발생하기도 한다. 70세 이상을 넘기게 되면 초저녁에 잠이 들고 새벽에 일어나는 현상이 빈번히 나타나고 야간수면장애현상이 나타나기도 하는데, 이는 평소 낮잠을 많이 자는 것이 그 원인이 되기도 한다.

또한, 나이가 들면 야뇨현상이 증가하는데, 일반적으로 40대 후반에 나타나기 시작하여 60세 이상이 되면 하룻밤에 평균 2~3회씩 소변을 보게 된다. 노년기의 야뇨현상은 소변 내의 산성성분과 요소성분의 감소에 의해 발생하는데, 산성과 요소성분의 감소는 소변의 농축도를 떨어지게 하고 방광 내 세균의 번식을 용이하게 함으로써 방광염을 유발하는 원인이 되기도 한다. 야뇨현상은 충분히 농축되지 못한 소변이나 방광염으로 인해 배뇨 시 방광을 완전히 비우지 못함에 그 원인이 있다.

(8) 생식기능

연령과 관계된 생식기의 변화들은 대부분 갱년기를 제외하고는 매우 서서히 일어난다. 인간의 신체는 남녀를 불문하고 체내에서 분비되는 호르몬이 일정한 균형을 취함으로써 건강이 유지된다. 그런데 갱년기에 이르면 이 항상성에 큰 혼란이 생기기 시작하여 여성은 생리가 중지되고 생식능력이 상실되며 평소의 1/6 정도의 여성호르몬 에스트로젠이 감소 분비된다.

특히, 여성의 경우 인생의 변화는 생식기관의 위축과 함께 45~55세 사이에 일어난다(D. Harris, 1998). 남성은 그 정도가 여성보다는 덜 극적이나 노년기 남성에게 내분비 호르몬의 변화가 발생하는데, 이러한 변화들을 점진적이고 신체적 혹은 심리적 스트레스와 관련이 있다고 보고되고 있다(박석돈 외, 2018 재인용).

2) 신체구조 노화

생물적 노화가 진행됨에 따라 신체조직을 구성하는 세포와 섬유물질의 변화 등의 생리적 노화현상이 나타나게 된다. 심장이나 근골격계 및 신경계 등에서 일명 노화색소라고 불리는 지방 갈색소가 많이 나타나며, 생명유지에 필요한 기능이 쇠퇴되고 DNA와 RNA 그리고 단백질 합성에 필수적인 분자가 세포 내에서 생산되지 않게 됨으로써 세포노화가 촉진된다. 결국 신체기관이나 조직의 노화를 일으키게 된다. 신체조직의 틀을 구성하는 섬유물질이 활발하게 교체되지 못하여 쉽게 손상되고 파편화되고 칼슘화됨에 따라 혈관, 폐 등의 신체조직의 노화를 촉진하게 된다(정상수 외, 2018).

이러한 신체구조 노화를 피부, 골격, 근육, 치아와 체모, 신장과 체중으로 구분하여 제시하면 다음과 같다(권중돈, 2019).

(1) 피부

성인기를 지나 나이가 들면서 인체의 색소를 생성하는 멜라닌 세포가 10년에 평균 10~20%씩 감소한다. 피부는 50대 중반 이후 멜라닌 세포가 감소하면서 점차 창백해지고 60대에 이르면 얼룩 반점이 생기며, 수분이 감소하면서 거칠고 건조하게 된다. 또한, 탄력성을 유지시켜 주는 피하지방성분이 감소하여 피부에 윤기와 탄력성이 줄어들고 주름살이 생기게 된다. 신진대사의 약화로 인해 세포분열이 느려져서 상처의 치유속도가 늦어지며, 피부의 신경세포와 혈관이 감소하여 체온조절력이 감소된다.

(2) 골격

인간의 뼈는 약 206개 정도인데 성인기를 지나면서 칼슘성분이 점차적으로 감소되다가 50대 후반에 이르면 감소의 속도가 높아지면서 뼛속에 칼슘성분이 빠르게 고갈된다. 이로 인해 뼈의 밀도가 낮아져서 신체를 지탱하는 힘이 약화되고 골절상을 입기 쉬우며 병적인 경우 심각한 골다공증 현상이 발생한다. 또한, 골격 접합부의 연골이 탄력성을 잃게 됨으로써 관절부분의 움직임이 굳어지고 제약을 받게 되면서 관절질환이 발생한다.

(3) 근육

팔, 다리 및 골격에 붙어 있는 수의근이 줄어들고 수축력이 약화되면서 뼈를 지탱해 주는 기능이 저하된다. 이는 뼈의 부담을 증가시키고, 관절염을 유발하는 원인이 되기도 한다. 50세의 이두근의 강도는 25~30세 때의 절반 정도의 수준으로 떨어지고, 70세의 근육의 양은 25~30세 때 근육량의 70% 정도로 떨어진다.

(4) 치아와 체모

노인의 저작기능을 좌우하는 가장 큰 요인은 현존치아수로 2013년 질병관리본부에 따르면 우리나라 65세 이상 노인에서 씹기 능력을 위한 적합한 치아수인 20개 이상 자연치아수를 보유한 노인은 남성 48.9%, 여성 47.1%로 20개 이상 자연치아를 보유하지 못한 사람이 절반에 달하였다(전미진 외, 2016). 체모는 중년 이후 연령이 높아질수록 모발이 약화되며 겨드랑이와 음부의 체모가 적어지고, 점진적으로 회백색으로 변화한다.

(5) 신장(키)과 체중

신장은 약 30세 이후부터 점진적으로 줄어드는데 30세에서 90세 사이에 남자는 평균 2.25%, 여자는 평균 2.5% 단축된다. 체중은 다양한 개인차를 보이지만 일반적으로 30대 초반부터 50대 후반까지 지방의 증가와 더불어 점진적으로 증가하다가 60대 이후부터 감소하기 시작한다.

3. 노인의 심리적 특성

현대 노인의 지각능력, 정신기능, 성격 등과 같은 심리적 영역은 신체적 특성 못지않게 중요한 영역임을 강조할 수 있다. 따라서 노인의 심리적 특성을 인지적 변화와 성격 특성의 변화로 구분하여 다음과 같이 정리할 수 있다.

1) 인지적 변화

정상적인 노화과정에서 뇌의 무게와 부피는 전반적으로 감소한다. 그러나 특별한 뇌 병변이 없으면 뇌 구조의 변화로 인한 뇌 기능의 전반적 저하가 일어나지는 않으므로 노년기에도 일상생활을 영위하는 데 필요한 인지기능을 적정 수준에서 유지할 수 있다. 따라서 노인의 지각능력, 지적능력, 기억력, 학습능력과 창의력, 정서 등의 변화 양상에 대해 살펴보겠다(정순둘 외, 2020 재인용).

(1) 지각 능력의 변화

노화하면서 뇌의 신경원과 신경조직이 퇴화함에 따라 감각기관을 통하여 유입된 정보의 해석과 추리 과정, 정보에 대한 반응 속도상의 퇴보가 일어난다. 노인들은 빠르게 지나가는 자극을 처리하는 역동적 시·지각 능력이 감퇴하는 데 자극 지속 이론에 의하면 이는 한번 지각된 정보의 흔적이 오래 남아 다음 자극 처리에 방해가 되기 때문이라고 하였다. 그러나 최근에는 한 번에 다룰 수 있는 정보의 양이 감소하기 때문이라는 주장이 설득력 있게 제기되고 있다. 또한, 노인은 복잡한 자극 속에서 새로운 형태를 발견하고 통합하는 시·공간 통합 능력이 감퇴하며, 생리적 각성 수준이 낮아져서 주의집중력이나 경계 능력이 감퇴하게 된다. 한편, 선택적 집중력이 약화되고 주의 양분 능력이 떨어지면서 복잡한 방해 자극이 있는 가운데 하나의 표적 자극에 주의를 기울여 지각하는 능력이나 동시에 두 자극에 주의를 기울여 지각하는 데 어려움을 겪게 된다.

(2) 지적 능력의 변화

웩슬러(Wechsler, 1958)에 의하면 지능은 "개체가 유목적적으로 행동하고 합리적으로 사고하며 환경을 효율적으로 처리해 나가는 종합적이고 총체적인 능력"이라고 정의하여 사람의 잠재적 및 현재 능력을 모두 포함하는 개념이다. 최근에 지능은 다양한 요인들이 위계적 구조로 이루어져 있는 정신 능력으로 유동성 지능과 결정화된 지능의 두 범주로 나뉘어 이해되고 있다. 일반적으로 연령 증가에 따라 정신 기능이 절대적으로 감퇴설이 주된 주장이었으나, 이에 대한 과학적 증거는 없으며, 교육이나 훈련, 과제의 친숙성과 과제 수행에 드는 속도, 신체적 건강 정도는 개인의 지능과 밀접한 관련이 있어 사람은 생활주기의 마지막 단계에서도 지적 수행 기능이 계속 유지되며 이에는 개인차가 존재한다.

(3) 기억력의 변화

기억 구조는 감각기억, 단기기억, 장기기억 순서로 이루어진다. 노화에 따라 감각기억의 과정에 과도한 정보나 방해되는 정보가 부여되면 부호화에 문제가 발생하여 정보 처리가 어려워지면서 체계적으로 정보가 저장되지 못하여 인출 시에 문제가 발생하고 이는 곧 기억력의 약화로 연결된다. 노화하면서 퇴화한 뇌세포가 재생되지 못하여 최근의 정보처리 과정에서 문제를 일으키고, 연령 증가와 함께 뚜렷이 감퇴하는 기억은 비진술 기억보다 진술 기억[5] 혹은 명시적 기억으로 알려지고 있다.

(4) 학습능력과 창의력의 변화

학습능력은 연습이나 경험을 통하여 정보, 기술을 습득하는 능력을 의미하며, 과업 수행의 결과로 측정된다. 그러므로 학습 기간과 반응 기간이 충분히 주어지고, 학습 과제와 동기가 분명한 경우, 노인층의 학습 효과가 더욱 크다는 연구들이 노인의 학습 능력에 대한 재고를 촉구한다.

창의력은 개인의 독창적 문제해결 능력으로서 자기실현을 위한 독특한 정신 작용이라고 할 수 있다. 창의력은 30대에 정점에 이른 후 점차 조금씩 감퇴되지만, 60~70세에도 20대와 동일한 수준의 창의성을 발휘할 수 있으며, 80세에도 여전히 중요한 일을 훌륭하게 수행하는 경우가 많다.

(5) 정서의 변화

정서는 생리적 변화와 함께 표현되는 강한 정신적 상태로서 생리적 생태, 사회 물리적 환경, 지식, 사고와 같은 인지 과정에 의하여 지배되는 역동적 체계라고 할 수 있다(Magai & Nusbaum, 1996). 개인의 정서를 경험, 표현, 조절하는 과정에는 안정과 분화, 변화가 공존한다. 노인은 연령이 증가하면서 정서 조절 기능이 발달함에 따라 정서 표현이 절제되고 세분화되며 외부로 드러나는 정서표현이 적어지게 된다.

2) 성격적 변화

성격이란 대개 '환경에 적응해 나가는 개인의 독특한 행동양식 및 사고방식'이라고 정의된다. 노화에 따른 신체적·심리적·사회적 변화 때문에 노인은 특유의

---

5) 진술 기억이란 어떤 사실이나 사건, 혹은 특정 자극을 의식적으로 재조합하며, 진술 기억의 감퇴는 해마를 비롯한 뇌의 중간 측두엽의 손상과 관련이 깊다.

성격 특성이 나타난다고 보는 것이 일반적이다. 그런데 노인의 성격특성은 신체적 노화와 사회관계의 축소에서 오는 사회·심리적 변화와 함께 그에 따르는 내향성으로의 정신적 변화 등과 관련지어 대부분 부정적 특성이 강조되는 경향이 있다. 즉, 우울증 경향이 증가하고, 경직성과 수동성, 조심성이 증가하는 등의 현상이 주류일 것으로 보고 구체적으로 내용을 살펴보겠다(박석돈 외, 2018).

(1) 우울증 경향 증가

노인이 되면 대체로 우울해지는 경향이 있고 이러한 경향은 노년기 전반에 걸쳐 증가한다. 노년에 개인적으로 직면하는 여러 개인적·가족적·사회적 스트레스는 노인의 우울증을 증가시킨다. 특히, 질병과 배우자의 죽음, 경제적 여건의 악화, 가족과 사회로부터의 고립 등은 부정적인 스트레스 요인으로서 노인의 심리적 부담을 강화시킨다. 이는 불면증, 체중감소, 강박관념, 증오심 등의 구체적인 우울증상을 동반한 노인우울증으로 진전되는 경향이 있다.

(2) 경직성 증가

어떤 문제해결에 있어서 그 방법이나 행동이 옳지 않거나 이득이 없음에도 자신에게 익숙한 습관적인 태도나 방법을 고집하는 경직성이 증가한다.

(3) 수동성 증가

나이가 들수록 성격이 원심성에서 구심성[6]으로 변해간다. 즉, 남녀 노인 모두 에너지가 외부세계에서 내부세계로 이동하면서 내향적인 성격으로 바뀌며 내면자아에 몰두하는 경향을 띤다. 노화가 진행됨에 따라 사회적 활동은 점차 감소하고 활동방향을 외부보다는 내부로 돌리는 행동양식을 갖게 되는 것이다. 또한, 노화로 인한 신체 및 인지능력의 감퇴로 인해 문제해결을 위한 능동적인 노력보다는 우연이나 체념 등의 의존적인 수동성이 증가한다.

6) 생물, 특히, 식물에서 생장, 형태분화, 성숙과정, 운동 등의 진행이 몸의 축 또는 중심을 향해 먼 곳에서 가까운 방향 및 형식으로 이행할 때 사용되는 용어이다.

(4) 조심성 증가

노인의 신체, 정신적 건강의 변화는 노년기의 심리적 불안정을 수반하게 된다. 그러므로 안정되고 확실성을 기하기 위해 조심성이 증가한다.

(5) 양성성 증가

노년기 속성 중에서 특히, 노년기 양성성 경향은 남녀 모두 상대방의 성향과 특질을 취하기 시작함으로써 남녀 동화현상이 일어나는 것이다. 지금까지 억제되어 표현되지 않았던 행동특성들을 표현하게 되면서 전통적인 성역할 지각에 변화가 생긴다. 이는 중년기 이후부터 나타나는 현상으로 남성노인은 점점 여성적이고 수동적으로 되며 의존성·관계지향성·친밀성 등이 강해진다. 반면, 여성노인들은 오히려 능동적이고 권위적으로 되어가 공격성·독립성, 그리고 자기주장이 강해진다. 따라서 남녀 노인 모두 노년기에는 양성화되어 간다고 할 수 있다.

(6) 친근한 사물에 대한 애착심 증가

노인이 될수록 주위의 친숙한 사물에 대한 애착심이 증가한다. 예를 들면, 집이나 가재도구, 사진, 골동품 등과 같은 물건들은 노인으로 하여금 세월과 세상이 변했을지라도 자신과 주변은 변하지 않은 것으로 생각되어 정서적 안정감을 유지하는 기제들이다. 노인에게 친근한 물건은 이미 물체가 아니라 인격체이며 그들의 분신이 될 수도 있다. 기르던 애견이 안락사한 데 따른 충격으로 동반 자살을 선택한 노인의 경우가 이를 잘 말해준다. 또한, 오랫동안 사용한 물건을 버리지 못하는 노인의 심리는 때로 젊은 세대와 오해와 충돌의 소지를 지닌다.

(7) 의존성 증가

노화가 진행됨에 따라 경제적·신체적·정서적 의존성이 전반적으로 증가한다. 특히, 경제적 의존성은 경제활동 배제에 따른 노후 생계비 부담, 만성질환에 따른 의료비 부담 등의 이유로 증가하게 된다.

(8) 절망감 증가

에릭슨(Erikson)은 노년기의 심리사회적 위기인 자아통합 대 절망은 중·장년기의 생산성 대 침체의 위기를 어느 정도 성공적으로 극복하였는가에 따라 그 결과가 달라진다고 하였다. 자아통합은 자신의 과거 및 현재의 인생을 바라던 대로 살았다고 받아들이고 만족스럽고 의미 있게 생각하며, 다가올 죽음을 인정하고 수용하는 태도를 갖는 것이다. 절망은 자신의 과거 및 현재의 인생을 후회스럽고 불만스럽게 생각하고 다시 한번 기회가 주어진다면 다르게 살겠다고 생각하며, 죽음 앞에 남은 시간이 너무 짧아 어떻게 할 수 없기 때문에 불안, 초조해하는 것을 의미한다(권중돈, 2019 재인용).

3) 감각기관의 변화

감각기능은 신체적 노화현상이기는 하지만 이차적으로는 심리적 영향을 미치는 주요인이 된다. 따라서 시력, 청력, 미각, 후각, 촉각, 통각에 대해 살펴보겠다(고수현·윤선오, 2021 재인용).

(1) 시력

눈의 노화는 7세부터 시작되고 40대 후반이면 노안이 감각적으로 발견된다. 40세 중반 이후부터 근거리에 있는 물체의 상을 명확히 포착할 수 없게 되고 시각이 흐려지는 현상이 발생한다. 빛을 흡수하는 능력은 60세에 이르게 되면 20세의 1/3로 감소하기 때문에 나이가 들면 사물의 색, 길이와 높이를 정확하게 파악할 수 없고 특히, 어둠 속에서의 감지능력이 약화되어 계단의 폭이나 높이 등을 잘못 지각하여 실족의 위험성과 야간운전에 위험성이 따른다.

(2) 청력

청각기능은 생물학적 성장이 만료된 이후부터 점진적으로 약화되는데, 특히, 50세를 전후하여 난청 현상이 나타나기 시작하다가 60세경에 이르러 급속히 저하하는 것으로 조사되었다. 연령증가와 함께 소리의 고저 및 강도의 식별능력이 저하되는데, 특히, 고음을 분별하는 능력보다 저음을 식별하는 능력이 떨어져 낮은 소리를 잘 듣지 못하는 현상이 나타난다. 신체적 노화와 동반하여 발생하는 청각장애를 노인성 난청이라고 하는데 노인성 난청은 50세 이후에 두드러지게 나타나며, 여성보다는 남성에게 많이 나타나는 것으로 조사되었다. 또한, 청각기능의 장애는 언어장애를 동반할 가능성이 있는 것으로도 밝혀졌다.

(3) 미각

청각기능의 노화진행이 비교적 완만한 반면에, 미각의 감지능력은 40세 이후부터 서서히 감소하다가 60세 후반부터 감소현상이 증가하고, 70세경에 이르면 심화의 정도가 더욱 높아진다. 특히, 나이가 들면서 짠맛과 단맛을 감지하는 기능이 떨어져 젊었을 때보다 음식을 짜게 먹는 경향이 나타나고 단 것을 좋아하게 되며 조미료를 많이 첨가한 진한 음식을 찾게 된다. 미각능력의 퇴화현상은 여성보다는 남성에게 더 빨리 나타나는 것으로 조사되었다.

(4) 후각

후각의 노화현상은 비교적 단편적인 연구결과에 의존하는 실정이며, 다른 감각기관에 비해 노화현상이 뚜렷하지 않고 후각과 뇌의 노화는 상관관계를 갖고 있는 것으로 조사되었다.

(5) 촉각

촉각기능은 피부의 노화와 상관성을 가지는 것으로 외부 신체 부위(피부)의 접촉을 통해 상태를 파악하는 기능이다. 노화와 함께 피부의 탄력성을 유지하는 콜라겐 섬유의 쇠퇴로 인해 피부의 탄력성이 감퇴한다. 탄력성의 감퇴는 외부의 온도자극에 적절히 반응하고 자율적으로 조절할 수 있는 능력이 떨어지게 됨을 의미한다. 따라서 노년기에 이르게 되면 급격히 변화하는 외부온도에 민감하게 되며 특히, 낮은 온도를 견디는 힘이 약화되어 따뜻한 것을 좋아하게 된다.

(6) 통각

통각은 고통을 느끼는 기능으로 신체 내·외부의 자각을 지각하여 질환을 파악하는 능력, 질환의 고통을 감지하는 능력 등을 말하는데, 통각기능의 작용을 통해 신체이상을 파악하고 질병에 대처할 수 있다. 그러나 통각력은 다분히 주관적이고 다양한 개인차를 나타냄으로써 통각기능의 노화현상을 파악한다는 것은 그다지 용이한 것이 아니다. 다만 나이가 들면 통증에 대한 민감성이 여타 감각기관의 퇴화 현상과 동반하여 줄어든다는 주장이 우세하다.

4. 노인의 사회적 특성

사회적 동물인 인간은 자신의 사회관계망에 속해 있는 사람들과 지속적으로 상호작용하는 과정에서 사회규범을 학습하고 사회화 요구에 순응하며, 다양한 사회적 지위에 따르는 역할을 수행하게 된다. 이처럼 사람은 사회와 상호작용하는 과정에서 사회의 영향을 받을 뿐만 아니라 자신을 둘러싼 사회환경에도 영향을 미치게 된다. 따라서 개인수준에서의 변화뿐만 아니라 사회가 노인에게 미치는 영향과 노인인구로 인한 사회적 변화를 모두 고려해야한다(정상수 외, 2018).

이러한 노인의 사회적 특성을 퇴직, 지위·역할 변화, 가족관계의 변화로 구분하여 정리된 내용을 살펴보면 다음과 같다(조추용 외, 2019 재인용).

1) 은퇴

은퇴는 한 개인의 일생에서 중요한 분기점으로 특히, 직업지향적인 산업사회에서 큰 의미를 지닌다. 즉, 퇴직은 개인의 사회적 역할에 큰 변화를 가져오는 전환점이고 개인의 생활주기상 중년기와 노년기를 가르는 분기점이 된다. 노년기의 주요 발달과업 중 하나가 퇴직에 대한 적응일 정도로 퇴직 이후의 생활적응은 노년기의 삶의 질을 결정하는 중요한 요소이다(최해경, 2020). 미국 은퇴자 협회(AARP : American Association of Retired Person, 1996)는 은퇴와 함께 사회적 기능과 역할의 변화, 수입의 변화, 사회적 유대관계 및 생활습성이 변화함을 제시하면서 대표적인 생활습성으로 기상과 취침시간이 변화하고, 교통수단이 변화하며, 식사장소와 습성 변화와 함께 만나는 사람들의 사회적 계층이 변화한다고 보고하였다.

(1) 은퇴의 과정

은퇴(retirement)라는 것은 사회적 역할의 급격한 변화과정이며 새로운 삶을 조정해 가는 과정이다. 비쵸프(Bischof, 1976)는 은퇴의 적응과정을 〈표 2-1〉과 같이 구분하여 분석하였다.

〈표 2-1〉 은퇴의 적응 과정

은퇴적응단계	특징
1. 장래의 설계단계	퇴직금과 연금의 관리계획, 적절한 주거지의 선정과 이사준비, 은퇴생활에 필요한 정보의 수집단계
2. 은퇴기	은퇴 직후 발생하는 생활 리듬을 경험하고 자신에게 적합한 삶의 유형을 추구하는 단계
3. 은퇴직후기	건강이나 경제적 여유에 상응하여 다양한 활동성이 전개되는 단계
4. 은퇴생활안정기	어러 빙먼에서 활농성이 감소하고 일정한 은퇴생활의 스타일에 적응하며 남은 생을 현실로 받아들이는 단계
5. 최종단계	신체적, 정신적 기능이 극도로 쇠퇴하고, 최종적 저하현상이 일어나며 현실적응이 어렵고 의존적으로 되는 시기

출처 : Bischof, 1976(고수현 · 윤선오, 2021 재인용).

(2) 은퇴에 의한 파급효과

퇴직 후 먼저 수입이 줄어들거나 상실되는 반면, 지출은 지속적으로 이루어지기 때문에 퇴직 이후의 경제적 어려움을 경험할 가능성이 높다. 또한, 퇴직 이후에 신체적 건강상태나 정신건강이 악화될 가능성이 높다. 그뿐만 아니라 퇴직으로 직장동료와의 관계가 단절되고 사회활동 참여도가 낮아짐으로써 사회적 소외와 고독을 경험할 수 있다. 퇴직으로 자신의 정체감을 지탱해 왔던 직업적 지위를 상실하여 부정적 자아개념을 형성하거나 이에 따라 삶에 만족도가 낮아진다. 퇴직 이후 여가시간은 증가하지만, 일반적으로 여가활동의 참여도는 줄어든다. 하지만 퇴직을 앞두고 예비사회화 정도와 재정상태, 건강상태에 따라 다른 모습을 보일 수 있다(권중돈, 2019).

(3) 은퇴 후 생활의 긍정적 방향

은퇴 후의 삶을 긍정적으로 영위하기 위해서는 삶의 새로운 에너지를 재충전하고 변화된 환경을 합리적으로 조정하며 삶과 죽음에 관한 개념을 확립함으로써 과거의 삶과 현재의 자신을 통합하고 미래에 대해 두려움이 없는 상태에서의 생활정립이 필요하다.

은퇴는 직업적 역할의 상실이라는 면에서 보면 부정적 자아상을 형성하는 문제점을 유발한다(고수현·윤선오, 2021). 현재 평생교육기관이나 사회복지단체들에 의한 퇴직자를 위한 다양한 사회, 노인복지 프로그램들이 개발되어 있는데 이러한 사회적 프로그램을 이용하는 것도 퇴직 후 삶을 바람직한 방향으로 이끄는 데 도움을 줄 것이다.

2) 지위와 역할의 변화

사회적 지위와 역할은 일생을 통하여 변화하게 되는데, 일반적으로 성인기까지는 사회적 지위와 역할을 획득하는 경우가 많지만 노년기는 사회적 지위와 역할을 상실하는 경우가 더 많다. 노년기의 지위와 역할의 변화에 나타나는 특성을 살펴보면, 노년기에는 특정한 지위와 역할을 상실하는 대신 다른 지위와 역할을 획득하게 된다. 노년기에는 퇴직인의 지위를 갖게 됨으로써 생계유지자 및 남편과 아내로서의 역할에서 피부양자, 독신, 조부모의 역할로 전환하게 된다. 그리고 2차 집단에서의 지위와 역할의 종류와 수는 줄어들지만 1차 집단 내에서의 지위와 역할에는 큰 변화가 없다. 또한, 제도적 지위와 역할은 종류와 수, 그리고 중요성이 줄어드는 반면, 희박한 지위와 역할은 오히려 늘어나며, 비공식적 지위와 역할은 크게 변화가 없지만 노년기 후기에 줄어드는 것이 특징이다(권중돈, 2019).

특히, 현대사회에서 노인이 기여할 수 있는 역할은 상당히 위축되고 있고, 비공식적 사회관계망의 기능도 약화되어 있어서 노인의 역할상실은 더욱 가속화되고 있다. 역할상실로 인해 노인의 사회화의 상호작용을 유지하지 못하고, 일거리 없음, 배우자나 친구의 상실, 대외활동의 어려움으로 인해 사회와 단절이 일어난다면 노인의 무력감은 증가할 수 있으며, 자살을 유발하는 등 위기상황을 초래할 수 있다.

노년기에 이루어지는 역할 전환은 대부분 점진적으로 이루어지기 때문에 심리적으로 준비할 수 있는 시간을 충분히 가질 수 있어서, 이러한 역할 전환에 성공적으로 적응하고 있으며, 새롭게 획득한 지위와 역할에 만족하는 경우도 있다.

3) 가족관계의 변화

산업사회 이후 많은 가족들이 확대가족(extended family)으로부터 부부와 미혼자녀만으로 구성된 핵가족(nuclear family)으로 변화되면서 가족의 전통적 기능은 점진적으로 상실되고 있다. 산업화와 함께 도구적 가치의 유용성이 증가되면서 전통적 확대가족은 현대적 생산체제-경쟁, 신속, 전문화, 분업화에 적합한 형태인 핵가족체제로 변화되었고, 가족이 가지고 있던 전통적 기능은 사회기관들이 대행하게 되었다. 이러한 과정을 겪으면서 노인의 필요성과 역할은 격감하였고, 결국은 가족의 부담스러운 존재로 전락하게 되면서 고립과 소외에 고통받는 존재로 변하였다.

더불어 가족 내에서 자녀의 진수가 이루어지면 노인은 더더욱 고립이 될 수밖에 없는 상황에 처한다. '진수'란 사람을 독립시켜 떠나보내는 것을 뜻하며, 모든 자녀는 진학이나 취업, 결혼 등을 이유로 부모의 곁을 떠나는데 이러한 상태를 '빈 둥우리(empty nest)'라고 한다. 노년기가 되면 모든 부모가 이러한 상황을 경험함으로써 노인이 되었음을 인식한다. 자녀가 진수한 후에는 부모나 부부의 역할이나 부모–자녀관계에 변화가 나타나는데 부모와 자녀 간의 애정적 밀착 정도, 부모 자신의 자아 성취적 활동에 대한 관심의 정도, 삶의 목표 등에 따라 부모의 노년기는 긍정적 또는 부정적으로 변화할 수 있다.

우리 사회는 1960년대 이후 급격한 산업화를 경험하면서 가족제도도 급격히 변화되었다. 대부분의 가족이 확대가족에서 핵가족으로 변화하면서 노인부부가족이나 독거노인가족도 늘어 가고 있다. 통계청의 자료에 의하면 2010년 기준으로 가족 없이 혼자 생활하는 인구는 106만 6천 365명이며, 2023년에는 200만 세대를 돌파하고 2030년경에는 300만 세대 이상이 될 것으로 전망하고 있다. 가족제도의 변화는 지속될 것이고 노인이 자식과 분리되어 살아가는 방식들은 보편화될 것이다. 따라서 노인에게 상실된 역할들을 대안할 수 있는 역할의 창출과 부모와 자녀가 물리적, 정신적 통합을 이룰 수 있는 합리적 방안과 정책이 요구되는 상황이다. 아울러 배우자가 있는 준고령자가 이혼이나 사별 등으로 인하여 배우자가 없는 준고령자에 비하여 신체적, 심리적, 사회적으로 안정적인 노후준비가 유리하다는 점에서 보면 홀노인가족에 대한 정부차원의 대책이 더욱 요구된다(고수현·윤선오, 2021).

〈연습 문제〉

1. 노인의 조작적 정의 중 "출생 후 달력의 시간에 의한 연령을 기준으로 하여 65세 이상 나이의 사람을 노인으로 규정한다"는 정의는 무엇인가?(　)

① 개인의 자각에 의한 정의
② 역연령에 의한 정의
③ 사회적 역할상실에 의한 정의
④ 기능적 연령에 의한 정의
⑤ 사회적 역할취득에 의한 정의

2. 노인의 신체 구조에 의한 노화의 설명과 가장 거리가 먼 것은?(　)

① 피부는 피하지방 성분이 감소하기 때문에 피부에 윤기와 탄력성이 줄어든다.
② 체중은 30대 초반부터 50대 후반까지 증가하다가 60대 이후부터 감소한다.
③ 뼈는 밀도가 낮아지고 신체를 지탱하는 힘의 약화로 골다공증으로 이어지기도 한다.
④ 신장은 노화로 인해 급격한 환경변화에 대한 적응력이 떨어진다.
⑤ 치아는 노화로 인해 치아가 흔들리고 빠지는 현상이 나타난다.

3. 노인의 심리적 변화 가운데 성격적 측면과 가장 거리가 먼 것은?(　)

① 우울증 증가　② 수동성 증가　③ 이기심 증가
④ 양성성 증가　⑤ 사물애착심 증가

4. 은퇴에 대한 설명으로 바르지 않은 것은?(　)

① 은퇴는 노화로 인해 더 이상 일을 할 수 없어 현직에서 물러나는 것이다.
② 은퇴 이후 삶에 많은 영향을 미친다.
③ 은퇴는 삶의 중요한 단계이자 과정이다.
④ 은퇴 후 여가활동이나 자원봉사활동에 참여하는 등 긍정적인 면이 있다.
⑤ 은퇴로 인해 고된 일이 중단되어 정신적 건강이 호전될 가능성이 크다.

<정답 및 해설>

1. 정답 : ②

해설 : 일반적으로 65세 이상을 노인으로 규정하는 것은 역연령에 의한 정의이다.

2. 정답 : ④

해설 : 노인의 피부, 체중, 골격, 치아의 노화는 신체 구조의 노화로 인한 것이지만 노인의 신장의 노화로 인해 급격한 환경변화에 대한 적응력이 떨어지는 것은 생리적 노화로 인한 것이다.

3. 정답 : ③

해설 : 노인의 성격적 측면의 대표적 현상은 우울증 증가, 경직성 증가, 수동성 증가 조심성 증가, 양성성 증가, 사물애착심 증가, 의존성 증가, 절망감 증가 등이 있다.

4. 정답 : ⑤

해설 : 은퇴는 신체적 건강 상태나 정신적 건강의 악화, 자아개념의 약화 등 부정적 영향을 미칠 가능성이 더 크기 때문에 정신적 건강이 호전될 가능성은 매우 낮다.

〈해결 문제〉

성공적 노화를 이루기 위한 방안은 어떤 것들이 있을까? 각자 본인의 입장에서 노인이 되었을 때 성공적인 노화과정을 위한 연간계획표와 일일계획표를 구상해 보자.

〈찬반 토론〉

한 노인이 있다. 신체적 노화가 심해 노인장기요양등급이 2등급이면서 혼자서는 일상생활을 수행하기 힘든 노인이다. 이 노인은 다른 사람의 돌봄과 수발이 매우 필요한 상황이다. 그냥 그대로 두면 생명이 위독할 수도 있다. 하지만, 이 노인은 노인요양원이나, 노인돌봄에 필요한 서비스를 거부하고 있다. 그렇다면, 노인의 자기 결정을 존중하여야 하는가? 본인이 원하지 않는데도 노인을 돌보는 사회적 책임으로 노인돌봄서비스를 제공해야 하는가? 찬성과 반대로 토론해 보자.

제3장

노인의료보장 정책

1. 노인의료보장의 개념 및 필요성

1) 의료보장의 개념

의료보장(medical security)은 국가가 사회보장제도를 활용해 국민이 필요로 하는 의료서비스를 제공하는 것이다. 의료보장은 국민의 질병, 부상, 분만, 또는 사망 등에 대한 의료보험, 국민의 보건 향상과 사회복지 증진을 위한 의료급여, 국가가 국민보건의 향상과 질병 예방을 위하여 의료서비스를 제공하는 국민보건서비스 등이 포함된 개념을 지칭한다(김한식 외, 2019).

즉, 의료보장이란 국가가 국민의 생존권을 보장하기 위해 사회보장 제도를 이용해 의료서비스를 제공하는 것으로 단순히 국민의 치료에 한정되지 않고, 다양한 의료제도를 포괄적으로 포함하여 국가의 의료서비스가 종합화된 보건복지서비스라고 정리할 수 있다.

2) 의료보장제도의 유형

의료보장제도는 각국의 고유한 역사와 문화가 반영되어 나라마다 다른 방식을 적용하고 있지만, 일반적으로 사회보험방식(SHI)과 국가보건서비스방식(NHS)으로 크게 나뉜다. 하지만, 우리나라 의료보장제도의 유형은 사회보험방식을 적용하면서 전 국민을 대상으로 단일한 보험자가 운영하는 국민건강보험방식(NHI)을 취한다. 이와 같은 각각의 의료보장방식을 좀 더 구체적으로 알아보면 다음과 같다.[1)]

(1) 사회보험(SHI : Social Health Insurance)

사회보험방식은 보험원리에 의해 1차적으로 국민의 보험료에 의해 재원을 조달하고 국가는 2차적 지원과 후견적 지도기능을 수행함에 따라 국가의 기본적 의료

1) 의료보장제도 유형은 국민건강보험공단(www.nhis.or.kr)의 자료를 참고하였다.

보장에 대한 책임과 국민의 자기 책임을 일정부분 인정하는 체계이다. 정부기관이 아닌 보험자가 보험료를 통해 재원을 마련하여 의료를 보장하는 방식으로, 정부에 대해 상대적으로 자율성을 지닌 다수의 기구(민간 보험사도 활용)를 통한 자치적 운영을 근간으로 하며 의료공급자가 국민과 다수의 보험자간에 보험급여를 대행하는 방식이다. 독일, 프랑스 등이 사회보험방식으로 의료보장을 제공하는 대표적인 국가이다.

(2) 국가보건서비스(NHS : National Health Service)

국가보건서비스 방식은 국민의 의료문제는 국가가 모두 책임져야 한다는 관점에서 정부가 일반 조세로 재원을 마련하고 모든 국민에게 무상으로 의료를 제공하여 국가가 직접적으로 의료를 관장하는 방식이다. 이 경우 의료기관의 상당 부분이 국유화되어 있으며, 영국의 베버리지가 제안한 이래 영국, 스웨덴, 이탈리아 등의 유럽에 확산되었다.

(3) 국민건강보험(NHI : National Health Insurance)

국민건강보험방식은 사회보험방식(SHI)과 마찬가지로 국가가 기본적 의료보장에 대한 책임과 국민의 자기 책임을 일정부분 인정하는 사회연대성을 기반으로 보험의 원리를 도입한 의료보장체계이지만, 다수 보험자를 통해 운영되는 전통적인 사회보험방식(SHI)이나 국가가 의료의 모든 것을 독점하는 국가보건서비스(NHS)방식과 달리 단일한 보험자가 국가 전체의 건강보험을 관리·운영한다는 특징이 있다. 한국의 경우 국민건강보험공단이라는 단일한 보험자를 두어 국민건강보험을 관리하고 있는 것이 대표적이다. 국민건강보험방식(NHI)방식 의료보장체계를 채택한 국가는 한국과 대만을 들 수 있다.

3) 노인의료보장 비용 추이

노인들에게 건강은 삶의 질과 밀접하게 연결된 중요한 자원이다. 노화와 관련된 신체적, 인지적 기능 저하와 만성질환으로 인해 노인들은 다른 연령집단에 비해 더 많은 의료비를 지출하게 된다. 또한, 건강상의 문제로 독립적인 생활이 어려운 노인이 증가하는 것은 가족의 부양부담을 증가시킨다. 따라서 노인이 의료서비스 이용에 대한 정책적 보장은 소득 보장과 함께 고령사회의 중요한 과제이다(모선희 외, 2018).

한국은 2014년 국민건강보험 월평균 진료비가 9만 원에서 2020년은 14만 1,086원으로 증가하였고, 그중 노인의 월평균 진료비는 2014년 28만 원에서 2020년 40만 4,331원으로 증가하였다. 국민건강보험 총진료비는 2019년의 경우 86조 4,775억 원으로 전년보다 11.4%포인트 증가했다. 이 중 65세 이상 진료비는 35조 8,247억 원으로 전체진료비의 41.4%를 차지했다. 65세 이상의 1인당 월평균 진료비는 40만 4,331원으로 전체 건강보험 적용 인구 1인당 월평균 진료비 14만 1,086원보다 2.9배 높은 수치이다. 이와 같은 자료를 볼 때 한국은 매년 건강보험진료비 증가와 함께 노인 진료비가 크게 증가하고 있음을 알 수 있다.

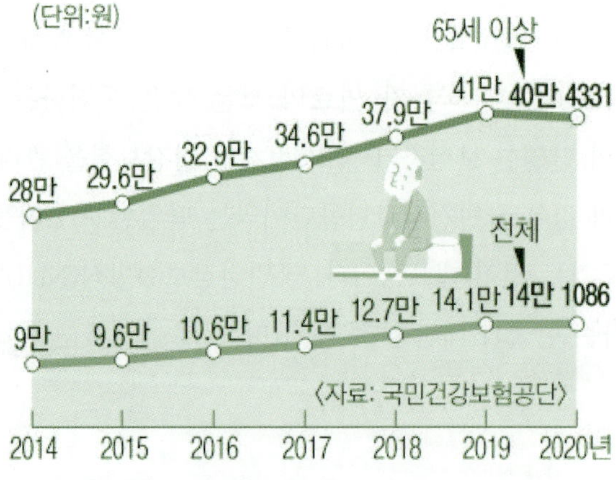

[그림 3-1] 건강보험 1인당 월평균 진료비 추이

출처 : 서울신문(2021년 5월 21일). “작년 건보 총진료비 87조… 65세 이상이 37조”

4) 노인의료보장의 역사

한국의 노인의료보장 정책 역사를 보면 1961년 생활보호법이 제정된 후 1963년 의료보험법이 제정되어 의료보장이 제도화되기 시작하였고, 그로부터 1970년대 중반까지 실질적인 의료보장 제도화는 확대되지 못했었다. 1976년 의료보험법 전면 개정, 1977년의 500인 이상 사업장 근로자를 대상으로 의료보험 실시와 의료보호법을 제정하였다. 1981년에 노인복지법이 제정된 후 1989년 7월부터 의료보험 실시와 의료보호법을 도시지역 자영업자까지 확대되면서 비로소 전 국민 의료보험이 실시되었다. 1999년 국민건강보험법이 제정되고, 2003년 7월부터는 직장과 지역이 통합하여 국민건강보험제도가 운영되고 있다. 1979년부터 시행된 의료보호법이 2001년 국민기초생활보장법의 시행에 따라 폐지되면서 새로운 의료급여법이 제정되었다. 2022년 현재 기준으로 한국의 의료보장제도는 사회보험 형태인 국민건강보험제도가 있고, 공공부조 형태인 의료급여제도가 있다. 하지만, 노인에게만 적용되는 의료보장제도는 별도의 제도로 운영되는 것이 아니라 국민기초생활보장제도, 의료급여법, 노인복지법 등 관계법으로 다루어지고 있다.[2)]

5) 노인의료보장의 정책원리

(1) 적용 대상의 보편성 원리

적용 대상의 보편성 원리는 보편적으로 모든 국민을 대상으로 한다는 원리를 근거로 한다. 궁극적으로 노인의료보장은 대상과 기회의 측면에서 보편적으로 전체 국민에 해당되는 모든 노인에게 공평하게 의료 기회가 제공되어야하기 때문이다.

2) 노인의료복지정책의 역사는 이해영(2019)과 오봉욱 외(2019)의 자료를 중심으로 정리하였다.

(2) 재원부담의 형평성 원리

재원부담의 형평성 원리는 노인의료보장 재원조달에 있어 정부재원 부담과 국민 능력에 따라 비례적으로 적용하는 형평성을 고려하여 재정을 부담하는 원리를 근거로 한다. 노인의료보장 재원을 국민 각자의 제정 상황에 따라 달리 비용부담을 적용하되 의료보장급여는 국민 모두에게 동등하게 적용하여 의료보장은 사회 각 계층 간의 공평한 재분배 효과가 있다.

(3) 급여수준의 적정성 원리

급여수준의 적정성 원리는 노인의료보장에서 제공되는 각종 의료서비스 급여가 각 국가와 사회에서 제공되는 질병 치료와 예방을 적정하게 제공해야 한다는 원리를 근거로 한다. 각 국가와 사회에서 건강한 삶과 건강한 문화를 영위할 수 있도록 의료서비스를 적정하게 제공하는 것은 의료보장 정책을 시행하는 가장 궁극적인 목표일 것이다.

(4) 의료서비스와 요양서비스의 병행원리

의료서비스와 요양서비스의 병행원리는 노인의료보장이 각종 질병의 치료와 예방은 물론이고, 동시에 간호와 요양서비스까지 병행해야 한다는 원리를 근거로 한다.[3] 요양서비스는 넓은 의미로 볼 때 의료보장의 영역이고, 요양서비스를 적절히 제공하지 못할 경우 의료서비스로 확대되어 결국엔 의료보장 비용이 증가할 것이기 때문이기도 하다. 이러한 병행 원리를 적용한다면 의료서비스는 다양한 사회서비스를 병행할 필요가 있다.

---

3) 요양서비스를 일본식 용어로 개호서비스라고 부르기도 한다. 개호란 질병이나 신체장애 등으로 혼자 스스로 일상생활을 유지하기 어려워 타인의 도움이 필요한 상태를 말한다. 비슷한 용어로 '수발' 또는 '간병'이 있다. 한국은 노인장기요양보험이라는 명칭을 사용하는데, 일본의 경우 개호보험이라는 명칭을 사용한다.

2. 노인의료보장 정책의 현황

1) 국민건강보험제도[4)]

국민건강보험제도는 질병이나 부상으로 인해 발생한 고액의 진료비로 가계에 과도한 부담이 되는 것을 방지하기 위하여, 국민들이 평소에 보험료를 내고 보험자인 국민건강보험공단이 이를 관리·운영하다가 필요시 보험급여를 제공함으로써 국민 상호 간 위험을 분담하고 필요한 의료서비스를 받을 수 있도록 하는 사회보장제도이다.

국민건강보험법에 따라 설립된 건강보험제도는 국민의 질병·부상에 대한 예방·진단·치료·재활과 출산, 사망 및 건강증진에 대하여 보험급여를 실시함으로써 국민보건 향상과 사회보장을 증진함을 목적으로 하고 있다. 법적근거로는 헌법 제34조 '사회보장, 사회복지' 및 제36조 '보건권'에 기반하고 있다. 세부법률로 국민건강보험법에 따라서 제도가 운영되고 있다.

(1) 적용 대상

건강보험은 직장가입자와 지역가입자로 적용대상을 구분하는데, 직장가입자는 사업장의 근로자 및 사용자와 공무원 및 교직원, 그리고 그 피부양자로 구성되고 지역가입자는 직장가입자를 제외한 자를 대상으로 한다.

건강보험 대상자 중 피부양자는 직장가입자에 의하여 주로 생계를 유지하는 자로서 보수 또는 소득이 없는 자를 의미하며, 직장가입자의 배우자, 직계존속(배우자의 직계존속 포함), 직계비속(배우자의 직계비속 포함) 및 그 배우자, 형제·자매를 포함한다.

4) 여기에서 소개되는 국민건강보험제도를 소개하는 내용은 상당부분 국민건강보험공단 홈페이지(www.nhis.or.kr) 내용을 참고하여 소개하였음을 밝힌다.

(2) 보험 급여

보험급여는 가입자 및 피부양자의 질병과 부상에 대한 예방, 진단, 치료, 재활, 출산, 사망 및 건강증진에 대하여 법령이 정하는 바에 따라 현물 또는 현금의 형태로 구분하여 제공하는 서비스를 말한다.

〈표 3-1〉 보험급여의 종류

구분		수급권자
현물급여	요양급여	가입자 및 피부양자
	건강검진	가입자 및 피부양자
현금급여	요양비	가입자 및 피부양자
	장애인보장구[1]	가입자 및 피부양자 중 장애인복지법에 의해 등록한 장애인
	본인부담액 상한제[2]	가입자 및 피부양자
	임신 · 출산 진료비	가입자 및 피부양자 중 임산부

1) 장애인의 일상생활과 기능을 보완하는 보조기구로 장애인복지법에 따라 등록한 장애인인 건강보험 가입자가 보장구를 구입할 경우 보장구별 기준금액 90%를 급여비로 지급한다(국민건강보험공단, 2021).

2) 과다한 의료비로 인한 부담을 덜어주기 위해 급여를 받은 후 국민건강보험법령에서 정한 일정금액을 초과하는 경우 그 초과금액을 공단이 부과하는 제도이다(국민건강보험공단, 2021).

출처 : 국민건강보험공단(2021). 「보험급여의 종류」(www.nhis.or.kr).

(3) 전달체계

국민건강보험의 운영 주체는 국민건강보험공단이며, 산하에 6개 지역본부와 178개 지사를 두고 있다. 국민건강보험공단은 건강보험 가입자 및 피부양자 자격관리, 보험료 부과 및 징수, 보험급여 관리, 건강검진, 예방 및 건강증진사업 수행, 요양기관에 대한 비용지급, 제약회사와 협상을 통해 약가결정, 상대가치점수당 단가(환산지수)계약 체결 등을 시행한다. 또한, 보건복지부는 국민건강보험 관리·감독의 주무부처로서 보험료 부과체계에 대한 관리를 담당하고 있으며, 국민건강보험공단과 별도로 요양급여비용의 심사 및 요양급여의 적정성을 평가하고 심사기준 및 평가기준의 개발을 위해 건강보험심사평가원을 운영하고 있다.

(4) 재정

국민건강보험료 재정은 직장가입자와 지역가입자로 구분된다. 직장가입자는 보수월액×보험료율(6.86%)를 부담하되, 사용자와 근로자가 각 50%씩 부담하고, 사용자가 원천징수하여 건강보험공단에 납부한다. 사립학교 교원은 본인, 사립학교 설립·운영자, 정부가 각 50%, 30%, 20%씩 부담한다. 지역가입자는 소득·재산(자동차포함)·생활점수 등의 등급별 점수를 합산한 보험료부과점수에 점수 당 단가(201.5원)를 곱한 금액을 세대주가 납부한다. 이 밖에도 정부지원으로 당해연도 보험료 예상수입액의 14%, 건강증진기금으로 당해연도 보험료 예상수입액의 6%를 부담한다.

(5) 특성 및 기능

① 의무적인 보험가입 및 보험료 납부를 통한 의료보장 기능

보험가입을 기피할 수 있도록 제도화될 경우 질병위험이 큰 사람만 보험에 가입하여 국민 상호 간 위험분담 및 의료비 공동해결이라는 건강보험제도의 목적을 실현할 수 없기 때문에 일정한 법적요건이 충족되면 본인의 의사와 관계없이 건강보험가입이 강제되며 보험료 납부 의무가 부여된다. 이러한 의무를 통해 피보험대상자 모두에게 필요한 기본적 의료를 적정한 수준까지 보장함으로써 그들의 의료문제를 해결하고 누구에게나 균등하게 적정수준의 급여를 제공한다.

② 부담능력에 따른 보험료 부과를 통한 사회연대 기능

민간보험은 보장의 범위, 질병위험의 정도, 계약의 내용 등에 따라 보험료를 부담하는 데 비해, 사회보험방식으로 운영되는 국민건강보험은 사회적 연대를 기초로 의료비 문제를 해결하는 것을 목적으로 하므로 소득수준 등 보험료 부담능력에 따라서 보험료를 부과한다. 이렇게 사회보험으로서 건강에 대한 사회공동의 책임을 강조하여 비용(보험료)부담은 소득과 능력에 따라 부담하고 가입자 모두에게 균등한 급여를 제공함으로써 사회적 연대를 강화하고 사회통합을 이루는 기능을 가지고 있다.

③ 균등한 보장을 통한 소득재분배 기능

민간보험은 보험료 수준과 계약내용에 따라 개인별로 다르게 보장되지만, 사회보험인 국민건강보험은 보험료 부담수준과 관계없이 관계법령에 의하여 균등하게 보험급여가 이루어진다. 균등한 보장을 통한 소득재분배 기능 질병은 개인의 경제생활에 지장을 주어 소득을 떨어뜨리고 다시 건강을 악화시키는 악순환을 초래한다. 그러므로 각 개인의 경제적 능력에 따른 일정한 부담으로 재원을 조성하고 개별부담과 관계없이 필요에 따라 균등한 급여를 제공하여 질병의 치료부담을 경감시키는 소득재분배 기능을 수행한다.

〈표 3-2〉 사회보험과 민영보험의 비교

구분	사회보험	사보험(민영보험)
책임주체	국가	개인
원칙	사회연대성	계약성
법적근거	사회보험법	상법(보험법)
가입	의무	임의
운영 및 관리체계	국가 또는 공법인(공단)	사기업(회사)
보험료의 부담	소득수준에 따른 능력비례부담	위험크기에 따른 부담
보험급여	균등급여	계약에 따라 급여
급여형태	현금 또는 현물	현금

출처 : 국민건강보험공단(2021). 「사회보험과 민간보험」(www.nhis.or.kr).

2) 의료급여[5)]

의료급여는 경제적 생활이 어려운 저소득층 국민기초생활보장대상자, 의료 빈곤자 및 희귀질병 등 특수한 처지에 있는 국민에게 국가의 재정지원으로 의료서비스를 보장하는 공공부조제도이다. 1961년 12월 생활보호법이 제정되면서 의료

5) 여기에서 소개되는 의료급여를 소개하는 내용은 상당부분 보건복지부에서 제공하는 "2021년 의료급여사업안내(www.mohw.go.kr)" 내용을 참고하여 소개하였음을 밝힌다.

보호에 관한 규정이 최초로 제정되었으나, 시행령 미비로 구체적인 사업이 실시되지 못하였다. 그 후 1970년대 중반에 들어서면서 경제성장 우선정책으로 빈부격차가 심화되면서 계층간 의료수혜의 불평등이 사회적 갈등으로 표출됨에 따라 의료보장제도의 필요성이 부각되어 1976년 10월 생활보호자를 대상으로 주로 국·공립의료기관에서 무료의료급여사업을 실시하였고, 1977년 12월 취약계층에게 국가재정에서 기본적인 의료혜택을 제공하는 의료보호법이 최초로 탄생하였다. 이후 제도가 계속 발전되어 오다가 2001년도에 종전의 의료 보호법을 의료급여법으로 전면 개정하여 의료급여 수급기간을 폐지하고 예방·재활 등에 대하여도 의료급여를 행하도록 하는 등 제도의 미비점을 전면적으로 개선·보완하였으며, 2007년 7월부터 1종 수급권자의 외래진료시 본인부담제 및 선택의료급여기관제[6]를 실시하고 있다.

(1) 적용 대상

국민기초생활 수급권자는 자동으로 의료급여 수급권자가 된다. 의료급여 수급권자는 1종과 2종 수급권자로 구분하여 본인부담금에 차등을 두고 있다.

〈표 3-3〉 수급권자 구분

구분	대상
1종 수급권자	• 국민기초생활보장 수급자 : 근로무능력가구, 산정특례 등록한 결핵질환자, 희귀난치성질환 등록자, 중증질환(암 환자, 중증화상환자만 해당) 등록자, 시설수급자 • 타법 적용자 : 이재민, 의상자 및 의사자의 유족, 입양아동(18세미만), 국가유공자, 국가무형문화재의 보유자, 북한이탈주민, 5 · 18 민주화운동 관련자, 노숙인 · 행려환자
2종 수급권자	• 국민기초생활보장대상자 중 1종 수급대상이 아닌 가구

출처 : 보건복지부(2021). 「2021년 의료급여사업안내」(www.mohw.go.kr).

6) 중복투약 등으로 상한일수를 초과하여 의료급여를 받고자 하는 자를 대상으로 본인이 선택한 1~2개의 의료급여기관을 차기년도 말까지 이용하는 조건으로 의료급여 수급권을 보장하는 제도이다.

(2) 급여 및 재원

의료급여는 수급권자의 질병, 부상, 출산 등에 대하여 요양급여를 실시하며, 진찰·검사, 약제·치료재료의 지급, 처치·수술 및 그 밖의 치료, 예방·재활, 입원, 간호, 이송 등을 실시한다. 의료급여비용의 재원에 충당하기 위하여 시·도에 의료급여기금을 설치한다. 국가와 지방자치단체는 기금운영에 필요한 충분한 예산을 확보하여야 하며, 이는 국고보조금, 지방자치단체의 출연금, 대지급금, 징수한 부당이득금과 수입금, 결산상 잉여금 등을 재원으로 한다.

(3) 전달체계

의료급여는 본인부담이 없거나 소액만 지급하는 특성으로 인해 2·3차 의료급여기관으로 진료가 집중될 수 있는 소지가 높아, 의료자원의 효율적 활용과 대형병원으로의 환자 집중현상을 방지하기 위하여 건강보험의 2단계 요양급여와 달리 3단계 급여절차를 규정하고 있다. 따라서 의료급여 절차에 의하지 않고(의료급여의뢰서 없이) 의료급여기관을 이용한 경우에는 진료비 전액을 본인이 부담해야 한다.[7)]

의료급여는 3단계 진료 절차를 거치는데 수급권자가 의료급여를 받고자 하는 경우 먼저 1차 의료급여기관에 의료급여를 신청하여야 한다. 또한, 진찰 결과 또는 진료 중에 다른 의료급여기관의 진료가 필요한 경우에는 진료담당의사의 진료의견이 기재된 의료급여의뢰서를 해당 의료급여기관에 제출해야 한다.

7) 1차 의료기관은 30병상 미만, 2차의료기관은 30병상 이상 500병상 미만의 진료기관이다. 3차 의료기관은 500병상 이상으로 중증질환에 대한 의료행위를 전문적으로 행하는 상급종합병원인 대학병원 대형 종합병원 등이 해당된다.

[그림 3-2] 의료급여 진료 절차도

출처 : 보건복지부(2021). 「2021년 의료급여사업안내」(www.mohw.go.kr).

(4) 노인 의료급여의 현황

국민건강보험공단과 건강보험심사평가원이 공동 발간한 「2020년 의료급여 통계연보」에 따르면, 지난해 의료급여 수급자는 총 152만 6천30명으로 전년도 148만 8천846명에 비해 2.5% 늘었다. 그중 65세 이상 노인 의료급여 수급자에게 지급된 의료비는 총 4조 4천380억 원으로 전년도 4조 1천329억 원보다 7.4% 증가했다. 노인에게 지급된 의료급여는 전체 급여액의 50.3%를 차지해 절반이 넘는다.

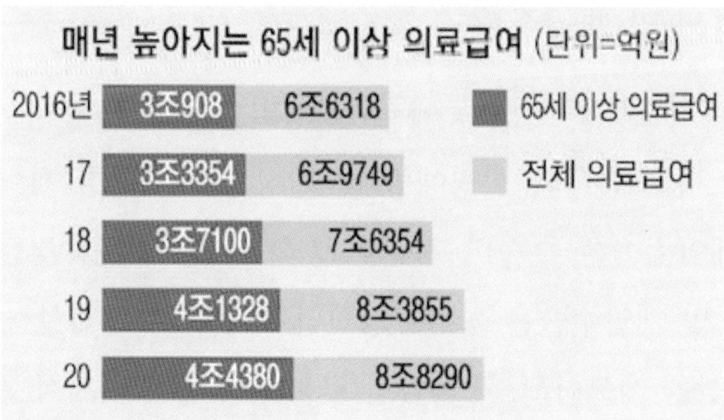

[그림 3-3] 65세 이상 의료급여

출처 : 매일경제(2021년 10월 28일). “지난해 건보 의료급여비 9조…65세이상이 절반 썼다”

3) 국민건강보험 노인진단제도

(1) 노인건강진단

질병의 조기발견 및 건강의 유지·증진을 도모하고 노인건강수준 향상으로 건강한 노후생활을 보장할 목적으로 저소득층 노인의 건강검진이 1981년 노인복지법에 건강진단 근거를 규정하고 1983년 1월부터 시작되었다. 「노인복지법」 제27조에 의하면, '65세 이상의 자에 대하여 건강진단과 보건교육을 실시할 수 있다.'로 규정되어 있다.

노인건강진단은 시·군·구 관할구역에 거주하는 만 65세 이상 의료급여 수급권자 중 노인건강진단 희망자에 한하여 실시하고 있다. 건강진단은 1, 2차 진단으로 구분되는데, 전년도 진단 결과 유질환 판정자는 1, 2차를 동시에 실시하며, 1차 진단 유소견자를 대상으로 2차 건강진단을 실시한다. 1차 건강진단은 13개 항목(혈액검사, 요검사, 안검사, 흉부X선, 치과검사 등), 2차 건강진단은 29개 항목(흉부질환, 순환계질환, 간질환, 신장질환, 빈혈, 당뇨질환, 안질환, 치매, 골다공증검사 등)으로 구성된다(보건복지부, 2021).

(2) 노인 안검진 및 개안수술

노인 안검진은 저소득층 노인 등에 대한 정밀 안검진의 실시로 안질환을 조기발견·치료함으로써 노인들의 실명예방 및 일상생활 가능한 시력 유지를 목적으로 하고, 노인 개안수술은 수술비 지원을 통해 의료비 부담 경감을 목적으로 한다. 노인 안검진 및 개안수술은 노인건강진단 사업과의 연계실시로 검진 및 치료의 연속성·효과성을 제고하고, 개안검진 및 수술대상의 단계적 확대로 저소득 노인건강을 체계적으로 보장하고자 한다.

안검진 사업은 만 60세 이상 노인, 개안수술은 만 60세 이상 노인 중 2022년 기준 중위소득 60% 이하인 경우(기초생활수급자 우선)를 지원대상으로 한다. 안검진 사업의 1차 진단은 정밀 안저검사 1종, 2차 진단은 정밀 안저검사, 안압검사, 굴절검사 및 조절검사(안경 처방전 교부 포함), 각막 곡률검사 등 총 4종을 지원하고 있다. 개안수술은 1인당 본인 부담금 전액을 지원하고 있고, 지원범위는 안과 진료 관련 초음파검사비 등 사전검사비 1회, 수술비, 수술 관련 재료비 등 개안수술비 총액 중 본인 부담액 전액을 지원한다. 단, 개안수술과 관련 없는 질환 치료비, 간병비 및 상급병실 입원료, 선택진료비(단, 망막질환 및 녹내장 등의 경우 지원)는 제외된다.[8)]

(3) 치매안심센터

급속하게 증가하는 고령화 현상과 이에 따른 치매환자의 증가는 국가적 차원에서의 치매관리체계 구축의 필요성으로 이어졌다. 2011년에는 치매 예방과 치매환자를 위한 목적으로 치매관리법이 제정되었고, 시·군·구의 관할 보건소에 치매 예방 및 치매환자 관리를 위한 치매상담센터를 설치하는 조항을 두었다. 이후 치매상담센터가 치매안심센터로 명칭이 변경되었다. 지역사회가 치매의 예방과 관리를 원활히 수행하는 것을 목적으로 치매노인 등록과 이에 필요한 상담, 지원 등의 서비스를 제공한다. 또한, 전국의 시·군·구 보건소 내 치매안심센터에서 60세 이상의 노인을 대상으로 치매 조기검진을 실시하고 있다.

4) 노인장기요양보험

고령이나 노인성 질병 등의 사유로 일상생활을 혼자서 수행하기 어려운 노인 등에게 신체활동 또는 가사활동 지원 등의 장기요양급여를 제공하여 노후의 건강증진 및 생활안정을 도모하고 그 가족의 부담을 덜어줌으로써 국민의 삶의 질을 향상하도록 함을 목적으로 시행하는 사회보험제도이다(국민건강보험공단, 2021)[9)].

8) 정부24(www.gov.kr)의 정부서비스 중 노인 안검진 및 개안수술 지원 내용을 참고하였다.

9) 노인장기요양보험제도는 제 13장에서 자세한 소개가 있겠다.

〈표 3-4〉 노인장기요양보험제도와 기존 노인복지서비스체계 비교표

구분	노인장기요양보험	기존 노인복지서비스 체계
관련법	노인장기요양보험법	노인복지법
서비스 대상	– 보편적 제도 – 장기요양이 필요한 65세 이상 노인 및 치매 등 노인성질병을 가진 65세 미만자	– 특정대상 한정(선택적) – 국민기초생활보장 수급자를 포함한 저소득층 위주
서비스 선택	수급자 및 부양가족의 선택에 의한 서비스 제공	지방자치단체장의 판단 (공급자 위주)
재원	장기요양보험료+국가 및 지방자치단체 부담+이용자 본인 부담	정부 및 지방자치단체의 부담

출처 : 국민건강보험공단(2021). 「노인장기요양보험」(www.longtermcare.or.kr).

3. 노인의료보장 정책의 개선방안

한국의 노인의료보장 정책의 문제점과 개선방안을 다음과 같이 세 가지로 제시해 보겠다.

첫째, 노인의료비 증가에 대한 대책이 필요하다. 통계청(2021)의 노인의료비 증가 추이를 보면, 2019년 65세 이상 고령자의 건강보험 상 1인당 진료비는 479만 6천 원, 본인 부담 의료비는 111만 7천 원으로 각각 전년 대비 30만 9천 원, 7만 1천 원이 증가했다. 이에 따라 전체 인구와 비교한 고령자의 1인당 진료비 및 본인부담 의료비는 각각 2.9배, 2.7배 높아 노인의료비 지출이 점점 증가하고 있다. 현재도 노인 의료비와 노인건강보험료 증가 수준이 큰데, 시간이 지날수록 그 증가 속도가 높아 이대로 가면 노인의료비의 과다한 지출로 국가재정 위기를 초래할 가능성도 없지 않다. 이처럼 급속하게 증가하는 노인 진료비 지출을 효율화하기 위한 대책이 필요하다. 그 대책으로는 간접적 접근으로 노인의료보장과 관련된 사회서비스 강화, 요양병원 관리 강화, 노인의료에 대한 예방과 요양서비스 강화를 들 수 있고, 직접적 접근으로 입원일수 단축 유도, 노인 병상 감축, 건강보험 수가

체계 개선 등의 개선방안이 요구된다.

둘째, 노인 간병 서비스 취약성과 중증 노인의료보장 인프라 확충이 필요하다. 한국의 경우 노인장기요양보험제도가 있어 노인의 요양을 돕는 사회보험을 실시하고 있지만, 중증 노인을 대상으로 한 의료보장을 제공하기 위한 간호와 돌봄을 연대한 서비스가 아직은 부족한 형편이다. 또한, 노인 간병에 대한 인력이 전적으로 필요로 하지만, 민간에서 제공되는 간병은 많은 비용 부담으로 이어지고 있고, 간병인력 부족으로 인해 간병의 질이 떨어질 수 있다. 또한, 중증 노인을 대상으로 한 전문적인 의료서비스 시스템 강화 정책이 필요하다. 그 대책으로는 중증 노인 대상 전문 간호시스템 구축, 노인요양보험제도와 노인의료 제공 연계 시스템 강화, 공공차원의 노인 의료보장을 위한 간병서비스를 확보하여 중증 노인만 전문적으로 케어할 수 있는 시스템 확보 등의 개선방안이 요구된다.

셋째, 노인의료보장을 위한 의료시설 접근성 강화가 요구된다. 적지 않은 노인들이 병원과 같은 의료시설 접근이 쉽지 않다. 그것도 건강이 좋지 않은 노인의 경우 스스로 의료시설에 접근하는 것이 어려운 일이다. 또한, 지역별 의료시설 차별도 존재한다. 농어촌 지역과 도서 벽지는 의료시설 접근성이 현저히 낮고, 대도시와 소도시도 전문적 의료서비스를 제공하는 의료시설에 대한 접근성 차별이 있다. 그 대책으로 지역 균형을 고려한 의료시설 확보 정책, 농어촌의 찾아가는 의료서비스 정책 강화, 지역 보건소 기능 대폭 강화 등 노인의 의료시설 접근성을 높일 수 있는 정책 확대와 관련 개선방안이 요구된다.

⟨연습 문제⟩

1. 노인의료보장정책 가운데 "정부가 일반 조세로 재원을 마련하고 모든 국민에게 무상으로 의료를 제공하는 의료보장제도의 유형으로 영국, 스웨덴, 이탈리아가 이 유형의 제도를 실시하고 있다"는 유형은 무엇인가?(　)

① SHI(사회보험)방식　② HIS(건강보험서비스)방식
③ NSH(국가재정)방식　④ NHS(국가보험)방식
⑤ NHI(국민건강보험)방식

2. 우리나라의 건강보험 가입자 중 사업장의 근로자 및 사용자, 공무원 및 교직원, 그 피부양자로 구성된 가입자는 무엇인가?(　)

① 지역가입자　② 직장가입자　③ 근로가입자
④ 사용자가입자　⑤ 피부양자 가입자

3. 우리나라 국민건강보험제도의 의료급여 1종 수급권자에 해당되지 않은 것은?(　)

① 이재민　② 의상자 및 의사자의 가족　③ 국가유공자
④ 북한이탈주민　⑤ 노숙인이나 행려환자

<정답 및 해설>

1. 정답 : ④

해설 : NHS(국가보험)방식은 모든 의료를 국가 책임으로 조세로 재원 마련하고, 영국, 스웨덴, 이탈리아, 네덜란드 등이 대표적 국가. SHI(사회보험)방식은 정부가 아닌 보험자가 보험료를 통해 재원 마련하고 독일, 프랑스 등이 대표적 국가. NHI(국민건강보험)방식은 국민건강보험공단이라는 단일한 보험자를 두면서 한국이 대표적 국가이다.

2. 정답 : ②

해설 : 직장가입자는 우리나라의 건강보험 가입자 중 사업장의 근로자 및 사용자, 공무원 및 교직원, 그 피부양자로 구성된다. 지역가입자는 직장가입자를 제외한 자를 의미한다.

3. 정답 : ⑤

해설 : 우리나라 국민건강보험제도의 의료급여 1종 수급권자는 이재민, 국가유공사, 입양아동, 북한이탈주민, 노숙인, 행려환자 등이고, 2종 수급자는 국민기초생활수급권자 중 1종 수급권자가 아닌 가구, 의상자 및 의사자의 유족 등이다. 의상자의 가족은 해당되지 않는다.

〈해결 문제〉

고령사회에서 늘어나는 의료비는 가장 대표적인 고민거리다. 노인의 경우 각종 질병에 걸릴 확률이 높기 때문에 그에 따른 의료비 지출 증가는 필연적인 것이다. 이런 노인의료비 부담은 개인 문제로만 끝나지 않을 것이고, 정부의 국민건강보험 재정까지 악화시키는 요인이다. 고령화로 인해 빠른 속도로 늘어나는 한국의 노인의료비를 경감시키기 위한 해결 방안을 제시해 보자.

〈찬반 토론〉

현재 우리나라 의료보장제도의 유형은 사회보험방식을 취하면서 전 국민을 대상으로 국민건강보험공단이라는 단일한 보험자가 운영하는 공기업인 국민건강보험(NHI)방식이다. 이러한 단일한 보험자가 운영하는 사례는 전 세계적으로 매우 소수국가이다. 의료는 정부가 전적으로 책임져야 한다는 국가보건서비스(NHS)방식을 주장하는 경우도 있고, 민간영역과 건전한 경쟁을 하게 되는 민간보험 방식이나, 사회보험(SHI)방식이 필요하다는 의견이 있다. 현재 한국의 경우처럼 국민건강보험공단이라는 단일한 보험자가 운영하는 방안이 좋을지, 아니면 다른 방식을 도입할 필요가 있는지, 찬성과 반대로 나누어 토론해 보자.

[별첨 1]

【국민건강보험 노인건강진단 항목】

구분			진단항목
1차	기본진료		1. 진찰(시진, 청진, 촉진, 문진) 2. 체위검사(신장, 체중, 근거리 및 원거리 시력, 청력, 혈압) 3. 치과검사(우식증, 결손치, 치주질환)
	혈액검사		1. 혈색소 2. 총콜레스테롤 3. 혈청지오티 4. 혈청지피티 5. 혈당 6. 매독주1)
	기타검사		1. 요검사(요당, 요단백, 요잠혈, 임질, 클라미디아감염증)주2) 2. 안검사(정밀안저검사, 양측) 3. 간이인지기능검사(MMSE) 4. 흉부 X선 간접촬영
2차	기본진료		1. 진찰(시진, 청진, 촉진, 문진)
	흉부질환 기타 흉부질환		1. 흉부X선 직접촬영 2. 결핵균 집균도말검사
	순환계 질환	고혈압	1. 혈압 2. 정밀 안저 검사(양측) 3. 심전도 검사
		고지혈증	1. 혈압 2. 트리그리세라이드 3. HDL 콜레스테롤
	간질환		1. 총단백 2. 알부민 3. 알카라인포스파타제 4. 총빌리루빈(총 · 직접) 5. 유산탈수효소(LDH) 6. 알파휘투단백
	신장질환		1. 요침사 현미경 검사 2. 요산 3. 크레아티닌 4. 요소 · 질소
	빈혈		1. 헤마토크리트 2. 백혈구수 3. 적혈구수
	당뇨질환		1. 식전혈당(FBS) 2. 식후 혈당(PPS)
	안질환		1. 안압검사 2.각막곡률 검사 3. 굴절 및 조절검사
	치매		1. 치매척도검사(GDS 또는 CDR)
	골다공증 검사		1. 양방사선(광자) 골밀도검사
	낙상검사		1. 하지기능, 평형성

주1) 매독, 임질, 클라미디아감염증의 경우 희망자에 한해 실시

주2) 임질과 클라미디아감염증의 경우 소변검체 검사가 가능한 보건소에서만 실시

제4장

노인소득보장 정책

1. 노인소득보장 개요

1) 노인소득보장 의의

노인소득보장은 빈곤문제와 밀접한 관련이 있다. 노년기가 되면 정년퇴직, 후대비, 건강 악화 등으로 소득이 없거나 줄어들어 빈곤을 겪을 수 있다. 빈곤의 원인을 어떤 관점에서 보느냐에 따라 소득보장정책 방향은 달라지는 경향이 있다.

빈곤의 원인이 노인 개인에게 있다고 보는 관점에서는 자본주의 체제에서 시장구조에 적응하여 소득 증가를 통한 빈곤의 해결을 요구한다. 하지만, 노인이 시장구조에서 소득을 증대하고 빈곤을 스스로 해결하기란 현실적으로 매우 어렵다.

빈곤의 원인을 사회구조로 보는 관점은 사회보장정책을 이용하면 빈곤문제를 어느 정도 해결할 수 있다는 전제를 갖는다. 이는 모든 노인의 소득보장 책임을 개인에게만 돌리는 것은 복지국가로써 한계를 드러낸 것으로 보일 수 있기 때문이다. 따라서 노인소득보장의 기본을 국가의 사회보장정책으로 보장할 수 있다면 가장 좋은 해결책이 될 수 있다. 그러므로 노인소득보장은 공적 영역과 관련해 가장 기본적인 노력이 필요하며 공공의 영역에 노인소득보장 정책은 긴밀히 관련되어 있다.[1)]

2) 노인소득보장 정의

소득보장이란 빈곤문제의 예방과 해결을 위한 사회보장제도 일부로서 사회보험, 공공부조, 사회수당 등과 같은 국가 주도의 소득보장 프로그램을 통하여 최저한도 이상의 소득을 보장하는 사회적 노력을 말한다. 이러한 소득보장제도는 노인의 생활을 보장하는 유일한 제도나 빈곤 대책일 뿐만 아니라 다른 사회복지 영역과 상호보완 관계를 맺고 있으며 임금정책, 조세정책, 노동정책, 산업복지정책과 역동적인 관계가 있다(권중돈, 2019).

---

1) 한편, 노인소득보장 정책은 노인고용보장 정책과도 밀접한 관련이 있다. 노동시장에서 노인고용이 증가하면 경제활동 확대로 소득증가로 연결될 수 있기 때문이다. 하지만 본 장에서는 공공 영역의 소득보장을 중심으로 다룰 것이고, 노인고용보장정책은 제5장에서 자세한 소개가 있겠다.

즉, 노인소득보장이란 노인에게 필요한 최소한의 소득을 보장하는 사회보험, 공공부조, 사회수당을 일컫는 국가의 복지정책이면서 동시에 다른 사회보장과도 밀접한 관련이 있다.

2. 노인소득보장 정책 현황

1) 연금의 층별 구조

(1) 연금 3층 구조

연금구조는 3층 구조로 보는 것이 대부분의 일반적인 견해다. 1층 구조는 국민연금으로 사회보장이 소득을 보장하는 체계이고, 2층 구조는 퇴직연금으로 기업이 소득을 보장하는 체계이며, 3층 구조는 개인연금으로 각 개인이 소득을 보장하는 구조이다.

〈표 4-1〉 연금의 3층 구조

3층 구조	개인연금	개인 소득보장
2층 구조	퇴직연금	기업 소득보장
1층 구조	국민연금	사회보장 퇴직보장

(2) 연금 4층 구조

연금구조를 4층 구조나 4층 이상의 구조로 보는 견해도 있다. 가장 아래 0층은 소득하위 70% 노인에게 월 25만 원 혹은 30만 원의 기초연금을 지급하며, 빈곤선 이하의 노인에게는 국민기초생활 수급비를 지급하여 기본적 안전망의 역할을 제공하고 있다. 1층은 공적연금인 국민연금과 특수직 연금으로 구성하여 기본적 체계를 제공한다. 기본 안전망에 해당하는 기초연금과 국민기초생활제도는 자산조사를 수반하는 공적부조 성격을 지니고 있는 반면, 1층의 공적연금제도는 가입자의 기여금과 사용자의 부담액을 토대로 운영되는 사회보험 형식의 프로그램이라 할 수 있다(정순둘 외, 2020).

〈표 4-2〉 연금의 4층 구조

<table>
<tr><th colspan="2" rowspan="2">구분</th><th colspan="3">일반소득계층</th><th colspan="2">저소득층</th></tr>
<tr><th>피용자</th><th>자영자</th><th>공무원,
사학교원, 군인</th><th>저소득층</th><th>빈곤선
이하 계층</th></tr>
<tr><td>사적소득</td><td>4층</td><td colspan="5">사적 근로, 사적 이전소득 등</td></tr>
<tr><td rowspan="2">추가보장
(사적연금)</td><td>3층</td><td colspan="3">개인연금</td><td colspan="2" rowspan="3"></td></tr>
<tr><td>2층</td><td>퇴직금
(기업연금)</td><td></td><td></td></tr>
<tr><td>1차 안전망
(공적연금)</td><td>1층</td><td colspan="2">국민연금</td><td>공무원
사학교원
군인연금</td></tr>
<tr><td>최종안전망</td><td colspan="6">기초연금</td></tr>
<tr><td>빈곤선</td><td>0층</td><td colspan="5">기초생활보장제도</td></tr>
</table>

출처 : 정순둘 외(2020). 「노인복지학」.

2) 사회보험

(1) 국민연금[2)]

① 의의

국민연금은 보험원리에 따라 운영되는 대표적인 사회보험제도라고 할 수 있다. 즉, 가입자, 사용자로부터 정률의 보험료를 받고, 이를 재원으로 사회적 위험에 노출되어 소득이 중단되거나 상실될 가능성이 있는 사람들이 다양한 급여를 받을 수 있는 제도이다. 국민연금제도를 통해 제공되는 급여에는 노령으로 인한 근로소득 상실을 보전하기 위한 노령연금, 주 소득자의 사망에 따른 소득상실을 보전하기 위한 유족연금, 질병 또는 사고로 인한 장기근로능력 상실에 따른 소득상실

2) 국민연금에 대한 내용은 국민연금관리공단(www.nps.or.kr)을 참고하여 작성하였다.

을 보전하기 위한 장애연금 등이 있다. 이러한 급여를 지급함으로써 국민의 생활 안정과 복지증진을 도모하는 데 국민연금의 의의가 있다.

국민연금 가입제외대상자는 국민기초생활수급자, 가입대상 연령에서 벗어난 60세 이상 신규 가입자, 영구적으로 해외에 거주하는 국외이주자, 3대 특수연금 가입자(공무원, 군인, 사학)가 있다.

② 대상

국내에 거주하는 국민으로서 18세 이상 60세 미만인 자는 국민연금 가입대상이 된다. 다만, 「공무원연금법」, 「군인연금법」, 「사립학교교직원 연금법」 및 「별정우체국법」을 적용받는 경우 외 그 밖에 대통령령으로 정하는 자는 제외한다(국민연금법 제2장 제6조). 좀 더 구체적으로 국민연금 가입대상자를 구분하여 정리하면 다음과 같다.

가. 사업장가입자

사업장가입자는 직장가입자라고도 하며, 국민연금에 가입된 사업장의 18세 이상 60세 미만의 사용자 및 근로자로서 국민연금에 가입된 자를 말한다. 다시 말해, 1인 이상의 근로자를 사용하는 사업장 또는 국민연금에 가입된 경우를 의미한다. 1인 이상의 근로자를 사용하는 사업장 또는 주한 외국기관으로서 1인 이상의 국민인 근로자를 사용하는 사업장에서 근무하는 18세 이상 60세 미만의 사용자와 근로자는 당연히 사업장가입자가 된다. 따라서 지역가입자가 사업장에 취업하면 자동으로 사업장가입자가 되고, 지역가입자 자격은 상실된다(국민연금법 제2장 제8조).

나. 지역가입자

국내에 거주하는 18세 이상 60세 미만의 국민으로서 사업장가입자가 아닌 사람은 지역가입자가 된다. 지역가입자는 자영업자, 프리랜서, 농어업 종사자 등이 있다. 다만, 다른 공적연금에서 퇴직연금(일시금), 장애연금을 받는 퇴직연금 등 수급권자, 국민기초생활보장법에 의한 수급권자, 소득활동에 종사하지 않는 사업장가입자 등의 배우자 및 보험료를 납부한 사실이 없고 소득활동에 종사하지 않는 27세 미만인 자는 지역가입자가 될 수 없다(국민연금법 제2장 제9조).

2025년 3월 20일, 「국민연금법」 개정안이 국회를 통과했다. 2026년 1월부터 시행되는 내용은 다음과 같다.

첫째, 보험료율이 9%에서 최대 13%로 증가한다. 보험료율은 기존 9%에서 매년 0.5%씩 인상하여 8년간 지속되며 13%까지 증가한다. 사업장가입자는 9%의 보험료를 회사와 본인이 50%씩 부담한다. 예를 들어, 2025년 월급 300만 원의 사업장가입자는 27만 원 중 13만 5천 원의 보험료를 부담한다. 그러나 8년 뒤인 2033년이 되면, 보험료율이 13%이므로 39만 원의 절반인 17만 5천 원을 부담해야 한다. 지역가입자는 보험료를 본인이 전액 부담하며, 소득 신고 후 소득의 9%에 해당하는 보험료가 산정된다. 예를 들어, 2025년에는 월 소득이 300만 원인 지역가입자는 27만 원의 보험료를 부담했지만 2033년에는 39만 원의 보험료를 부담해야 한다.

둘째, 소득대체율이 41.5%에서 43%로 증가한다. 기존 소득대체율은 41.5%에서 매년 0.5%씩 감소하여 2028년에 40%로 조정될 예정이었으나, 이번 개혁을 통해 43%로 증가했다.

셋째, 출산 크레딧 제도로 첫째 자녀부터 12개월의 가입 기간이 추가로 인정된다. 기존에 둘째부터 인정되었지만, 개혁 이후로는 아이 1명당 1년씩 가입 기간을 인정하여 자녀를 출산하거나 입양한 만큼 연금 가입 기간이 추가로 인정된다.

넷째, 군 복무 크레딧 제도로 군 복무 시 기존 6개월에서 최대 12개월까지 가입 기간이 확대된다. 군 복무 기간을 가입 기간으로 인정해 주는 제도는 이번 개혁을 통해 최대 12개월까지 확대되었다.

다섯째, 국민연금 수령 나이가 63세에서 65세로 늦춰졌다. 2025년 기준 1961년생부터 1964년생은 만 63세에 연금을 수령한다. 그러나 1965년생 부터 1968년생은 만 64세부터, 1969년생 이후는 만 65세부터 연금을 수령한다.

여섯째, 「국민연금법」에 지급보장을 명문화한다. 「국민연금법」 제3조의2(국가의 책무) 조항을 추가해 국가연금 지급보장과 필요시책 수립을 명시했다.

〈표 4-3〉 2026년부터 적용될 국민연금 변경사항

구분	2025년 국민연금	2026년 이후 국민연금
보험료율	• 보험료율 9%	• 보험료율 9.5%(최대 13% 증가)
소득 대체율	• 소득대체율 41.5%(매년 0.5% 인하되어 2028년 40% 감소)	• 소득대체율 43% 고정
출산 크레딧	• 둘째 자녀 12개월, 셋째 자녀부터 18개월씩 추가 가입 기간 인정	• 첫째 자녀부터 12개월 인정
군 복무 크레딧	• 군 복무 6개월의 가입 기간 인정	• 군 복무 최대 12개월의 가입 기간 인정
연금수령 나이	• 63세	• 65세
지급보장 명문화	• 「국민연금법」 지급 조항 미비	• 「국민연금법」 국가의 책무, 지급보장 규정 강화

출처 : 보건복지부 보도자료(2025). 보험료율 13%, 소득대체율 43% 등 담은 연금개혁법안 국회 본회의 통과. https://www.mohw.go.kr/

다. 임의가입자

사업장가입자와 지역가입자가 될 수 없는 사람도 60세 이전에 본인이 희망에 의해 가입신청을 하면 임의가입자가 될 수 있다. 즉, 다른 공적연금에서 퇴지연금(일시금), 상애연금을 받는 퇴직연금 등 수급권자, 국민기초생활보장법에 의한 수급권자, 소득활동에 종사하지 않는 사업장가입자 등의 배우자 및 보험료를 납부한 사실이 없고 소득활동에 종사하지 않는 27세 미만인 자는 가입을 희망하는 경우 임의가입자가 될 수 있다(국민연금법 제2장 제10조).

라. 임의계속가입자

국민연금 가입기간이 20년 미만인 가입자가 60세 도달로 국민연금가입자 자격을 상실하였으나, 가입기간이 부족하여 연금을 받지 못하거나 가입기간을 연장하여 더 많은 연금을 받고자 할 경우에는 65세에 달할 때까지 신청하면 임의계속가입자가 될 수 있다(국민연금법 제2장 제13조).

③ 종류

국민연금의 급여는 노령연금, 장애연금, 유족연금, 반환일시금, 분할연금 등이 있다. 노령연금 급여는 노후 소득보장을 위한 급여로 국민연금에서 가장 기초가 된다. 장애연금 급여는 장애로 인한 소득감소를 대비하기 위한 연금급여이다. 유족연금 급여는 가입자 또는 수급권자의 사망으로 인한 유족의 생계 보호를 위한 급여이다. 반환일시금은 연금을 받지 못하거나 더 이상 가입할 수 없는 경우 청산적 의미가 있는 급여이다. 사망일시금은 유족연금 또는 반환일시금을 받지 못할 경우 장제부조적·보상적 성격으로 지급하는 급여이다(국민연금관리공단, 2021). 이와 같은 국민연금 급여에 따른 조건과 수준은 〈표 4-4〉와 같이 정리할 수 있다.

〈표 4-4〉 국민연금의 조건과 수준

급여종류	급여조건	급여수준
노령연금	• 가입기간 10년 이상으로 60세에 도달한 자 (65세 미만이면 소득이 없는 경우에 한함)	• 기본연금액 × 가입기간별 지급률* + 부양가족연금액 • 가입기간 10년 기준 50%에 가입기간 10년을 초과하는 1년마다 5%를 가산
장애연금	• 가입자나 가입자였던 자가 질병이나 부상으로 신체적 또는 정신적 장애가 남았을 때 이에 따른 소득 감소부분을 보전함으로써 본인과 가족의 안정된 생활을 보장하기 위한 급여로서 장애정도(1급~4급)에 따라 일정한 급여를 지급	• 1급 기본연금액 100% + 부양가족연금액 • 2급 기본연금액 80% + 부양가족연금액 • 3급 기본연금액 60% + 부양가족연금액 • 4급 기본연금액 225% (일시보상금)
유족연금	• 국민연금에 일정한 가입기간이 있는 사람 또는 노령연금이나 장애등급 2급 이상의 장애연금을 받던 사람이 사망하면 그에 의하여 생계를 유지하던 유족	• 10년 미만 기본연금액 40% + 부양가족연금액 • 10년 이상 20년 미만 기본연금액 50% + 부양가족연금액 • 20년 이상 기본연금액 60% + 부양가족연금액
반환일시금	• 60세 도달, 사망, 국적상실, 국외이주 사유로 국민연금에 더 이상 가입할 수 없게 되었으나 연금수급요건을 채우지 못한 경우	• 보험료에 일정 이자와 가산금을 합하여 일시금으로 지급
사망일시금	• 가입자 또는 가입자였던 사람이 사망하였으나 유족연금 또는 반환일시금을 지급받을 수 있는 유족 범위에 해당하는 자가 없는 경우	• 반환일시금에 상당한 금액을 지급

출처 : 국민연금관리공단(2021). www.nps.or.kr

(2) 공무원연금[3)]

① 의의

공무원연금은 퇴직 후 생계보장을 위한 연금급여, 근로보상적 성격의 퇴직수당, 근로 재해에 대한 보상 및 부조급여, 공무원 및 그 유족의 생활안정과 복리향상, 공적보험원리에 의하여 작동되는 소득보장제도이며 국가에 의한 공무원부양제도로서의 성격을 가진다.

② 대상

국가공무원법 및 지방공무원법에 의한 공무원(정규공무원)과 기타 국가 또는 지방자치단체에 근무하는 직원(정규공무원 외의 공무원)이 공무원연금 적용 대상이다. 공무원 연금의 적용 제외자는 군인연금법의 적용을 받는 군인과 선거에 의하여 취임하는 공무원(대통령, 국회의원, 지방자치단체 장 등)이다.

③ 종류

공무원연금 급여는 크게 단기급여와 장기급여로 나누어진다. 단기급여는 공무상요양비·재해부조금·사망조위금 등 3종이 있고, 장기급여로는 퇴직급여 4종, 유족급여 6종, 장해급여 2종 순직유족급여 2종 및 퇴직수당 등 17종이 있다. 좀 더 구체적으로 공무원연금 급여 종류를 살펴보면 〈표 4-5〉와 같다.

3) 공무원연금에 대한 내용은 공무원연금관리공단(www.geps.or.kr)을 참고하여 작성하였다.

〈표 4-5〉 공무원연금 급여 종류

단기급여	요양급여	공무상요양비
	부조급여	재해부조금, 사망조위금
장기급여	퇴직급여	퇴직연금, 퇴직연금공제일시금, 퇴직연금일시금, 퇴직일시금
	유족급여	유족연금, 유족연금일시금, 유족연금부가금, 유족연금특별부가금, 유족일시금, 유족보상금
	장해급여	장해연금, 장해보상금
	순직유족급여	순직유족연금, 순직유족보상금
	위험직무순직유족급여	위험직무순직유족연금, 위험직무순직유조보상금
	퇴직수당	일시금 형태의 수당

출처 : 공무원연금관리공단(2021). www.geps.or.kr

(3) 군인연금[4)]

① 의의(목적)

군인연금은 군인이 상당한 기간을 성실히 복무하고 퇴직하거나 사망한 경우에 본인이나 그 유족에게 적절한 급여를 지급함으로써 본인 및 그 유족의 생활안정과 복리 향상에 이바지함을 목적으로 한다(군인연금법, 제1장 제1조).

② 대상

군인연금의 대상자는 부사관 이상의 현역 군인에게 적용한다. 다만, 지원에 의하지 아니하고 임용된 부사관은 제외한다(군인연금법, 제1장 제2조).

③ 종류

급여종류는 퇴직급여, 퇴직수당, 퇴직유족급여, 재해유족급여, 장해급여, 부조급여가 있다(군인연금법 제3장 7조). 자세한 급여 내용은 〈표 4-6〉과 같다.

4) 군인연금에 대한 내용은 국방부군인연금(www.mps.mil.kr)을 참고하여 작성하였다.

〈표 4-6〉 군인연금의 서비스 급여내용

구분	내용
퇴직급여	퇴역하는 군인에게 지급
퇴직수당	1년 이상 복무 후 퇴직하는 군에게 지급
퇴직유족급여	퇴직연금을 받을 권리가 있는 자가 사망한 경우 그 유족에게 지급
재해유족급여	상이연금을 받을 권리가 있는 자가 사망하거나 군인이 사망한 경우 그 유족에게 지급
장해급여	군인이 공무상 부산 또는 공무상 질병으로 인하여 장해를 입은 경우 지급
부조급여	군인이 재난으로 인하여 재산에 손해를 입거나, 군인의 배우자, 부모(배우자의 부모 포함), 자녀 또는 군인 본인이 사망한 경우에 지급

출처 : 국방부군인연금(2021). www.mps.mil.kr

(4) 사립학교교직원연금[5)]

① 의의

사학연금제도는 사립학교 교직원의 퇴직·사망 및 직무상 질병·부상·장해에 대하여 적절한 급여 제도를 확립함으로써 교직원 및 그 유족의 생활안정과 복리 향상을 목적으로 1975년 1월 1일부터 시행하였으며, 부담률과 급여의 내용 등 제도의 근간이 공무원연금제도와 동일하다. 교직원이 퇴직·사망 시에는 퇴직급여·유족급여와 민간기업의 퇴직금에 해당하는 퇴직수당, 민간의 산재보험에 해당하는 재해보상 급여와 기타 일반재해에 대한 각종 부조 급여도 지급하고 있다. 이 밖에도 교직원을 위한 다양한 후생·복지 프로그램을 시행한다.

② 대상

사립학교교직원연금의 적용 대상자는 사립학교 중 정규학교, 특수학교 및 교육부장관이 지정하는 기타학교의 교직원과 위의 학교를 설치, 경영하는 학교경영기관의 사무직원이다(사립학교교직원연금법 제1장 제3조).

5) 사립학교교직원연금에 관한 내용은 사립학교교직원연금공단(www.tp.or.kr)을 참고하여 작성하였다.

③ 종류

사학연금(사립학교교직원연금)의 종류로는 퇴직급여, 유족급여, 장해급여, 퇴직수당, 요양급여, 부조급여가 있다. 각 급여의 종류는 〈표 4-7〉과 같다.

〈표 4-7〉 사립학교교직원연금 급여 내용

구분		급여종류
재직 중 급여(단기급여)		직무상요양비, 재해부조금, 사망조위금
퇴직 후 급여 (장기급여)	퇴직급여	퇴직연금일시금, 퇴직일시금, 퇴직연금, 퇴직연금공제일시금, 조기퇴직연금, 분할연금
	유족급여	유족연금, 유족연금부가금, 유족연금특별부가금, 유족연금일시금, 유족일시금, 유족보상금, 직무상 유족연금
	장해급여	장해연금, 장해보상금, 비직무상 장해연금, 비직무상 장해일시금
퇴직수당		기준소득월액×재직월수/12×재직기간별 지급률

출처 : 사립학교교직원연금공단(2021). www.tp.or.kr

3) 공공부조[6]

(1) 국민기초생활보장제도

① 개념 및 의의

국민기초생활보장제도는 생활이 어려운 사람에게 필요한 급여를 실시하여 이들의 최저생활을 보장하고 자활을 돕는 것을 목적으로 한다(국민기초 생활 보장법 제1장 제1조).

국민기초생활보장은 빈곤의 위험으로부터 국민을 보호하는 공적부조이지만 노인의 수혜 비율이 높다는 점에서 노후소득보장제도의 한 축으로 중요한 역할을 하고 있다(오봉욱 외, 2019). 한국은 1961년부터 2000년까지 40여년간 시행되어 왔

6) 국민기초생활보장제도와 기초연금에 관한 내용은 보건복지부(www.mohw.go.kr)자료를 참고하여 작성하였다.

던 생활보호제도를 시행하였었다.[7] 생활보호제도는 시혜적 단순보호 성격인 반면, 국민기초생활보장제도는 국가의 저소득층에 대한 책임을 강화하고, 종합적 자활자립지원계획을 수립하고 지원하여 생산적 복지를 구현했다는 점에서 그 의의를 찾을 수 있다(정상수 외, 2018).

② 급여의 종류

국민기초생활보장제도의 급여종류에는 생계급여, 주거급여, 의료급여, 교육급여, 해산급여, 장제급여, 자활급여가 있다(국민기초생활보장법 제2장 제7조).

〈표 4-8〉 국민기초생활급여의 종류 및 내용

급여 종류	내용
생계급여	옷, 음식비, 연료비 등 일상생활에 필요한 생계비용을 지원
주거급여	집을 빌리는 비용과 집을 수리하는 비용을 지원
교육급여	중 · 고등학생 자녀가 있는 경우, 입학금, 수업료, 학용품비 등을 지원
해산급여	출산했을 때 출산 전후 관련 비용을 지원
장제급여	가족이 사망했을 때, 필요한 비용을 지원
의료급여	대상자가 되면, 저렴한 비용으로 의료기관을 이용

출처 : 보건복지부 홈페이지(2021). www.mohw.go.kr

③ 대상 및 선정 기준

“수급권자”란 국민기초생활보장제도에 따라 급여를 받을 수 있는 자격을 가진 사람을 말한다. 수급권자의 범위는 급여의 종류별로 별도로 규정되고 있다. 국민기초생활보장제도의 수급 대상자 자격요건은 소득인정액이 최저생계비 이하이

7) 생활보호제도는 1961년 도입하고, 1962년 시행되었다. 18세 미만 아동과 65세 이상 노인을 대상자로 선정하여 노령, 질병 기타 근로능력의 상실로 인하여 생활유지능력이 없는 자 등에 대한 보호와 그 방법을 규정하였다. 급여로는 생계, 의료, 자활보호, 교육보호, 장제보호, 해산보호 급여를 제공한다(생활보호법 제1장 제3조, 제5조).

고,[8] 부양의무자가 없거나 부양의무자가 있어도 부양 능력이 없거나 부양을 받을 수 없는 자이여야 한다. 부양의무자는 수급신청자 1촌의 직계혈족 또는 배우자로 정의된다.[9] 수급자는 「국민기초생활보장법」의 제1항 제1호부터 제7호까지의 급여의 전부 또는 일부를 실시하는 것으로 한다(국민기초생활보장법 제2장 제7조).

〈표 4-9〉 2022년 생계급여 조건

구분	1인 가구	2인 가구	3인 가구	4인 가구	5인 가구	6인 가구	7인 가구
금액(원)	583,444	978,026	1,258,410	1,536,324	1,807,355	2,072,101	2,334,178

출처 : 보건복지부 홈페이지(2021). www.mohw.go.kr

(2) 기초연금제도

① 개념

기초연금제도란 노인이 후손의 양육과 국가 및 사회의 발전에 이바지하여 온 점을 고려하여 생활이 어려운 노인에게 생활안전을 지원하고 복지를 증진하기 위해 기초연금을 지급하는 것을 말한다(기초연금법 제1조).

② 대상 및 선정기준

기초연금은 65세 이상인 사람으로서 소득인정액이 보건복지부 장관이 정하여 고시하는 금액 이하인 사람에게 지급한다. 이때 보건복지부 장관은 선정기준액을 정하는 경우 65세 이상인 사람 중 기초연금 수급자가 100분의 70 수준이 되도록 해야 한다. 2021년 시행된 선정기준에 따르면 65세 이상인 본인 및 배우자의 소득

8) 소득인정액이란? 개별가구의 소득평가액과 재산의 소득환산액을 합한 금액을 말한다. 여기서 소득평가액이란 실제소득에서 장애・질병・양육 등 가구특성별 지출비용(장애아동수당, 양육보조금, 의료비 등)과 근로소득공제를 차감하고 남은 금액이고 재산의 소득환산액은 개별가구의 재산가액에서 기본재산액(기초생활의 유지에 필요하다고 보건복지부 장관이 정하여 고시하는 재산액) 및 부채를 공제한 금액에 소득환산율을 곱하여 산정한다(보건복지부, 2021).

9) 부양의무자란? 국민기초생활보장법 제5조의 규정에 의한 수급권자를 부양할 책임이 있는 자로서 수급권자의 1촌의 직계혈족 및 그 배우자를 말한다(국민기초생활보장법 제1장 제2조 제5호).

인정액이 148만 원(단독가구) 또는 236.8만 원(부부가구) 이하인 노인은 기초연금을 받을 수 있다(기초연금법 제3조 제1항).

③ 내용

기초연금은 2020년 1월 9일 국회를 통과하면서 2020년 1월부터 월 최대 30만 원까지 받을 수 있고, 소득 하위 20%에서 40% 이하까지 기초연금 지급 대상이 확대되었다.

2022년도 기초연금 선정기준액은 단독가구 180만 원, 부부가구 288만 원으로 2021년 대비 11만 원(단독가구 기준) 인상되었다. 2021년도에 소득인정액이 169만 원을 초과하여 기초연금을 받지 못하던 노인들도 2022년도에는 소득인정액이 180만 원을 넘지 않으면 기초연금을 신규로 받을 수 있다.

한편, 2022년도 인상된 최저임금을 반영하여 근로소득 공제액을 21년도 98만 원에서 103만 원으로 상향 조정하여 일하는 노인이 최저임금 인상으로 인해 기초연금 수급에 있어 불이익을 받지 않도록 하였다. 65세 이상 노인이 기초연금을 받기 위해서는 반드시 주소지 관할 읍·면 사무소 및 동 주민센터에서 신청하여야 하며, 가까운 국민연금공단 지사를 통해서도 신청할 수 있다. 거동이 불편한 분들을 위해 국민연금공단 지사는 '찾아뵙는 서비스'를 제공하여 요청 시 직접 집으로 찾아가 기초연금신청서를 접수하고 있으며, 보건복지부 인터넷 포털사이트인 복지로를 통하여 온라인으로도 신청할 수 있다(보건복지부, 2021).

(3) 경로연금제도

경로연금은 1998년 국민연금이 본격적으로 시행되면서 국민연금에 가입하지 못한 65세 이상 생활보호대상자와 저소득 노인의 연금사각지대를 해소하고, 그들의 노인소득을 보충하기 위한 정책으로 마련되었다. 그러나 경로연금이 실시된 1998년 이후 10년이 지나는 과정에서 연금금액이나, 지급대상자의 변화도 적어 시대에 맞는 노인소득을 보장하기에는 많은 한계가 있다는 지적이 적지 않았다. 결국 저소득층노인의 소득을 보장하기 위한 새로운 연금정책이 필요하다는 사회적 욕구에 의해 2008년 1월부터 기초노령연금제도를 실시하게 되었고, 기존 경로연금제도는 폐지되었다.

4) 기타 간접지원제도

(1) 경로우대제도

노인인구의 증가와 도시화·핵가족화가 급격히 진행되면서 노인복지가 더욱 중요시되었고, 경제개발 및 산업화의 과정을 겪으면서 경로사상은 크게 약화되었다. 이에 정부는 노인 사회복지시책의 일환으로 1981년 「노인복지법」을 제정하였으며, 같은 법 제26조(경로우대), 같은 법 시행령 제19조(경로시설의 종류)에 의해 경로우대제를 1982년부터 실시하게 되었다. 경로우대는 65세 이상의 노인은 국가나 자치단체의 운송시설·기타 공공시설을 무료 또는 할인된 요금으로 이용할 수 있으며, 국가나 자치단체는 법률이 정하는 바에 따라 노인의 일상생활에 관련되는 사업을 경영하는 자에게 노인 할인우대를 하도록 권유할 수 있고, 이 같은 할인우대를 행하는 사업자에게는 적절한 지원을 할 수 있도록 하는 제도이다(행정안전부 국가기록원, 2021).

공영 경로우대제도의 주요 내용을 살펴보면, 철도의 경우 통근열차는 50%, 무궁화호, 새마을호, KTX(토·일요일, 공휴일 제외)는 요금의 30%를 할인해 주고 있다. 수도권 전철과 도시철도의 운임, 고궁, 능원, 국·공립박물관, 국·공립공원 및 국·공립 미술관의 입장료는 100% 할인되며, 국·공립국악원의 입장료는 50% 이상 할인된다. 민간부문의 경로우대제를 살펴보면, 국내 항공기 운임의 10%, 국내 여객선 운임의 20%를 할인해 주고 있으며, 목욕이나 이발 등 관련 업체에서는 자율적으로 경로우대제를 실시하고 있다(보건복지부, 2021).

(2) 세제감면제도

노인과 생계를 같이 하는 부양가족은 노인 1명당 연 150만 원을 곱하여 계산한 금액을 그 거주자의 해당 과세기간의 종합소득금액에서 공제받을 수 있다. 세제

감면제도에는 상속세 공제, 소득세 공제, 양도소득세, 생계형 저축 비과세 등의 혜택이 있다(소득세법 제50조).

① 상속세 공제

노부모를 부양하는 자에 대해 자녀 한명 당 5천만 원을 제공받고 상속인(배우자는 제외한다) 및 동거가족 중 미성년자에 대해서는 1천만 원에 19세가 될 때까지의 연수를 곱하여 계산한 금액을 제공받는다. 또한, 상속인 및 동거가족 중 65세 이상인 사람은 5천만 원, 상속인 및 동거가족 중 장애인에 대해서는 1천만 원에 성별·연령별 기대여명의 연수를 곱하여 계산한 금액을 제공 받을 수 있다(상속세 및 증여세법 제20조).

② 소득공제

부양가족이 없는 상태에서 직계존속과 생계를 같이 하거나 생활비를 보조해 주는 부양자인 경우에 제공되는 소득공제이다(소득세법 제50조).

③ 양도소득세

노부모와 자녀가 각각 주택을 소유하여 따로 살다가 노부모를 동거, 봉양하기 위하여 세대를 합침으로써 1세대가 2주택을 보유하게 되는 경우 합친 날부터 5년 이내에 먼저 양도하는 주택은 1세대1주택으로 보아 양도소득세를 면제한다(소득세법 시행령 제155조 제4항).

④ 생계형 저축 비과세

노인 1인당 5,000만 원 이하의 생계형 저축에 2019년 12월 31일까지 가입하는 경우 이자소득 또는 배당소득에 대하여 소득세를 부과하지 않고, 5,000만 원 이하 세금우대 종합저축은 100% 분리과세 및 주민세를 면제해 준다(조세특례제한법 제88조의 2).

3. 노인소득보장 정책의 개선방안

한국의 노인소득보장제도는 국민연금과 기초연금이 가장 대표적이고, 그 외에 공무원연금, 군인연금, 사립학교교직원연금 등과 같이 다양한 연금제도와 공적부조를 제시하였다. 이와 같은 노인소득보장제도에 대한 개선방안을 세 가지로 제시해 보겠다.

1) 국민연금의 안정적 운영

국민연금의 안정적 운영이 필요하다. 노인인구가 증가하면서 연금을 받는 노인인구도 자연스럽게 증가할 것이다. 적지 않은 여론이 국민연금 고갈을 걱정하고 있다. 그러나 2021년 12월 국민연금공단 기금운용본부에 따르면 지난해 말 기준 연간 운용수익률이 11.3%, 기금운용 수익금은 73조 4,000억 원으로 기금운용본부 출범 이래 가장 높은 수익이었음을 보고하였다. 그럼에도 불구하고 국민연금의 고갈을 우려하는 목소리는 적지 않다. 이러한 국민적 우려를 줄이기 위해 국민연금관리공단과 보건복지부는 국민연금이 미래 인구 대비 문제가 없다는 점에 확신을 주어야 한다. 그렇지 않으면 국민들의 우려는 더 커질 가능성이 있기 때문이다. 대한민국 국민의 노후를 책임지는 가장 큰 영역인 국민연금이 안정적으로 운영되길 기대한다.

2) 기초연금제도의 정착

2021년 현재 우리나라 기초연금제도는 보건복지부 장관이 매년 결정하는 금액 이하의 노인(65세 이상의 노인 중 100분의 70)에게 지급하고 있는데, 복지 선진국과 비교해 볼 때 기초연금 대상자가 현저히 낮은 점을 고려할 때 그 대상자의 범위를 더 확대할 필요가 있다. 하지만 그에 따른 재원 마련이 관건이다. 따라서 기초연금이 국민연금을 비롯한 다양한 연금제도와 연동하여 세밀한 분야까지 고려한 기초연금제도로 개선되길 기대한다.

3) 국민기초생활보장의 소득보장 강화

국민기초생활보장제도의 원칙 가운데 하나가 열등 처우의 원칙이 있으나, 현재 국민기초생활보장제도 생계급여는 그야말로 가장 열등한 처우 수준이라 할 수 있다. 또한, 국민기초생활보장 대상자는 기초연금을 수급하지 못하고 있어 상대적으로 더 열악한 빈곤에 처하면서 더 큰 박탈감마저 줄 수 있다는 지적도 적지 않다. 특히, 그 대상이 노인의 경우엔 더 열악할 가능성이 높다. 이는 국민의 최저수준을 보장하는 기초생활보장제도로서의 한계를 의미하기도 한다. 따라서 국민기초생활보장제도를 활용한 노인 소득보장 정책의 현실적인 재정지원에 의한 소득보장정책을 강화할 필요가 있다.

〈연습 문제〉

1. 다음 국민연금의 노령연금에 대한 설명으로 옳지 않은 것은?(　)

① 가입기간 20년 이상, 60세에 도달한 자는 완전노령연금을 받을 수 있다.

② 완전노령연금 수급권자가 65세 이전 소득이 있는 업무에 종사한 경우 재직자 노령연금을 받을 수 있다.

③ 혼인기간이 5년 이상으로 배우자가 60세 이상 노령연금 수급자인데, 이혼을 할 경우 연금을 받을 수 없다.

④ 가입기간 10년 이상, 연령55세 이상으로 자가 소득 업무에 종사 하지 않아도 60세 도달 전에 조기 노령연금을 받을 수 있다.

⑤ 완전노령연금, 재직자노령연금, 조기노령연금, 분할연금이 있다.

2. 연금의 3층 구조에 해당되지 않는 것은?(　)

① 개인연금　② 퇴직연금　③ 국민연금

④ 사적연금　⑤ 노령연금

3. 다음 네모 안의 보기 중 우리나라 사회보험에서 국민연금과 별도로 지정한 특수연금에 해당하는 것만 고른 것은?(　)

a. 기초연금	b. 공무원연금
c. 군인연금	d. 사립학교교직원연금

① a, b, c　② a, c, d　③ b, c, d

④ a, b, d　⑤ a, b, c, d

4. 다음 중 사회보험과 공공부조를 비교한 내용으로 옳지 않은 것은?( )

① 수급권의 성격과 연관하여 공공부조는 권리성이 약한 데 비하여 사회보험은 권리성이 상대적으로 강한 성격을 가진다.

② 공공부조는 도움이 필요한 사람을 선정하여 개입하므로 선별주의에 입각해 있으며, 사회보험은 모든 국민을 대상으로 하고 적당한 자격요건을 갖추어서 보험사고를 당할 때 급여를 제공하는 점에서 보편주의를 채택하고 있다.

③ 공공부조는 빈곤에 처한 모든 사람들에게 동일한 조건에서 똑같은 급여를 제공한다는 점에서 무차별평등주의라고 한다면, 사회보험은 급여의 제공에 있어 가능한 한 기여금에 비례하거나 혹은 가입연한에 비례하여 제공하는 경향이 있다.

④ 사회보험은 사회적 위험이 발생한 이후 이를 해결하기 위한 사후적 대응책이고, 공공부조는 미래에 직면할 수 있는 사회적 위험을 미리 대비하는 제도적 장치이다.

⑤ 수급자격요건에서 공공부조는 자산조사를 통해서, 그리고 사회보험은 기여금과 가입기간 등을 고려하여 정하고 있다.

〈정답 및 해설〉

1. 정답 : ③

해설 : 혼인기간이 5년 이상 배우자가 60세 이상의 노령연금 수급자라면 이혼을 하더라도 노령연금액 중 혼인기간에 해당하는 연금액을 균등하게 나눠 지급받을 수 있다.

2. 정답 : ⑤

해설 : 일반적인 연금의 3층 구조는 다음과 같다. 1층 구조는 국민연금으로 사회보장이 소득을 보장하는 체계이고, 2층 구조는 퇴직연금으로 기업이 소득을 보장하는 체계이며, 3층 구조는 개인연금으로 각 개인이 소득을 보장하는 구조이다.

3. 정답 : ③

해설 : 한국의 연금이 적용하는 대표적인 사회보험은 국민연금이다. 그런데, 국민연금과 별도로 3대 특수연금으로 군인연금, 공무원연금, 사립학교교직원연금이 있다.

4. 정답 : ④

해설 : 사회보험은 미래에 직면할 수 있는 사회적 위험을 정형화하여 국가가 직접 보험제도를 통해 미리 사회적 위험을 대비하는 제도적 장치다. 공공부조는 빈곤 등의 사회적 위험이 발생한 이후 이를 해결하기 위해 국가가 시행하는 사후적 대응책이다.

〈해결 문제〉

한국사회가 급속한 고령화로 인해 공적연금의 재정문제를 피하기는 어려워 보인다. 이는 기존의 공적연금만으로 노인의 소득보장을 한다는 데에 한계가 있다는 점과 관련이 크다. 이러한 공적연금 재정문제를 해결하기 위한 방법으로는 어떤 해결책을 제시할 수 있을까?

〈찬반 토론〉

현재 한국의 국민기초수급대상자는 기초연금 수급대상자에서 제외된다. 이는 공적부조가 이중으로 지급되기 때문이다. 하지만, 국민기초수급대상자의 생계급여와 기초연금 수급액수의 차이가 크지 않아 국민기초수급대상자의 입장에서 보면 상대적인 박탈감과 빈곤이 더 크게 작용될 수 있다는 지적이 있어 국민기초수급대상자에게도 기초연금을 지급해야 한다는 의견도 있다. 국민기초수급대상자에게 기초연금을 지급하는 것에 찬성과 반대로 나누어 토론해 보자.

제5장

노인고용보장 정책

1. 고령사회와 노인고용의 필요성

1) 노인부양의 한계

우리 사회는 평균 수명의 연장과 출산율의 저하로 인해 인구 고령화 현상이 점점 더 확대되고 있다. 특히, 한국은 경제협력개발기구(OECD) 회원국 중 고령화 속도가 가장 빠르며 그만큼 급격한 사회·경제적 변화와 그로 인한 가족 및 사회의 노인부양에 대한 부담이 증가하고 있음을 의미한다.[1] 이러한 노인부양의 한계를 가족적 측면과 사회적 측면에서 바라보면 다음과 같다.

첫째, 가족적 측면에서 한계가 있다. 우리 사회는 전통적으로 부모세대가 경제적·사회적·신체적으로 고령화가 되면 자식세대가 돌봄으로써 노인부양을 해결해 왔다. 그러나 산업화·도시화로 인한 핵가족화와 노인인구의 급격한 증가에 따른 가족의 노인부양비가 상승하면서 노인부양의식이 약화하여 많은 노인들의 노후생활에 어려움을 주고 있다. 이는 노인부양에 있어 가족적 측면을 고려할 때 현실적으로 어려운 직면에 처하고 있음을 알 수 있다.

둘째, 사회적 측면에서 한계가 있다. 한국의 경우 사회적으로 노인부양 부담의 문제는 점점 심화되고 있다. 〈표 5-1〉에 따르면 노년부양비용이 1970년에는 5.7%이던 것이 2015년에는 17.5%로 약 세배 정도 증가하였고, 2030년에는 약 두 배 증가하여 38.2%가 될 전망이다. 고령인구의 지속적인 증가에 따라 노인을 부양하기 위한 사회적 부담도 확대됐지만, 해결을 위한 사회적 대응에는 한계가 많았다.

이와 같이 노인부양 문제는 커다란 사회문제로 대두되었으나 그동안 우리 사회는 이러한 문제를 해결하기에는 상당한 한계가 있었다. 노년기에 안정적인 소득이 결핍되면 경제적으로 어려움을 겪을 것이고, 신체적 노화현상도 나타나 의료

1) 통계청(2021)은 2021년 12월 '2020~2070 장래인구추계'를 발표하였다. 발표내용을 보면, 생산인구가 2020년에 3,738만 명에서 2030년에는 357만 명이 감소한 3381만 명, 2070년에는 1,737만 명으로 급격히 감소되는 반면에 노인인구는 2024년에 1,000만 명을 넘기고 2070년에는 1,747만 명으로 증가할 것으로 전망하였다. 이와 같은 보고내용을 볼 때 향후 한국은 생산인구감소로 인하여 노인부양 한계 대비를 위해서도 다양한 노인고용정책 필요성을 알 수 있다.

비부담이 가중되어 노인부양에 대한 문제는 우리 사회의 영원한 숙제로 남게 될 가능성이 매우 크다. 따라서 노인 일자리, 노인노동 등과 같은 노인고용 관련 정책은 고령화사회에서 가장 중요한 국가정책 가운데 하나가 될 것으로 판단된다.

〈표 5-1〉 연도별 노년부양비

	1970	1980	1990	2000	2005	2010	2015	2020	2025	2030	2040	2050	2060
노년 부양비	5.7	6.1	7.4	10.1	12.6	15.2	17.5	21.7	29.3	38.2	60.1	77.6	91.4

출처 : 보건복지부(2021). e-나라지표(http://www.index.go.kr/potal/main/EachDtlPageDetail.do?idx_cd=1430).

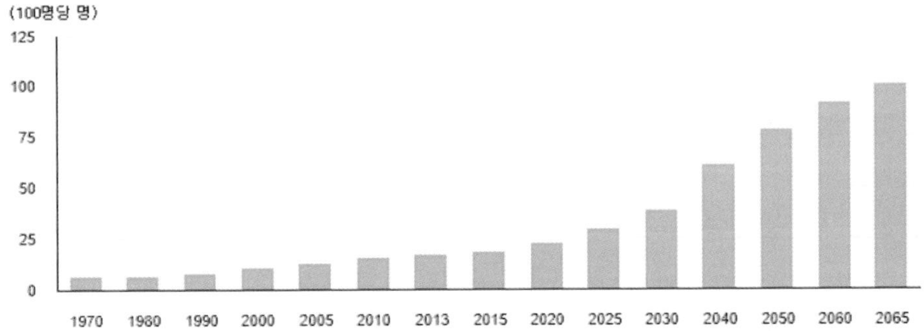

[그림 5-1] 노년부양비 증가 추이

출처 : 보건복지부(2021). e-나라지표(http://www.index.go.kr/potal/main/EachDtlPageDetail.do?idx_cd=1430).

2) 노인의 사회활동 욕구

한국의 경우 2000년대 들어 '사오정'이란 용어가 등장하였다. 이 용어의 의미는 40대, 50대에 정년을 맞게 된다는 뜻이다. 100세 시대에서 '사오정'은 어떤 사람들에겐 50년 이상을 부양받는 존재가 됨을 의미한다. 그러나 이러한 '사오정'의 뜻과 상반되게 40~50대엔 가장 왕성한 사회활동과 경제활동 욕구를 가질 수 있는 시기이기도 하다. 한국의 많은 50~60대들은 은퇴 이전에 노후준비를 하지 못하는 이유로 결혼과 주택 마련, 자녀의 사교육비 마련 등을 제시할 수 있다. 퇴직 이후에 노후 대비까지 준비하지 못할 정도의 넉넉지 못한 경제력도 중요한 이유 중 하나일 것이다. 이는 노후소득을 보충할 수 있는 경제활동과 사회활동의 필요성을 알 수 있는 대목이다. 우리 사회가 노인고용을 위한 정책 마련을 위해 당장은 적지 않은 예산이 들어갈 수 있지만, 늘어나는 노인부양비를 생각하면 오히려 더 효율적인 정책이 될 것이기에 예방적 차원에서도 노인고용정책에 대한 관심이 요구된다.

2. 노인고용 현황

1) 노인 경제활동

2021년 55~79세 고령층 인구는 1,476만 6천 명으로 전년 동월 대비 49만 5천 명(3.4%) 증가하였으며, 15세 이상 인구(4,478만 5천 명)의 33.0%를 차지하였다. 고령층 중 경제활동인구는 856만 3천 명으로 전년 동월 대비 35만 5천 명 증가하였다. 또한, 고령층의 경제활동참가율은 58%로 전년 동월 대비 0.5%p 상승하였고, 고용률은 56%로 전년 동월 대비 0.7%p 상승하였다(통계청, 2021). 이 같은 통계 결과로 미루어 보면 고령층 경제활동 상태는 점차 나아지고 있음을 알 수 있다.

〈표 5-2〉 고령층 경제활동상태

(단위 : 천 명, %, %p)

구분	2020.5			2021.5					
	고령층 인구	55~ 64세	65~ 79세	고령층 인구	증감	55~ 64세	증감	65~ 79세	증감
〈전 체〉	14,271	8,021	6,251	14,766	495	8,156	135	6,610	359
경제활동인구	8,208	5,589	2,619	8,563	355	5,678	89	2,885	266
취 업 자	7,895	5,370	2,525	8,276	381	5,473	103	2,803	278
실 업 자	314	220	94	287	-27	205	-15	82	-12
비경제활동인구	6,063	2,432	3,632	6,203	140	2,477	45	3,725	93
경제활동참가율	57.5	69.7	42.3	58.0	0.5	69.6	-0.1	43.6	1.3
고 용 률	55.3	66.9	37.5	56.0	0.7	67.1	-0.2	42.4	4.9
실 업 률	3.8	3.9	3.6	3.4	-0.4	3.6	-0.3	2.8	-0.8

출처 : 통계청(2021). 「고령층 연령별 경제활동상태」(http://kostat.go.kr/wnsearch/search.jsp).

하지만, 고령층 경제활동이 노인의 경제적 안정을 위한 고용활동 결과라고 보기에는 어려운 측면이 있다. 국회입법조사처(2021)가 발표한 「2021년 국정감사이슈보고서」에 따르면 일자리 지원사업에 대한 국고 지원이 증가하여 양적으로는 성장하였으나, 관리 인프라가 부족해 부정수급 문제나 반복참여 증가 등 사업이 부실하게 운영되는 상황이 발생하고 있음을 보고하였다. 무엇보다 가장 큰 문제는 노인일자리 대부분이 월 30시간(27만 원)의 공익활동으로 정부 재정지원을 통한 단기 아르바이트 수준으로 그치고 있어 노인고용에 대한 질적 개선 필요성을 알 수 있다.

2) 노인의 일자리 선택 기준

2021년 통계청의 조사 결과인 〈표 5-3〉을 보면, 장래 근로 희망자의 일자리 선택 기준은 일의 양과 시간대(28.3%), 임금수준(21.4%), 계속근로 가능성(17.6%) 순이었다. 성별로 보면, 남자는 임금수준(23.4%)과 일의 양과 시간대(21.5%), 여자는 일의 양과 시간대(36.5%)와 임금수준(19.1%)이 우선적인 일자리 선택 기준이었다.

〈표 5-3〉 성별 일자리 선택 기준

(단위 : 천 명, %)

구분	2020.5				2021.5					
	장래근로 희망자	구성비	남자	여자	장래근로 희망자	구성비	남자	구성비	여자	구성비
〈 전 체 〉	9,620	100.0	5,261	4,359	10,059	100.0	5,464	100.0	4,595	100.0
임금수준	2,124	22.0	1,250	874	2,157	21.4	1,281	23.4	876	19.1
일의 양과 시간대	2,630	27.3	1,088	1,542	2,854	28.3	1,177	21.5	1,677	36.5
일의 내용	1,319	13.7	783	536	1,332	13.2	781	14.3	551	12.0
출퇴근거리 등 편리성	697	7.3	263	433	791	7.9	293	5.4	498	10.8
계속근로 가능성	1,689	17.6	1083	606	1,770	17.6	1,147	21.0	624	13.6
과거 취업경험 연관성	1,005	10.5	675	330	1,010	10.0	679	12.4	331	7.2
그 외	156	1.6	118	38	145	1.4	107	2.0	39	0.9

출처 : 통계청(2021). 「고령층 성별 일자리 선택 기준」(http://kostat.go.kr/wnsearch/search.jsp).

교육 정도별로 보면, 중졸 이하(32.7%), 고졸(27.4%), 대졸 이상(22.4%) 모두 일의 양과 시간대가 우선적인 일자리 선택 기준이었다.

〈표 5-4〉 교육정도별 일자리 선택 기준

(단위 : 천 명, %)

구분	2020.5					2021.5							
	장래근로희망자	구성비	중졸이하	고졸	대졸이상	장래근로희망자	구성비	중졸이하	구성비	고졸	구성비	대졸이상	구성비
〈 전 체 〉	9,620	100.0	3,885	3,716	2,019	10,059	100.0	3,901	100.0	4,028	100.0	2,131	100.0
임금수준	2,124	22.1	863	898	363	2,157	21.4	827	21.2	924	22.9	405	19.0
일의 양과시간대	2,630	27.3	1,254	949	427	2,854	28.4	1,275	32.7	1,102	27.4	478	22.4
일의 내용	1,319	13.7	397	463	459	1,332	13.2	430	11.0	464	11.5	438	20.5
출퇴근거리 등 편리성	697	7.2	336	275	85	791	7.9	340	8.7	341	8.5	110	5.2
계속근로 가능성	1,689	17.6	662	726	302	1,770	17.6	667	17.1	781	19.4	322	15.1
과거취업경험 연관성	1,005	10.4	355	361	289	1,010	10.0	333	8.5	375	9.3	302	14.2
그 외	156	1.6	18	44	93	145	1.4	28	0.7	42	1.0	76	3.5

출처 : 통계청(2021). 「경제활동인구조사 고령층부가조사 결과」(http://kostat.go.kr/wnsearch/search.jsp).

위 통계 결과를 종합해 볼 때 향후 우리 사회는 노인의 일자리 선택 욕구를 반영하여 '일의 양과 시간대'와 '임금수준'을 가장 고려한 노인일자리를 만들 필요가 있다.

3. 노인고용제도와 실태

1)고령자고용촉진

(1) 고령자고용촉진법 정의

고령자고용촉진법은 1992년 7월 1일부터 시행되었고, 고령자가 그 능력에 맞는 직업을 가질 수 있도록 지원 및 촉진함으로써 고령자의 고용안정과 국민경제의 발전에 이바지하는 것을 목적으로 한다. 고령자고용촉진법에서 준고령자는 50세 이상에서 55세 미만인 자이고, 고령자는 55세 이상인 자로 규정한다(국가법령정보센터, 2021).

(2) 고령자고용촉진제도

① 기준고용률제도

사업장에서 상시 300명 이상의 근로자를 사용하는 사업장을 기준으로 하여 사업주가 55세 이상인 고령자의 고용촉진을 위해 정부는 고용해야 할 비율을 제시하고, 사업주는 기준고용률 이상의 고령자를 고용하도록 노력해야 되는 것을 권고하는 제도이다. 고령자 기준고용률은 사업의 종류에 따라 다르게 나눠는데 제조업은 그 사업장의 상시근로자의 2%, 운수업 부동산 및 임대업은 그 사업장의 상시근로자의 6%, 그 외의 산업은 그 사업장의 상시근로자의 3%의 이상의 고령자 채용을 권고하고 있다. 이를 준수하게 이행하는 사업주에게 세금감면, 고령자 고용연장지원금 등의 혜택을 부여하고 있다(생활법령정보, 2021).

② 고령자고용연장지원금

취업이 상대적으로 곤란한 고령자를 일정비율 이상 고용하거나, 정년연장 또는 정년퇴직자를 계속 고용하는 사업주를 지원함으로써 장년의 고용안정 및 고용유지를 도모하는 제도이다. 「고용보험법시행령」 제25조에 근거한 고령자고용연장지원금은 정년연장지원금, 정년퇴직자 재고용지원금, 60세 이상 고령자고용지원금으로 구분할 수 있다(중소기업중앙회, 2021).

가. 정년연장지원금

정년을 폐지하거나 60세 이상으로 1년 이상 연장한 사업장에서 18개월 이상 계속 근무한 자를 계속 고용한 사업주에게 지원금을 지원하는 것을 말한다. 정년 폐지 또는 1년 이상 3년 미만 연장한 경우 1인당 월 30만 원을 1년간, 3년 이상 연장한 경우 2년간 지원한다. 다만, 정년 폐지 또는 정년 연장 전 3년 이내에 해당 사업장의 정년을 폐지하고 정년을 새로 설정하거나 기존에 정한 정년을 단축한 경우에는 지급하지 않는다(국가법령정보센터, 2021).

나. 정년퇴직자 재고용지원금

정년을 58세 이상으로 정한 사업장에서 18개월 이상 계속 근무 후 정년이 도래한 자를 퇴직시키지 않거나 정년퇴직 후 3개월 이내에 1년 이상 재고용할 시 사업주에게 지원금을 지급한다. 정년퇴직자 재고용 지원금은 재고용 기간이 1년 이상 3년 미만인 경우 1인당 월 30만 원을 6개월간, 재고용 기간이 3년 이상인 경우 1인당 월 30만 원을 1년간 지원한다(고용노동부, 2021).

다. 60세 이상 고령자고용지원금

정년이 미설정된 사업장에서 고용 기간이 1년 이상인 만 60세 이상 고령자를 업종별 기준고용률(1~23%)을 초과하여 고용하는 사업주에게 지원금을 지급함으로써 고령자의 고용을 촉진하고 안정을 도모하는 것이다. 기준고용률 초과 인원 1인당 분기별 30만 원이 지원되며 근로자 수의 20%(대기업은 10%)의 한도로 지정 돼 있다. 그러나 지원금 신청 전 3개월부터 신청한 후 6개월까지 55세 이상 근로자를 고용조정으로 이직시키는 경우, 임금 등을 체불하여 명단이 공개 중인 경우 지급이 제한되고 60세 이상 고령자 고용지원금의 지급을 위하여 근로자 수를 산정하는 경우의 사람은 제외된다(고용노동부, 2021).

〈표 5-5〉 고령자고용연장지원금 분류

분류	지원 요건	지원내용(1인당)
정년연장지원금	정년 폐지 또는 1년 이상 3년 미만 연장한 경우	1년간 월 30만 원
	3년 이상 연장한 경우	2년간 월 30만 원
정년퇴직자 재고용 지원금	1년 이상 3년 미만인 경우	6개월간 월 30만 원
	3년 이상인 경우	1년간 월 30만 원
60세 이상 고령자 고용지원금	고용 기간 1년 이상인 60세 이상 고령자 업종별 지원기준율(1~23%) 초과하여 고용한 경우	분기당 30만 원

출처 : 「고용보험법시행령 제25조」.

③ 준고령자 우선고용직종

국가, 지방자치단체 및 공공기관의 장은 고령자고용촉진법 제15조, 제16조의 규정에 따라 고용노동부장관이 고시한 우선고용직종에 대해서 50세 이상인 사람을 우선적으로 고용해야 한다. 공공기관의 장 등이 아닌 사업주는 우선고용직종에 대해서는 50세 이상인 사람을 우선적으로 고용하도록 노력해야 한다(고용노동부, 2021).

〈표 5-6〉 준고령자 우선고용 직종명

직종명		
기타사무원기타 의료복지 관련 서비스 종사원 직업상담사 및 취업 알선원 육아시설 도우미 큐레이터 및 문화재 보존원 내선전공 배관세정원 및 방역원 재활용처리 및 소각로 조작원	조림 · 영림 및 벌목원 간병인 여행 및 관광통역 안내원 자재관리 사무원 안내 접수사무원 및 전화교환원 고객상담 및 모니터 요원 통계관리 사무원	전산 자료 입력원 및 사무보조원 직업훈련 및 문화사회교육 강사 사회복지사 상담 전문가 및 청소년 지도사 기타 사회복지관련 종사원 사서 및 기록물 관리사

직종명		
버스 및 관용차운전원 상점판매원 및 상품대여원 매장계산원 및 요금정산원 매표원 및 복귀 판매원 청소원 경비원 환경미화원 및 재활용품 수거원	계기검침원 및 가스점검원 주차 관리원 및 안내원 검표원 조리사 및 주방조리원 건축수리 및 보수원	냉 · 난방 관련 설비 조작원 전기 및 전자 설비조작원 보건위생 및 환경검사원 상 · 하수도 처리장치 조작원 제조관련 단순종사원 조경원 농림어업관련 종사원

출처 : 고용노동부(2018).「준고령자 우선고용직종」.

④ 임금피크제

사업주가 근로자에게 일정연령 이상까지 고용을 보장·연장하는 조건으로 임금을 조정하는 제도로, 퇴직을 앞둔 근로자는 정년을 보장받고 기업은 보다 저렴한 비용으로 훈련된 인력을 활용하고 절감된 비용으로 신규 직원을 채용한다. 고용연장과 일자리 창출 두 가지를 얻을 수 있고 크게 정년보장형 임금피크제, 정년연장형 임금피크제 그리고 고용연장형 임금피크제로 나눌 수 있는데, 구체적인 내용은 다음과 같다.

가. 정년보장형 임금피크제

사업주가 근로자에게 취업규칙 등에서 정한 정년을 보장해 주는 것을 전제로 임금을 조정하는 제도이다. 예를 들어 현재 정년이 60세 이상인 기관인 현 정년을 보장하면서 도래 3~5년 전부터 임금을 감액 조정한다(공공기관통합공시, 2021).

나. 정년연장형 임금피크제

정년 이전의 일정한 기간을 정해서 그 기간부터 임금을 감액하여 지급하되 정년 이후의 일정한 기간까지 고용함으로 총액 임금이 많아지도록 설계하는 제도이다. 즉, 근로자 대표의 동의를 받아 정년을 56세 이상으로 연장한 사업장에서 18개월 이상 근무하고, 임금을 55세 이후부터 감액한다. 근로자 입장에서는 고령화시대를 맞아 점진적 은퇴를 통해 노후생활을 안정시킬 수 있으며, 사용자 입장에서는 고령자에 대해 연간 비용을 줄이면서 경험과 경력을 적절히 활용할 수 있다.

정년연장형의 사례로는 정년 대상 근로자의 정년을 55세에서 58세로 3년 연장하면서 55세 기본급 기준으로 56세에는 10%, 57세에는 15% 그리고 58세에는 20%를 감액한다. 정년을 만 58세에서 만 60세로 연장하면서 임금피크제 적용 1년 차 30%, 2년 차 40%, 3년 차에는 60%를 감액한다(고용노동부, 2021).

다. 고용연장형 임금피크제

고용연장형 임금피크제는 사업장에서 정년에 도달한 근로자를 퇴직시킨 후 건강상태, 근로욕구, 회사에 기여도 등을 파악하고 검토하여 정년퇴직자를 재고용하면서 정년 이전보다 임금을 동결하거나 삭감하는 방식이다. 이로써 정년에 도달한 고령 근로자는 퇴직 시기를 어느 정도 연장해서 근무할 수 있고 회사는 고령 근로자의 능력을 보다 저렴한 비용으로 활용할 수 있다(고용노동부, 2021).

〈표 5-7〉 연도별, 규모별 임금피크제 도입 현황

(단위 : %)

연도	300인 이하	300인 이상
2011	2.0	16.2
2012	9.6	17.8
2013	8.2	18.5
2014	9.8	23.2
2015	12.0	27.2
2016	17.3	46.8
2017	22.2	53.0
2018	21.3	54.8
2019	21.5	54.1

출처 : 통계청(2020). 「사업체노동력조사 및 부가조사 2011~2019」.

2) 노인복지법에 의한 고용보장

「노인복지법」 제23조에 근거하여 보건복지부에서 실시하고 있는 노인취업 관련 사업으로는 노인일자리사업, 노인취업지원센터, 지역사회시니어클럽, 고령자인재은행 등이 실시되고 있다.

(1) 노인일자리사업

노인일자리사업은 「노인복지법」 제23조와 제23조의2, 제24조에 근거하며 노인의 다양한 일자리 및 사회활동을 지원하기 위해 노인의 활동기회를 넓히고 적합한 직종의 개발 등을 통해 근로능력 있는 노인에게 일할 기회를 제공하도록 노력하고 있다. 또한, 노인일자리전담기관을 설치 운영하거나 운영의 전부 또는 일부를 법인 단체 등에 위탁하고 있고 사회적 신망과 경험이 있는 노인이 지역봉사를 희망하는 경우 지역봉사지도원으로 위촉하기도 한다. 2021년 사업유형을 기준으로 살펴보면, 노인 사회활동으로 공익활동과 재능나눔활동이 있고, 노인일자리사업으로는 시장형사업단, 취업알선형, 시니어인턴십, 고령자 친화기업으로 나뉜다. 각 유형별 구체적 내용은 다음과 같다(보건복지부, 2021).

〈표 5-8〉 2021년 노인일자리 및 사회활동지원사업 주요 내용

구분	유 형	주요내용	예산지원형태	활동성격
공공형	공익활동	노인이 자기만족과 성취감 향상 및 지역사회 공익증진을 위해 참여하는 활동	지자체 경상보조	봉사
	재능나눔활동	재능을 보유한 노인이 자기만족과 성취감 향상, 지역사회 공익증진을 위해 자발적으로 참여하는 봉사성격 각종 활동	민간 경상보조	
사회서비스형		노인의 경력과 활동역량을 활용하여 사회 도움이 필요한 영역(지역사회돌봄, 안전 등)에 서비스를 제공하는 일자리	지자체 경상보조	근로

구분	유 형	주요내용	예산지원형태	활동성격
민간형	시장형사업단	참여자 인건비 일부를 보충지원하고 추가 사업수익으로 연중 운영하는 노인일자리	지자체 경상보조	근로
	취업알선형	수요처의 요구에 의해 일정 교육을 수료하거나 관련된 업무능력이 있는 자를 해당 수요처로 연계하여 근무 기간에 대한 일정 임금을 지급받을 수 있는 일자리	지자체 경상보조, 민간경상보조	
	시니어인턴십	만 60세 이상자의 고용을 촉직하기 해 기업에 인건비를 지원하여 계속고용을 유도하는 사업	민간경상보조	
	고령자 친화기업	고령자가 경쟁력을 가질 수 있는 적합한 직종에서 다수의 고령자를 고용하는 기업설립 지원	민간경상보조	

출처 : 보건복지부(2021). 「2021년 노인일자리 및 사회활동 지원사업 운영안내」.

가. 시장형사업단

노인에게 적합한 업종 중 소규모 매장 및 전문 직종 사업단 등을 공동으로 운영하여 일자리를 창출하는 사업으로 일정 기간 사업비 또는 참여자 인건비 일부를 보충지원하고 추가 사업소득으로 연중 운영하는 일자리이다. 사업내용으로는 식품제조 및 판매, 공산품제작 및 판매, 매장운영, 지역영농, 운송 등이 있다(보건복지부, 2021).

〈표 5-9〉 시장형 사업종류

유형	세부 사업내용
식품제조 및 판매	• 식재료를 활용하여 식품 등을 제조하여 판매
공산품제작 및 판매	• 일정한 시설을 갖추고 규격에 맞춘 공산품을 제작하여 판매
매장운영	• 소규모 매장 및 점포를 운영
지역영농	• 유 · 휴경지를 활용하여 농산물 등을 공동으로 경작하고 판매
운송	• 물품을 배송 · 집하 • 지하철 이용 각종 수하물 및 서류 등
기타	• 사업 수익을 통해 향후 발전 가능성이 있는 재화 · 서비스 제공

출처 : 보건복지부(2021). 「2021년 노인일자리 및 사회활동 지원사업 운영안내」.

나. 취업알선형

수요처의 요구에 의해 일정 교육을 수료하거나 관련된 업무능력이 있는 만 60세 이상 고령자를 민간기업 등의 수요처로 취업을 알선해 주는 사업으로, 노인에게 적합한 일자리에 취업할 수 있도록 지원하고 구인처에는 맞춤형 인재를 연계한다(한국노인인력개발원, 2021).

다. 시니어인턴십

만 60세 이상자의 고용촉진을 위해 기업에 인건비를 지원하여 계속고용을 유도하는 사업으로 3개월간 인턴십 참여 후 계속근로계약 체결 시 1인당 최대 222만 원의 인건비를 지원한다(한국HRM협회, 2021).

라. 고령자 친화기업

고령자 적합직종을 개발하여 기업설립을 지원함으로써 시장경쟁력과 지속성을 갖춘 노인일자리를 창출하는 사업이다(한국노인인력개발원, 2020).

〈표 5-10〉 고령자 친화기업 사업유형

사업유형		지원대상	대응투자비율	지원규모
지정	인증형	• 업종별 고령자 기준고용율(고용노동부 고시)을 충족한 기업 중에서 일정규모 이상의 고령자를 추가고용(최소 5명 이상, 4대 보험 가입, 최저임금 준수) 하고자 하는 기업	대응 투자 비율에 따라 최종심사 점수 차등 적용	개소당 최대 2억 원
신규 설립	창업형	• 노인적합직종에서 기업을 신규 설립하여 고령자 고용창출 가능한 법인 등 • 개발원 운영 창업학교 과정 수료자중 창업한 고령자 (지자체, 연계사업, 사회공헌 연계사업은 최대 5억 원까지 신청 가능)		개소당 최대 3억 원

출처 : 보건복지부(2021). 「2021년 노인일자리 및 사회활동 지원사업 운영안내」.

(2) 노인취업지원센터

노인취업지원센터는 지역 사회 구직 희망 노인의 취업 상담·알선 등을 통하여 노인의 소득 보장 및 사회 참여 기회를 확대시키는 목적을 갖고 있다. 주요 사업 내용으로는 취업 전 노인 교육 및 훈련, 노인 취업 상담 및 알선, 취업자 사후 관리 및 재취업 연계 등이 있으며 취업지원센터는 취업 희망자의 취업을 효율적으로 지원하기 위하여 유관 인프라와 긴밀한 연계 체계를 유지한다. 해당 기관은 한국 노인 인력개발원, 관할 지방자치단체, 노인생활 및 이용시설, 사회복지시설, 지역사회 내 업체 및 기관·단체이다. 관할 지방자치단체의 경우 센터의 취업 지원이 원활하게 이루어질 수 있도록 관련 정보 공유, 홍보, 기타 행정적·재정적으로 지원한다(한국노인인력개발원, 2019).

(3) 시니어클럽

시니어클럽은 지역사회가 보유한 시설과 전문인력 등을 활용해 노인의 적성에 맞는 일자리를 제공하여 노인들의 여가 선용 및 소득창출의 기회를 제공하는 역할을 담당하고 있다. 2021년 기준 전국에 총 188개의 시니어클럽이 운영되면서 지역특성에 적합한 시장형사업단 사업을 수행하고 있다(한국시니어클럽협회, 2021).

「노인복지법」 제23조의2에 근거하여 노인의 능력과 적성에 맞는 일자리지원사업을 전문적 체계적으로 수행하기 위한 전담기관을 설치·운영 또는 위탁하고 있으며 「노인복지법시행령」 제17조의3 및 4에 의거하여 노인일자리사업에 대해 전문성을 띠는 담당자를 갖춘 법인 및 단체에 위탁하여야 한다는 규정을 두고 있다. 또한, 「노인복지법」 제45조에 따라 노인일자리전담기관의 설치·운영 또는 위탁에 소요되는 비용은 국가 또는 지자체에서 부담하고 있다(국가법령정보센터, 2021).

(4) 고령자인재은행

고령자 고용안정 및 인력수급 활성화를 위해 고용노동부가 주관하는 고령자인재은행은 「고용상 연령차별금지 및 고령자고용촉진에 관한 법률」의 근거로 50세 이상의 준 고령자를 대상으로 직업지도와 취업알선 또는 직업능력개발훈련 등에 필요한 전문 인력과 시설을 갖춘 단체 또는 기관을 고령자인재은행으로 지정하고, 지정기관에 대하여 운영경비를 지원해 주는 사업이다. 고령자인재은행의 주요 기능은 고령자에 대한 구인·구직 등록, 직업지도 및 취업알선, 취업희망 고령자에 대한 직업상담 및 정년퇴직자의 재취업 상담, 고령자의 직업능력개발훈련, 그 밖에 고령자 고용촉진을 위하여 필요하다고 인정하고 고용노동부 장관이 정하는 사업 등이다(국가법령정보센터, 2021).

고용노동부(2021)는 경제활동 참여비중이 증대됨에 따라 고령자의 고용촉진 및 취업기회 확대를 위해 민간의 무료직업소개사업을 수행하는 비영리법인 또는 공익단체를 고령자인재은행으로 지정하여 고령자 고용안정 및 인력수급 활성화에 기여하고자 하며, 2021년 4월을 기준으로 전국에 42개소가 지정·운영되고 있다.

4. 노인고용정책의 개선방안

노년기에 접어들게 되면 신체와 정신 기능이 약화되어 경제적·사회적 능력 부족으로 노동시장에서 필요로 하지 않는 경우가 대부분이다. 그러나 고령자라고 해서 청장년층보다 생산력이 떨어진다고 단정하기에는 위험하다. 고령 인력이 갖는 고도의 전문성과 다양한 경험 등의 강점들이 있기 때문이다. 따라서 향후 노인고용촉진제도를 의무화하여 노인고용을 확대할 수 있는 제도적 장치가 필요하다.

1) 노인고용촉진제도 의무

현재 우리나라는 노인고용을 촉진하기 위해 고령 인력자를 활용하는 사업주에게 기준고용률을 제시하면서 권고하고 있고, 이를 준수하게 이행하면 다양한 지원금을 지급하고 있다. 하지만, 통계청(2021)에서 발표한 '2020년 기준고용률 이행 현황'에 따르면 정보통신업에서 기준고용률을 위반하는 기업이 50%가 넘고 보험업 및 금융업에서 위반하는 기업은 30%를 넘겼다. 이는 의무가 아닌 권고에 지나지 않기 때문이다. 인건비가 비싼 일자리일수록 노인 고용비율이 낮고 과태료만 내버리는 경우가 많다. 따라서 향후 노인고용촉진제도를 의무화하여 노인고용을 확대할 수 있는 제도적 장치가 필요하다.

2) 고령자 기준고용률 확대와 인센티브 강화

55세 이상 고령자 기준고용률은 사업의 종류에 따라 다르게 나뉘는데, 제조업은 상시근로자의 2%, 운수업 부동산 및 임대업은 상시근로자의 6%, 그 외의 산업은 상시근로자의 3%의 이상을 권고하고 있다. 그럼에도, 통계청(2021)이 발표한 '2021 고령자 통계'에 따르면 OECD 국가 중 은퇴 노인 중 상대적 빈곤율이 가장 높은 나라가 한국인 것으로 나타났다. 이러한 은퇴노인 빈곤율을 줄이기 위해 정부와 지자체는 고령자기준고용률에 대한 비율을 높이고 이에 따른 장려금 지원도 확대할 필요가 있다. 또한, 연속고용을 하는 사업주에게 인센티브를 제공함으로써 노인고용촉진제도를 강화할 필요가 있다.

3) 임금피크제에 민간기업 적극 참여

임금피크제를 통해 고령 근로자는 은퇴 시기를 미루고 근로를 함으로써 노후생활에 경제적인 부담을 덜 수 있고 고령자를 고용하는 기업은 비교적 저렴한 비용으로 고령 근로자를 채용할 수 있어 인건비에 대한 부담을 줄여 젊은 인력을 채용할 수 있다는 장점을 갖는다. 한국경영자총협회(2021)이 발표한 '고령자 고용정책에 대한 인식 조사'에 따르면 정년 연장에 부담을 느끼는 기업의 50% 이상이 호봉제에 따른 인건비 상승을 문제로 꼽았다. 따라서 고령자 정년을 연장하는데, 임금피크제를 적극 활용하기 위해서는 민간기업의 참여를 독려할 필요가 있다. 임금피크제의 인건비 절감 효과와 임금피크제를 실시한 기업은 사회적 기여가 큰 기업이라는 홍보를 강화하고, 임금피크제를 실시한 기업에게 세금 감면 혜택 등을 제시해 민간기업 참여를 적극 유도할 구체적인 방법이 요구된다.

4) 정년 연장

대한민국은 60세 정년제가 법제화돼 있으나, 적지 않은 기업들이 정년제를 지키지 않고 있어 정년 나이를 채우지 못한 고령자들로 인해 우리사회는 많은 문제점이 나타날 수 있다. 한편, 2021년 기준 국민연금 수령 연령은 만 62세인데, 2033년까지 점진적으로 65세로 상향 조정 중이다. 이는 많은 퇴직자들이 연금 수령 때까지 소득이 없어 경제적으로 궁핍할 가능성이 있음을 시사하고 있다. 일본의 경우 「고령자고용안정법」을 개정해 70세 정년 도입을 목표로 하고 있고, 독일의 경우도 2029년까지 67세로 정년 연장을 계획하고 있다. 따라서 한국도 생산연령인구가 줄어들어 사회적으로 부담해야 할 노년부양비는 가중되고 있기 때문에 정년 연장은 당연한 수순으로 보인다. 이제는 단계적인 정년 연장에 대한 정책을 서둘러 마련할 필요가 있다. 이는 고령사회를 살아갈 수밖에 없는 우리사회에서 피할 수 없는 중요한 사안으로 판단된다.

5) 노인일자리 질적 향상과 적합 직종 개발

통계청(2021)이 발표한 '고령층 연령별 경제활동상태'에 따르면 노인일자리는 양적으로 개선이 되었음을 알 수 있다. 하지만, 노인 취업률만 향상시키기 위해 쓰레기 줍기, 단순 교통정리 등 각 개인의 경력과 적성에 관계없는 단순 업무이거나 단기적 알바 수준의 일자리가 주류라는 비판은 끊임없이 제기되어 온 것이 사실이다. 이제는 노인일자리에 대한 질적 개선이 강력히 요구된다. 각 개인의 경력, 적성 등을 고려한 노인고용 데이터베이스를 대폭 강화하고, 그에 따라 고령자에 맞는 적합한 일자리 직종을 개발하는 정책이 더 활발히 진행되어 노인일자리를 질적으로 향상될 수 있게 개선하여야 한다.

6) 고령자 재교육 강화

노인의 경력과 적성을 고려한 고령자일자리를 개발하더라도 급격히 발전하는 현대 과학이 접목된 현재의 일자리를 시대적으로 쉽게 적응할 수 있는 고령자는 흔치 않을 것이다. 기업에서도 고용가치가 낮거나 생산성이 낮은 고령자를 채용하는 것보다 과태료를 내는 것이 더 효율적이라 판단할 가능성을 배제할 수 없다. 따라서 현대 흐름에 발맞춰 고령자가 재취업에 필요한 전문성을 갖추도록 하는 것은 어떻게 보면 당연한 준비일 수 있다. 다시 말해, 고령자를 전문성을 갖춘 고도화된 노동자로 양성하기 위한 재교육의 필요성이 확인된다. 이러한 노인 재교육 강화를 위해 교육 인프라를 잘 갖추고 있는 대학을 활용할 필요가 있다. 실제로 대학은 입학 연령이 감소하여 교육 기능이 점점 축소되고 있기 때문에 고령자 취업을 위한 교육프로그램을 충분히 환영하면서 그에 따른 준비도 부족하지 않을 것이다. 준고령자부터 대학의 전문 교육을 재교육하여 새로운 재취업을 위한 과정으로 활용한다면 미래의 우리 사회에서 노인을 계속 고용하기 위한 하나의 방법이 될 수 있다. 그동안 고용보험공단은 근로자의 재교육을 지원하고 있다. 이러한 사례와 연결해 정부에서도 대학에서 실시하는 준고령자의 재교육에 필요한 제반 비용을 지원하여 노인고용을 위한 재교육 정책이 성공한다면 그 노인노동자가 또 다른 이를 부양하는 사회적 선순환이 될 수도 있을 것이다.

〈연습 문제〉

1. 다음 중 노인고용 현황 설명 중 가장 거리가 먼 것은?(　)

① 노인 고용 현황은 매년 증가하는 추세이다.

② 노인 고용 현황에 영향을 주는 요인에는 평균 연령의 증가가 있다.

③ 노인들이 경제활동을 하는 이유에는 경제적 요인이 가장 크다.

④ 노인들이 근무하고 있는 직종에서 가장 큰 비율을 차지하는 직종은 관리직이다.

⑤ 여성 노인의 수입 안정성은 남성 노인에 비해 떨어지고 있다.

2. 사업주가 근로자에게 일정 연령 이상까지 고용을 보장하거나 연장하는 조건으로 임금을 조정하는 제도로 근로자는 정년을 보장하고, 기업은 비용을 절감하는 대표적인 제도는?(　)

① 정년연장지원금　② 임금피크제

③ 정년퇴직자 재고용지원금　④ 고령자고용 안정지원금

⑤ 60세이상 고령자고용지원금

3. 다음 중 노인일자리 질적 향상을 위한 사업이 아닌 것은?(　)

① 노인 평생교육　② 기업연계형 사업

③ 시장형 사업단　④ 시니어 인턴십

⑤ 고령자 친화 기업

〈정답 및 해설〉

1. 정답 : ④

해설 : 노인들의 근무하고 있는 직종 중 가장 큰 비율을 차지하는 직종은 단순 노무직으로 48.7%에 해당한다.

2. 정답 : ②

해설 : 사업주가 근로자에게 일정 연령 이상까지 고용을 보장하거나 연장하는 조건으로 임금을 조정하는 제도로 근로자는 정년을 보장하고, 기업은 비용을 절감하는 대표적인 제도는 임금피크제이다.

3. 정답 : ①

해설 : 노인일자리 질적 향상을 위한 사업에는 고령자친화기업, 기업연계형, 시니어 인턴십, 인력파견형 사업단, 사회서비스형, 시장형 사업단이 있다.

〈해결 문제〉

55세 남성 김 고독(가명) 씨는 20년간 다니던 회사의 부도로 인하여 갑작스럽게 직장을 잃게 되었다. 20대 대학생 아들을 홀로 양육하던 김 씨는 노후대책을 따로 준비하지 않았기 때문에 재취업을 하는 데 있어 막막하다. 이러한 상황에서 그가 이용할 수 있는 고용 알선프로그램은 어떤 것이 있을까?

〈찬반 토론〉

정부가 일자리 대책 초점을 청년층에 맞추면서 상대적으로 노인들은 고용시장에서 외면받고 있다는 목소리가 나오고 있다. 양적인 취업자 수치가 늘어나고 있는 것과 달리 상당수 노인들은 여전히 만성적 저임금과 고용불안에 시달리고 있다. 정부 지원으로 시행되는 노인일자리 사업 대부분이 낮은 수당을 지급하는 공익활동 중심으로 이뤄지고 있다는 점이 한계로 지적된다. 한편, 청년층의 실업과 고용문제도 심각하다. 우리 사회의 균형 있는 고용을 이루기 위한 고민과 노력이 필요해 보인다. 노인고용정책 강화가 더 필요한가? 청년고용정책 강화가 더 필요한가? 찬반 토론을 해보자.

제6장

노인복지시설

1. 노인복지시설의 개념과 등장배경

1) 노인복지시설의 정의

현행 사회복지사업법 제2조와 노인복지법 제31조에 의하면 노인복지시설이란 노인복지법에 따라 각종 노인복지사업을 행할 목적으로 설치된 사회복지시설을 말한다.

대부분의 노인복지시설은 노인성 질환, 노화, 장애 등으로 일상생활이 불가능하거나 돌봄을 필요로 하는 노인을 대상으로 요양, 주거, 여가 등의 서비스를 제공할 목적으로 설치된 사회복지시설이다. 이러한 노인복지시설은 민간영역에서도 그 역할을 일부 담당하고 있지만, 대부분 공적 영역에서 노인복지시설 운영을 위한 재정, 행정 등을 지원하는 시스템으로 운영되는 것이 일반적이다.

즉, 노인복지시설은 노인을 대상으로 하는 복지시설로 대인서비스의 욕구가 있거나 돌봄을 필요로 하는 노인을 대상으로 다양한 복지서비스를 제공하는 사회복지시설을 통틀어 노인복지시설이라 정의할 수 있다.

2) 노인복지시설 등장 배경

노인복지시설이 등장하고 증가할 수밖에 없는 배경은 노인인구 증가, 노인돌봄 가치관 변화, 실버산업 발달과 같이 세 가지로 정리하여 제시할 수 있다.

첫째, 노인인구 증가이다. 과학과 산업이 발달하고, 의료기술도 발달함과 동시에 우리 사회는 생명 연장에 대한 욕구도 증가하고 있어 그 결과로 노인인구가 증가하고 있다. 이는 그만큼 노인인구가 증가하기 때문에 자연스럽게 노인을 위한 복지 필요성도 확대될 수밖에 없고, 노인복지가 잘 된 사회가 좋은 사회임에 틀림이 없기 때문이다. 다시 말해, 노인인구가 증가하였으니 그만큼 노인복지와 노인복지시설도 증가할 수밖에 없다.

둘째, 노인돌봄 가치관 변화이다. 우리나라의 경우 전통적인 유교 사상 아래에서 노인과 가족을 돌보는 가치관이 있었으나, 시대의 흐름에 따라 노인을 돌봐야 하는 전통적 사상은 줄어들고, 자본주의와 개인주의가 점점 발달하면서 핵가족과 1인 가구가 늘어나고 있다. 이는 노인돌봄에 대한 책임이 가족보다 국가와 사회의 책임으로 전환되어야 한다는 노인부양의식이 전환되는 근거로 볼 수 있다. 즉, 노인돌봄은 사적인 영역에서 공공의 영역으로 점점 그 가치관이 이동하고 있기 때문에 노인복지시설이 증가할 수밖에 없다.

셋째, 실버산업의 발달이다. 노인인구 증가와 노인돌봄이 개인이나 가족영역에서 공공영역으로 변화하면서 돌봄 인력과 돌봄 시스템에 대한 보상도 필연적으로 따라올 수밖에 없다. 특히, 우리나라의 경우 2008년 노인장기요양보험 제도를 사회보험으로 시행하면서 노인을 대상으로 하는 돌봄서비스 제공 영역이 더 넓어지면서 새로운 실버산업적 측면이 접목되어 발전하는 계기가 되기도 하였다. 실제로 노인장기요양보험 제도를 시행하면서 영리를 목적으로 한 민간영역의 노인복지 진출은 전체 노인복지영역에서 무시할 수 없는 존재로 그 자리를 차지하고 있어 노인복지의 민간화와 산업화는 이제 더는 낯설지 않은 영역으로 받아들여지고 있다. 또한, 민간, 사회보험, 산업 등을 접목한 노인복지시설뿐만 아니라 완벽히 민간에서만 제공되는 노인복지 영역이라 할 수 있는 실버산업의 발달도 이 시대에서 어느 정도 자연스러운 현상으로 설명될 수 있다.

2. 노인복지시설의 유형 및 현황

1) 노인복지시설의 유형[1)]

(1) 이용방법에 의한 유형

① 생활시설

생활시설은 노인복지시설에서 보호대상 노인을 24시간 365일 돌보는 시설로 주거와 같은 형태로 노인이 노인복지시설에 입소하여 일상생활을 영위하기 위한 다양한 서비스를 제공받는 시설이다. 노인복지를 위한 생활시설로는 노인주거복지시설인 양로시설, 노인공동생활가정, 노인복지주택이 있고, 노인의료복지시설인 노인요양원과 노인요양 공동생활가정이 있으며, 이 밖에도 학대피해노인 전용쉼터가 있다.

② 이용시설

이용시설은 노인이 잠시 이용하는 시설로 생활시설과 달리 본인의 집에서 거주하면서 각종 노인복지서비스를 일정 시간 동안 이용하는 시설이다. 이용시설은 여가시설과 재가시설로 나뉜다. 이중 여가시설은 노인복지관, 경로당, 노인교실이 있고, 재가시설은 방문시설, 주야간보호시설, 단기보호시설이 있다.

(2) 체계에 의한 유형

① 노인주거복지시설

노인주거복지시설은 가정과 같은 주거와 환경을 제공하는 집이라 할 수 있는 노인복지시설이다. 노인주거복지시설은 양로시설, 노인공동생활가정, 노인복지주택이 있다. 노인주거복지시설은 「국민기초생활보장법」에 의한 생계급여자, 의료급여 수급자, 부양을 받지 못하는 노인을 주 대상으로 하여 공적영역에서 주거서

1) 노인복지시설의 유형 및 현황 내용은 노인복지법과 노인복지법시행규칙을 참고한 내용이다,

비스를 제공하는 시설이다. 하지만, 입소비용을 전액 부담하면 일반인도 이용할 수 있다.

가. 양로시설

노인이 양로시설에 입소하여 무료 또는 저렴한 요금으로 급식 및 기타 주거서비스를 제공하면서 일상생활에 필요한 편의 제공을 목적으로 하는 주거시설이다.

나. 노인복지주택

보건복지가족부 장관이 정하는 일정 소득 이하의 노인에게 저렴한 비용으로 분양 또는 임대로 주거의 편의생활지도, 상담 및 안전관리 등 일상생활에 필요한 편의를 제공함을 목적으로 하는 주택이면서 시설이다.

다. 노인공동생활가정

노인양로시설과 같은 기능을 갖지만, 양로시설과 같이 대규모 시설이 아닌 가정이나 집과 같은 기능으로 노인에게 주거의 편의·생활지도·상담 및 안전관리 등 일상생활에 필요한 편의 제공을 목적으로 하는 주거시설이다.

② 노인의료복지시설

노인의료복지시설은 노인성 질환 등 심신의 상당한 장애로 요양이 필요한 65세 이상의 노인이 입소하여 급식·요양 그 밖의 일상생활에 필요한 편의를 제공받는 시설을 말한다.

가. 노인 요양시설

치매, 중풍과 같은 노인성 질환 등으로 심신에 상당한 장애가 발생하여 노인장기요양등급이 부여된 노인을 대상으로 요양시설에 입소하여 급식, 요양 기타 일상생활에 필요한 편의 제공을 목적으로 하는 시설로 노인장기요양보험이 적용된다.

나. 노인요양 공동생활가정

노인요양시설과 같은 기능을 갖지만, 노인요양시설과 같이 대규모 시설이 아닌 가정과 같은 주거여건에서 요양서비스를 제공하는 시설이다. 치매, 중풍과 같은 노인성 질환 등으로 심신에 상당한 장애가 발생하여 노인요양등급이 부여된 노인을 대상으로 급식, 요양 그 밖에 일상생활에 필요한 편의 제공을 목적으로 하는 시설로 노인장기요양보험이 적용된다.

다. 노인전문병원

주로 노인성 질환으로 치료 및 요양을 필요로 하거나 임종을 앞둔 환자 노인을 대상으로 의료를 행하는 병원시설이다. 노인요양시설과는 달리 일반 의료보험제도 시스템을 적용한다.

③ 노인여가복지시설

비교적 건강한 노인을 대상으로 노후생활을 보람 있게 보낼 수 있도록 노인들의 친목도모 및 취미활동 등 여가활동을 할 수 있도록 서비스를 제공하는 이용시설이다.

가. 노인복지관

무료 또는 저렴한 요금으로 노인에 대하여 각종 상담에 응하고 건강의 증진, 교양, 오락 기타 노인의 복지증진에 필요한 편의 제공을 목적으로 하는 시설이다.

나. 경로당

지역 노인들이 자율적으로 친목도모, 취미활동, 공동작업장, 운영 및 각종 정보교환 등 기타 여가활동을 할 수 있는 장소 제공을 목적으로 하는 시설이다.

다. 노인교실

노인들에 대하여 사회활동, 참여욕구를 충족시키기 위하여 건전한 취미생활, 노인건강유지, 소득보장 기타 일상생활과 관련한 학습 프로그램 제공을 목적으로 하는 시설이다.

라. 노인 휴양소

노인들에 대하여 심신의 휴양과 관련한 위생시설, 여가시설 기타 편의시설을 단기간 제공하기 위한 목적으로 하는 시설이다.

마. 찾아가는 이동 노인복지관

노인여가서비스를 제공하기 위한 설비를 갖춘 차량을 이용하여 직접 찾아가서 노인복지서비스의 혜택을 받지 못하는 노인 등에게 건강 상담, 목욕수발, 물리치료 등의 서비스를 제공하고, 마을 단위 자연부락까지 찾아가서 서비스를 제공하는 수혜자 중심의 보건복지서비스이다.

바. 이동목욕 서비스

이동 목욕 차량을 갖추고, 거동이 불편한 노인이나, 목욕설비가 부족한 지역의 노인을 대상으로 목욕서비스를 제공하는 서비스이다.

④ 노인재가복지시설

부득이한 사유로 가족의 보호를 받을 수 없어 일시적으로 보호가 필요한 심신이 허약한 노인과 장애노인을 방문요양, 주야간보호, 단기보호 사업을 실시하여 보호함으로써 노인 및 노인가정의 복지증진을 도모하기 위한 서비스이다. 한국은 2008년 「노인장기요양보험제도」가 실시되면서 노인요양등급 노인에게 제공되는 서비스이다.

한편, 재가노인지원서비스는 노인장기요양보험제도에서 노인요양등급노인에게 만 제공되는 재가복지시설과는 별개로 운영되는 서비스라 할 수 있다. 재가노인지원서비스는 저소득층 노인이나 1인 가구 노인대상 중심으로 방문서비스를 제공하는 서비스로 노인복지관이나 종합복지관을 중심으로 운영되는 경우가 많다.

⑤ 노인보호전문기관

노인학대를 예방하고 안전한 노후를 위한 노인학대 신고 및 긴급전화 구축 등 노인학대 없는 가정과 사회를 조성하기 위해 만들어진 기관이다.

⑥ 노인일자리지원기관

지역사회 등에서 노인일자리의 개발, 지원, 창업육성 및 노인에 의한 재화의 생산판매 등을 직접 담당하는 노인일자리지원 운영을 목적으로 한 시설이다. 주로 노인시니어클럽이 이 일을 담당하고 있다.

〈표 6-1〉 노인복지시설 유형

<table>
<tr><th colspan="2">종류</th><th>세부 유형</th></tr>
<tr><td rowspan="6">생활시설
(입소시설)</td><td rowspan="4">노인주거복지시설
(공적부조)</td><td>양로시설</td></tr>
<tr><td>노인공동생활가정</td></tr>
<tr><td>노인복지주택</td></tr>
<tr><td>학대피해노인전용쉼터</td></tr>
<tr><td rowspan="2">노인의료복지시설
(노인장기요양보험)</td><td>노인(전문)요양시설</td></tr>
<tr><td>노인요양공동생활가정</td></tr>
<tr><td rowspan="8">이용시설</td><td rowspan="3">노인여가복지시설
(사회복지서비스)</td><td>노인복지관</td></tr>
<tr><td>경로당</td></tr>
<tr><td>노인교실</td></tr>
<tr><td rowspan="4">재가노인복지시설
(노인장기요양보험)</td><td>방문(요양, 간호, 목욕)서비스</td></tr>
<tr><td>주 · 야간보호서비스</td></tr>
<tr><td>단기보호서비스</td></tr>
<tr><td>복지용구지원사비스</td></tr>
<tr><td>재가노인복지시설(공적부조)</td><td>재가노인지원서비스</td></tr>
<tr><td colspan="2">노인보호전문기관(사회복지서비스)</td><td>노인보호전문기관</td></tr>
<tr><td colspan="2">노인일자리지원기관(사회복지서비스)</td><td>노인일자리지원기관</td></tr>
</table>

출처 : 노인복지법.「노인복지시행규칙」.

2) 노인복지시설 현황

우리나라 노인복지시설 현황을 각 조류별로 정리된 내용은 〈표 6-2〉와 같다. 각 유형과 종류에 따라 좀 더 구체적인 노인복지시설현황을 살펴보면 다음과 같다.[2)]

노인주거복지시설은 2016년 425개에서 2020년엔 352개로 줄어든 것으로 나타났다. 이는 한국에서도 노인복지시설의 탈시설화 현상이 증가하는 경향이 있고, 단

2) 2022년 1월 현재 가장 최신 통계자료이다.

순한 노인주거복지서비스보다 노인요양서비스의 필요성이 더 확대되어 동일한 생활시설 분야로 보는 노인요양시설이 더 증가하기 때문에 상대적으로 노인주거복지시설이 감소한 것으로 판단된다.

노인의료복지시설은 20106년 5,163개에서 2020년 5,725개로 증가한 것으로 나타났다. 이 가운데 노인요양공동생활가정은 점점 줄어들었지만, 노인요양시설은 크게 확대된 것으로 나타났다. 이는 노인장기요양보험 인정자가 증가하고, 노인장기요양시설 서비스 이용 욕구도 확대되었으며, 소규모 노인요양시설보다는 대규모 노인요양시설을 선호하는 현상이 확대되기 때문으로 보인다.

노인여가시설은 2016년 66,787개에서 2020년 69,005개로 확대된 것으로 나타났다. 이 가운데 노인교실은 점점 줄어들었지만, 노인복지관과 경로당은 꾸준히 증가하고 있는 추세로 나타났다. 이는 우리 사회에서 노인복지관과 경로당 이용 욕구가 점점 더 증가하고 있기 때문인 것으로 판단된다.

재가노인복지시설은 2016년 3,168개에서 2020년 7,212개로 두 배 이상 확대된 것으로 나타났다. 이 가운데 노인장기요양보험이 적용되는 방문요양시설과 주·야간보호시설이 두 배 이상 확대된 것으로 나타났다. 특히, 방문목욕시설, 방문간호서비스, 복지용구서비스는 세 배 이상으로 크게 확대된 것으로 나타났다. 이는 한국의 노인장기요양보험이용자가 점점 더 확대되면서 재가노인복지시설에 대한 선호현상도 증가하기 때문으로 판단된다.

노인보호전문기관은 2016년 29개에서 2020년 35개로 증가하였고, 노인일자리지원기관은 2016년 136개에서 2020년 196개로 증가하였으며, 학대피해노인전용쉼터도 2016년 0개에서 2020년 19개로 증가하였다.

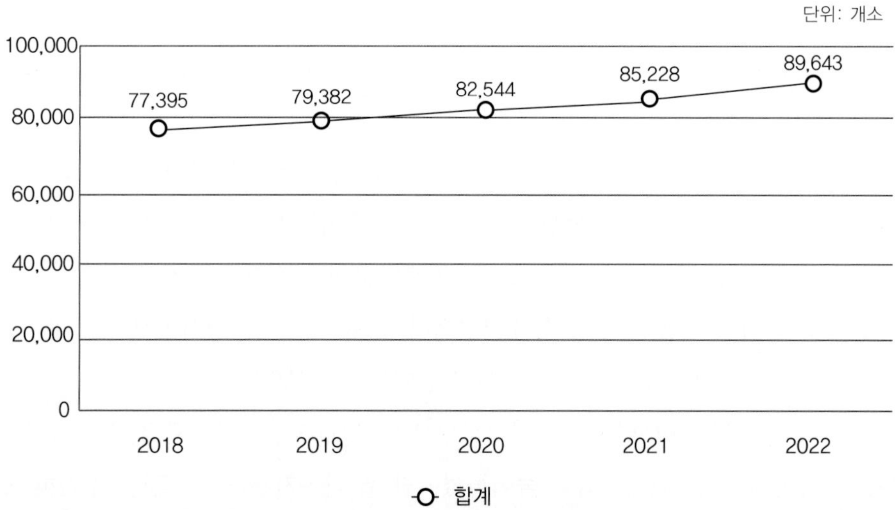

[그림 6-1] 노인복지시설 현황

출처 : 보건복지부「노인복지시설 현황

한국의 노인복지시설현황을 전체적으로 분석해 보면, 최근 10여 년 동안 노인복지시설은 꾸준히 증가하고 있는 것을 확인할 수 있다. 이러한 현상은 노인인구 증가와 함께 노인복지시설 이용 욕구도 점점 더 증가하고 있기 때문에 추후에도 노인복지시설은 점점 더 증가할 가능성이 있다는 점을 시사하고 있다.

〈표 6-2〉 노인복지시설현황 통계표

[단위 : 개소]

		2017	2018	2019	2020	2021
노인주거 복지시설	소계	404	390	382	352	337
	양로시설	252	238	232	209	192
	노인공동생활가정	119	117	115	107	107
	노인복지주택	33	35	35	36	38
노인의료 복지시설	소계	5,242	5,287	5,529	5,725	5,821
	노인요양시설	3,261	3,390	3,595	3,844	4,057
	노인요양공동생활가정	1,981	1,897	1,934	1,881	1,764
노인여가 복지시설	소계	67,324	68,013	68,413	69,005	68,823
	노인복지관	364	385	391	398	357
	경로당	65,604	66,286	66,737	67,316	67,211
	노인교실	1,356	1,342	1,285	1,291	1,255
재가노인복지 시설	소계	3,216	3,494	4,821	7,212	9,984
	방문요양서비스	1,001	1,051	1,513	2,656	4,156
	주야간보호서비스	1,174	1,312	1,816	2,321	2,618
	단기보호서비스	80	73	78	73	69
	방문목욕서비스	609	650	942	1,596	2,415
	방문간호서비스	10	21	60	95	158
	복지용구지원서비스	–	0	0	86	208
	재가지원서비스	342	387	412	385	360
노인보호전문 기관	노인보호전문기관	32	33	34	35	37
노인 일자리 지원기관	노인일자리 지원기관	153	160	184	196	206
학대피해노인 전용쉼터	학대피해노인 전용쉼터	–	18	19	19	20
합계		76,371	77,395	79,382	82,544	85,228

출처: 보건복지부「노인복지시설 현황」

주석: 노인복지시설의 명칭이 노인복지법 시행규칙의 개정,시행으로 다음과 같이 변경되었습니다.

3. 노인복지시설 서비스의 개선방안

1) 전문적 노인장기요양시설 확충

한국은 노인돌봄을 사회보험으로 적용하여 2008년부터 「노인장기요양보험제도」를 실시하고 있다. 제도 초기에 관련 시설을 확충하기 위한 많은 노력이 있었으나, 아직도 농어촌 지역, 도서 벽지는 노인요양시설 인프라가 넉넉하지 못한 수준이다. 이는 노인장기요양보험을 이용하는 국민의 입장에서 볼 때 이용시설의 접근성에 대한 문제를 지적할 수 있다. 따라서 노인요양시설 이용을 위한 접근성을 향상하기 위해 인구대비 노인요양시설 확충과 농어촌 지역과 도서 벽지의 노인요양시설 확충을 위한 운영비와 인건비 지원 같은 특별한 대책을 세울 필요성이 있다. 한편, 단순히 시설 확대에 국한하지 않고, 호스피스 노인요양시설, 치매전담 요양시설 등으로 세분화하고 전문적인 노인요양서비스를 제공하는 전문적인 맞춤형 장기요양시설도 대대적 확충이 요구된다.

2) 노인복지종사자 처우개선과 전문성 강화

대부분의 사회복지시설과 마찬가지로 노인복지시설도 종사자 처우는 최저임금수준에 머물고 있다. 이러한 이유로 노인복지서비스가 우리 사회에서 가장 최저수준이 아니라는 기대는 어려울 것 같다. 국가가 노인복지종사자의 처우개선에 관심이 없다는 것은 노인복지 전반에 관심이 없다는 결론과 다를 바가 없을 것이다. 따라서 우리 사회의 노인복지시설서비스가 공적서비스임을 부인할 수 없다면, 그 종사자 처우를 공무원수준으로 개선할 필요가 있다. 어느 정도의 처우개선이 되었다면 그에 따른 재교육과 전문적 서비스를 요구할 수 있을 것이고, 그 결과로 한국의 노인복지서비스가 최고의 전문적 수준으로 향상될 수 있을 것이다.

3) 노인복지시설 첨단설비 강화

노인을 위한 복지시설이 점점 첨단 설비가 요구되어 가는 추세이다. 이러한 첨단설비는 단순 기본욕구를 충족시키는 것에서 나아가 노인의 교양·취미·여가·교육·의료 등 다양한 분야의 복지욕구를 수용할 수 있어야 한다. 노인이 인간다운 삶을 영위하기 위한 사생활의 공간, 일상의 공간, 운동·훈련의 공간, 재활·회복의 공간, 상담의 공간, 취미·오락의 공간 등을 확보한 노인복지시설이 확보되기를 기대해 본다. 언젠가 노인이 되는 우리에게 가장 큰 노후대책은 노인복지가 발달하는 사회에 살고 있는 것이라 할 수 있다. 멀지 않는 미래에 노인이 되어 최첨단 시설을 갖추어 편안하고 안락한 공간이 있는 노인복지시설에서 양질의 서비스를 제공받는 꿈을 꾸어 본다.

4) 노인여가서비스와 여가복지시설 확충

노인들의 취미와 여가활동의 중요성은 점점 더 확대되어 가는 추세이다. 실제로 고령화 사회로 접어들면서 노인인구 증가만큼이나 노인여가 및 오락 욕구 역시 증가하는 경향이 있다. 노인여가는 단순히 즐거움을 주는 것에서 그치지 않고 노인의 정신건강 유지 및 사회관계망을 확충하기 때문에 노인 삶의 질을 높이는 데 크게 일조할 뿐만 아니라 다양한 노인돌봄 비용을 줄일 수 있는 예방적 효과가 있다. 그렇기 때문에 노인여가서비스의 확대는 매우 중요한 노인복지 분야 가운데 하나다. 따라서 노인여가서비스를 제공하는 복지시설을 늘리면서 그에 따른 다양한 프로그램 개발과 노인여가를 전담하는 전문인력 확충 등이 필요하다.

〈연습 문제〉

1. 노인에게 저렴한 요금으로 급식과 치료 및 기타 일상생활에 필요한 편의를 제공함을 목적으로 하는 노인복지시설은?( )

① 실비양로시설

② 유료노인요양시설

③ 유료양로시설

④ 실비노인요양시설

⑤ 노인요양시설

2. 노인복지시설의 유형에 따른 명칭을 바르게 연결된 것은?( )

① 노인주거복지시설 - 노인요양시설

② 노인주거복지시설 - 주·야간보호시설

③ 노인의료복지시설 - 양로시설

④ 노인의료복지시설 - 노인요양공동생활가정

⑤ 노인요양시설 - 노인요양공동생활가정

3. 무료 또는 저렴한 요금으로 노인에 대한 상담을 실시하는 시설이면서 건강증진, 교양, 오락, 기타 노인복지증진에 필요한 편의제공을 목적으로 하는 시설 명칭은?( )

① 노인여가복지시설　② 노인복지관　③ 노인교실

④ 경로당　⑤ 노인노인휴양소

〈정답 및 해설〉

1. 정답 : ④

해설 : 노인을 들여 급식과 요양 따위의 일상생활에 필요한 편의를 저렴한 요금으로 제공하는 시설 – 실비노인요양시설

2. 정답 : ④

해설 : 노인주거복지시설은 양로시설과 노인공동생활가정이 있다. 노인의료복지시설은 노인요양시설과 노인요양공동생활가정이 있다.

3. 정답 : ②

해설 : 노인복지관은 대표적인 노인이용시설로 "무료 또는 저렴한 요금으로 노인에 대한 상담을 실시하는 시설이면서 건강증진, 교양, 오락, 기타 노인복지증진에 필요한 편의제공을 목적으로 하는 시설이다.

〈해결 문제〉

우리나라 노인인구가 점점 증가로 나타나듯이 그에 따라 노인복지시설도 점점 증가하고 있다. 하지만, 노인복지시설 종사자의 임금과 처우는 최저임금 수준이어서 그 서비스의 수준도 최저수준일 가능성이 높다. 노인복지시설 종사자 임금과 처우 문제는 최근의 문제만은 아닌 것 같다. 또한, 본 교과목인 노인복지학을 공부하는 학생들이 노인복지 현장에 근무할 가능성이 높다. 그러한 이유이기 때문에 해결 문제에서도 다루지 않을 수 없다. 우리 사회에서 노인복지시설 종사자 처우 문제가 더 이상 미루는 사안이 되지 않기를 바라면서 그 대책이 필요해 보인다. 이와 관련한 현실적인 문제 해결 방법들을 제시해 보자.

〈찬반 토론〉

최근 고령화 사회를 대비하기 위해 「노인장기요양보험제도」가 실시되면서 노인요양시설에 대한 수요도 늘어나고 있다. 특히, 노인장기요양시설을 설치하는 데 있어 신고제로 운영하다 보니 민간영역에서도 영리적 목적으로 노인요양시설들이 계속 늘어나고 있는 추세이다. 수요와 공급 차원에서도 과잉공급이라는 지적이 나타나고 있고, 영리만 목적으로 하다 보면 그에 따른 서비스 질적 저하 문제가 나타날 수 있다. 하지만, 공적 영역에만 노인복지시설을 맡기는 것도 한계가 많아 민간영역에도 노인요양시설 설치를 더 개방해야 한다는 목소리도 적지 않게 나오고 있다. 각 영역에 따른 입장에서 노인장기요양시설 설치에 대한 찬성과 반대의 입장을 제시해 보자.

제7장

재가노인복지시설

1. 재가노인복지서비스 이해

1) 재가복지서비스의 개념

재가복지는 시설복지에 대칭되는 의미로 사용할 수 있는 개념이다. 과거에는 자립적으로 생활이 어려운 노인들이 외부시설 등에 수용되어 보호받는 경우가 많았으나 최근에 와서는 노인 자신이 살던 익숙한 거주지에서 요양보호사 등으로부터 각종 요양서비스를 받으며 더욱 안정적이고 안락한 생활을 할 수 있는 재가복지서비스를 제공받는 추세로 변화하고 있다(김병문, 2020).

즉, 노인이 일상생활을 독립적으로 수행하기 어려울 경우 타인의 도움을 받게 되는데, 이 경우 주거복지시설이나 의료복지시설 등에 의해 입소하여 보호받는 것이 아니라 자신의 가정에서 거주하면서 지역사회의 다양한 도움을 받으면서 정상적인 생활을 할 수 있도록 다양한 노인복지서비스를 제공받는 것이라 정의할 수 있다. 대표적인 재가복지 시설은 방문시설, 주야간보호시설, 단기보호시설이 있다.

2) 재가노인복지서비스의 필요성

(1) 가정의 노인부양기능약화

산업화, 도시화, 핵가족화로 전통적 가족의 개념이 약해지고 있는 상황에서 자녀와 별거하여 노인이 혼자 살거나 노인부부만 사는 가정이 늘어나는 추세이다. 또한, 여성의 사회참여확대는 국가 경제적인 측면에서는 긍정적이라 할 수 있겠으나, 이에 따라 노인들은 가족들로부터 간병, 수발, 요양 등의 돌봄을 받을 수 있는 기회를 점차 상실할 수 있다(김한식 외, 2019).

통계청(2021)의 「2021년 고령자 통계」에 따르면 2020년 가구주 연령이 65세 이상인 고령자 가구는 473만 2천 가구로 이 중 35.1%인 166만 1천 가구가 혼자 사는 고령자 1인 가구로 고령자 가구 및 고령자 1인 가구는 계속 증가하는 추세이며, 고령자 가구 중 고령자 1인 가구의 비중도 2015년 이후부터 꾸준히 증가하고 있다.

즉, 사회구조의 변화와 가족 기능의 변화로 인해 노인의 돌봄에 대한 욕구도 증가 추세임과 동시에 가족 돌봄 공백의 가능성도 증가 추세라고 볼 수 있다.

(2) 고령화에 따른 노인인구 증가

「2021년 고령자 통계」에 따르면 2021년 우리나라 전체 인구는 5,182만 2천 명으로, 이 중 65세 이상은 16.5%인 853만 7천 명이며 2060년에는 43.0%까지 늘어날 전망이다. 연령별로 살펴보면, 75세 이상은 41.5%로 앞으로 지속적으로 증가할 예정이다. 2025년에는 초고령사회에 진입할 것으로 보인다(통계청, 2021). 또한, 고령화사회에 진입하게 되면서 생산연령인구 100명이 부양하는 고령인구를 뜻하는 노년부양비 또한, 21년에 23.0명, 36년에는 51.0명으로 점점 증가하게 될 것으로 전망할 수 있다.

〈표 7-1〉 노인인구 추이

	총 인구	65세 이상	구성비[1]	노년부양비[2]	노령화지수[3]
2000	47,008	3,395	7.2	10.1	34.3
2010	49,554	5,366	10.8	14.8	67.2
2019	51,709	7,685	14.9	20.4	119.4
2020	51,781	8,125	15.7	21.7	129.0
2021	51,822	8,537	16.5	23.0	138.8
2025	51,905	10,511	20.3	29.3	189.7
2030	51,927	12,980	25.0	38.2	259.6
2036	51,516	15,712	30.5	51.0	315.9
2040	50,855	17,224	33.9	60.1	345.7
2050	47,745	19,007	39.8	77.6	447.2
2060	42,838	18,815	43.9	91.4	546.1

1) 구성비는 총인구에 대한 고령인구(65세 이상 인구)의 구성비
2) 노년부양비는 생산가능인구(15~64세) 100명에 대한 고령(65세 이상) 인구의 비
3) 노령화지수는 유소년(14세 이하) 인구 100명에 대한 고령(65세 이상) 인구의 비

출처 : 통계청(2021). 「2021년 고령자 통계」, '장래인구특별추계 : 2017~2067'.

(3) 시설수용의 한계

시설보호는 경제적으로도 막대한 비용이 지출되어 국가재정이나 노인들에게 커다란 부담이 될 수 있다. 서구사회에서는 이미 1970년대부터 본격적으로 탈시설화가 시작되었으며, 재가노인복지서비스를 강화하는 경향이 나타나고 있다. 동시에 지역사회에서 격리되어 소외감 속에 살아가는 시설노인이나 장애인들을 정상화하고, 사회통합(social integration)을 시키려면 재가복지서비스 프로그램을 개발하여야 한다는 복지구상도 높아지고 있다. 재가복지서비스를 필요로 하는 노인들이 지속적으로 증가하고 있기 때문에 재가노인복지시설의 확충이 반드시 필요한 실정이다(김한식 외, 2019).

또한, 재가노인지원서비스는 장기요양을 예방할 수 있는 기능을 수행하며, 필

요할 경우 긴급지원사업을 제공하고 사회안전망 구축사업을 실시할 수 있다. 많은 재가노인지원서비스는 취약계층 노인에게 복지서비스를 제공하며, 방문요양서비스, 노인돌봄서비스, 가사간병서비스 등과 병행하여 서비스를 제공할 수 있다(이근홍, 2021).

3) 재가노인복지서비스의 이론적 모형

(1) 대체모형

그린(Greene, 1983)의 대체모형을 제시하여 재가복지를 설명하고 있다. 즉, 공식적 보호와 비공식적 보호 두 돌봄 체제가 대체 관계를 형성해 공식 돌봄 혹은 비공식 돌봄을 이용하게 되면 다른 돌봄 체제가 감소하는 대체모형이 형성함을 보고하였다(이근홍, 2021 재인용).

즉, 공식적 보호가 비공식적 보호를 대체하는 기능을 수행할 수 있어 공식적 보호가 비공식적 보호에서 나타나는 불충분성을 보충하는 역할을 담당할 수 있고, 개인적으로 피로가 많은 비공식적 보호자에게 잠시 휴식을 제공하여 결국 비공식적 보호를 대체하여 노인복지의 시너지(synergy) 효과를 나타낼 수 있다고 보는 견해로 재가복지 서비스의 효과성을 강조한 이론이다.

(2) 위계적 보상모형

위계적 보상모형은 칸토어(Cantor, 1979)에 의해 제시되었으며, 배우자, 자녀, 친구, 공식 돌봄 순으로 선호하며 공식 돌봄은 비공식 돌봄 자원이 소진되었을 때 이용한다고 주장하는 모형이다(강태경, 2020, 재인용).

공식적 보호체계는 기능과 역할 측면에서 가족 돌봄을 대체할 수 있지만, 노인의 선호로 인해 가족 돌봄이 더 이상 제공되기 어려운 상황에서만 확대되는 경향을 보인다는 것이다. 반대로 공식적 보호체계에 의지하는 상황에서도 가족돌봄이 다시 가능해지면, 공식적 보호체계가 빠르게 가족 돌봄으로 흘러갈 수 있다(이승호·신유미, 2018).

즉, 배우자나 자녀의 돌봄과 같은 비공식적 돌봄이 부족할 경우 공식적 돌봄으로 위계적 흐름이 나타나는 것은 노인돌봄을 위해 자연스러운 것이라 보는 모형이다.

(3) 분업모형

최해경(2020)에 의하면 분업모형은 공식적 돌봄과 비공식적 돌봄을 서로 보완적 관계로 보는데 공식적 돌봄 서비스가 전문적이고 훈련과 시설을 필요로 하는 과업을 맡고 비공식적 돌봄은 비전문적인 과업을 맡는 식으로 역할 분담을 하는 것을 의미한다.

즉, 분업모형은 돌봄 과업의 특성과 종류에 따라 돌봄 방법이 결정되는 것으로 본다. 따라서 이 모형에서는 노인들이 가족의 특성과 구조에 따라 서로 보완적인 공식적 서비스와 비공식적 서비스를 제공받는데, 가족 돌봄 제공자는 일상생활 돌봄을 제공하는 것이 적합한 반면, 공식적 돌봄 제공자는 보다 전문적이고 기술적인 돌봄과업을 수행하는 것이 바람직하다고 본다. 즉, 정서적 돌봄은 가족에게 받는 것이 바람직하고, 기술적, 과업적, 전문적 역할의 돌봄은 공식적 돌봄으로부터 제공받는 것이 바람직하다는 모형이다.

(4) 보충모형

보충모형은 대체모형과 달리 비공식적 돌봄의 일차적 역할을 중요시하며 공식적 돌봄의 보충성을 강조한다. 공식적 돌봄 서비스가 가족 돌봄을 보충하는 것으로 가정한다. 보충모형과 유사한 개념인 보완모형은 공식적 돌봄서비스와 비공식적 돌봄의 관계를 상호보완적인 것으로 간주하는데 비공식적 돌봄에 대한 공식적 돌봄의 보충성을 의미하는 보충모형과 다르게 한쪽에 중점을 두지 않고 양자가 상호보완적 관계라고 가정하여 보완모형으로도 불린다(최해경, 2020).

즉, 가족 등과 같은 비공식 돌봄이 주된 돌봄 역할을 수행하나, 비공식적 돌봄이 불가피하게 제공되지 못할 상황이거나 휴식이 필요한 경우 돌봄 공백이 발생하지 않게 공식적 돌봄을 제공함으로써 돌봄이 지속될 수 있다는 모형이다

2. 재가노인복지서비스 종류

1) 방문서비스[1)]

(1) 방문요양서비스

방문요양서비스는 노인장기요양보험제도 내에서 실시하는 서비스로 장기요양인정자(노인요양등급)로 인정되는 노인의 집을 장기요양요원(요양보호사)이 방문하여 각종 요양서비스를 제공하는 것을 말한다. 단, 재가노인지원서비스와 노인맞춤돌봄서비스 처럼 공공부조 대상자와는 별개로 운영된다.

방문요양서비스의 구체적인 지원내용은 신체활동지원서비스(세면도움, 구강관리, 몸 청결, 머리감기기, 몸단장, 옷 갈아입히기, 목욕도움, 배설도움, 식사도움, 체위변경, 이동도움, 신체기능의 유지·증진), 가사활동지원서비스(취사, 생활필수품 구매, 청소·세탁·주변정돈), 개인 활동 지원서비스(외출 시 동행·부축, 일상업무 대행) 정서지원서비스(말벗, 격려 및 위로, 생활상담, 의사소통도움) 등이 있다.

(2) 방문목욕서비스

방문목욕서비스도 노인장기요양보험제도 내에서 실시하는 서비스로 장기요양요원이 목욕설비를 갖춘 차량을 이용하여, 장기요양인정자(노인요양등급)로 인정되는 노인의 집을 방문하여 목욕을 제공하는 서비스로, 방문목욕서비스의 내용으로는 목욕준비, 입욕 시 이동보조, 몸 씻기, 머리 말리기, 옷 갈아입히기 등이며, 목욕 후 주변 정리까지 포함한다. 방문목욕서비스의 대상자는 심신이 허약하거나 장애가 있는 65세 이상의 자로서 1~4등급 장기요양인정자이다.

1) 방문서비스에 대한 내용은 보건복지부(2021)에서 발행한 「2021 보건복지안내」를 주로 참고한 내용이다.

(3) 방문간호서비스

방문간호서비스도 노인장기요양보험제도 내에서 실시하는 서비스로 간호사 등이 의사, 한의사 또는 치과의사의 지시서에 따라 장기요양인정자(노인요양등급)로 인정되는 노인의 집을 방문하여 간호, 진료의 보조, 요양에 관한 상담 또는 구강위생 등을 제공하는 서비스를 방문간호서비스라 한다.

(4) 재가노인지원서비스

재가노인지원서비스는 장기요양인정자(노인요양등급자)와 관련이 없이 노인맞춤돌봄과 같은 공공부조로 진행되는 서비스이다. 경제적·정신적·신체적인 이유로 독립적인 일상생활을 영위하기 어려운 노인과 복지사각지대 노인들에게 일상생활지원(방문요양 제외)을 비롯한 각종 필요서비스를 제공함으로써 지역사회 내에서 건강한 생활을 영위하는 데 어려움이 없도록 예방적 복지 실현 및 사회 안전망 구축을 목적으로 한다(한국재가노인복지협회, 2021).

2) 주·야간보호서비스

주·야간보호서비스는 노인장기요양보험제도 내에서 실시하는 서비스로 부득이한 사유로 가족의 보호를 받을 수 없는 심신이 허약한 노인과 장애 노인 등을 낮 또는 밤 동안 시설에 입소시켜 각종 서비스를 제공하고, 노인의 생활 안정과 심신기능의 유지, 향상 도모 및 부양가족의 신체적·정신적 부담 경감을 목적으로 하는 사업이다(보건복지부, 2021).

즉, 공식적 서비스로 주간에만 보호하고 야간에는 가족이 돌보는 주간보호서비스가 있으며, 공식적서비스로 야간에만 보호하고 주간에는 가족이 돌보는 야간보호서비스로 나뉜다.

3) 단기보호서비스

단기보호서비스도 노인장기요양보험제도 내에서 실시하는 서비스로 부득이한 사유로 가족의 보호를 받을 수 없어 일시적으로 보호가 필요한 경우 단기간에 걸쳐 공식적으로 돌봄을 제공하는 서비스이다. 예를 들면, 며칠이 될 수도 있고, 몇 주일 또는 몇 달이 될 수 있듯이 단기간의 돌봄을 제공하는 것이다. 돌봄대상 노인 가족이 불가피하게 돌봄을 제공하지 못하거나 휴식이 필요할 때, 그 단기간 보호를 통해 가족의 부담을 덜어줄 수 있는 서비스이다.

노인단기보호서비스는 노인요양등급 1등급~5등급과 인지지원등급 수급자가 이용할 수 있다. 입소일을 포함하고 퇴소일을 제외하여 월 9일 이내까지 이용이 가능하고, 연간 4회까지 가능하다.

4) 치매가족휴가제도

치매가족휴가제는 치매가 있는 수급자를 돌보는 가족의 휴식을 위한 제도로 연 8일까지 가능하다. 치매로 진단을 받은 노인장기요양 등급을 1~5등급과 인지지원 등급을 받은 수급자의 보호자가 일시적 휴가, 출장, 입원 등의 사유로 돌봄을 중지해야 할 경우 단기 보호 또는 종일방문요양시비스 중 하나를 선택하여 이용할 수 있다. 치매가족휴가제를 적용한 단기보호 서비스는 장기요양 1 ~ 5등급 및 인지지원 등급을 받은 수급자가 주·야간 보호센터에서 이용할 수 있다. 종일방문요양서비스는 장기요양 1~2등급 치매 수급자만 가능하며 가정으로 요양보호사가 직접 방문해 보호자 대신 일상적인 돌봄을 제공하는 서비스이다.

5) 복지용구서비스

복지용구서비스란 심신기능이 저하되어 일상생활을 영위하는 데 지장이 있는 장기요양 1~5등급, 인지지원등급을 받은 65세 이상 노인 및 노인성 질병을 가진 65세 미만 국민(건강보험 가입자 및 의료급여 수급자)에게 일상생활·신체활동 지원 및 인지기능의 유지·기능 향상에 필요한 용구를 제공하는 서비스로 보건복지부 장관이 고시하는 용구를 구입하거나 대여하는 서비스이다(복지로, 2021). 복지용구의 급여품목은 다음과 같다.

〈표 7-2〉 복지용구 급여 품목

	구입품목(10종)	대여품목(7종)	구입 또는 대여품목(1종)
품목명	이동변기 목욕의자 성인용보행기 안전손잡이 미끄럼방지용품 간이변기 지팡이 욕창예방방석 자세변환용구 요실금팬티	수동휠체어 전동침대 수동침대 이동욕조 목욕리프트 배회감지기 경사로	욕창예방 매트리스 경사로

출처 : 국가법령정보센터(2021). 「복지용구 급여범위 및 급여기준」.

3. 재가노인복지시설 현황

1) 재가노인복지시설의 현황

우리나라 재가노인복지시설에 관한 현황은 〈표 7-3〉과 같다. 재가노인복지시설을 비교해 볼 때 방문요양서비스의 시설은 늘어났고, 주·야간보호서비스 시설은 2019년 1,816개소에서 2020년 2,321개소로 늘어났다. 단기보호서비스 시설은 78개소에서 73개소로 줄었으나, 방문목욕서비스는 942개소에서 1,596개소로 늘어난 것을 알 수 있다.

〈표 7-3〉 연도별 재가노인복지시설 현황

(단위 : 개소, 명)

시설별		2020		2019	
		시설수(개소)	입소정원(명)	시설수(개소)	입소정원(명)
재가노인 복지시설	소계	7,212	73,595	4,821	53,831
	방문요양보호서비스	2,656	–	1,513	–
	주 · 야간보호서비스	2,321	72,639	1,816	53,087
	단기보호서비스	73	956	78	744
	방문목욕서비스	1,596	–	942	–
	방문간호서비스	95	–	60	–
	재가노인지원서비스	385	–	412	–

출처 : 보건복지부(2021). 「2021 노인복지시설 현황」.

2) 노인장기요양등급현황[2)]

노인장기요양등급 인정 노인의 현황은 다음과 같다. 2020년 장기요양등급 신청자는 118만 3천 명, 장기요양인정자가 85만 7천 명으로 2019년에 비해 각각 약 7만 명, 8만 명씩 증가하였다. 인구 대비 인정률도 10.1%로 2019년에 비해 0.5% 상승하였다(〈표 7-4〉).

2) 노인장기요양등급 인정자 대다수가 재가노인복지 대상자일 가능성이 높다. 하지만, 모든 노인요양등급인정자가 노인재가복지서비스를 제공받는 것은 아니다. 여기에서 소개된 노인요양등급과 관련하여 「노인장기요양보험제도」는 13장에서 자세한 소개가 있겠다.

〈표 7-4〉 장기요양인정자 현황

구분	2020	2019	2018	2017	2016
노인인구(65세 이상)	8,480,208	8,003,418	7,611,770	7,310,835	6,940,396
신청자	1,183,434	1,113,093	1,009,209	923,543	848,829
판정자	1,007,423	929,003	831,512	749,809	681,006
인정자(판정 대비 인정률)	857,984 (85.2%)	772,206 (83.1%)	670,810 (80.7%)	585,287 (78.1%)	519,850 (76.3%)
노인인구 대비 인정률	10.1%	9.6%	8.8%	8.0%	7.5%

출처 : 국민건강보험공단(2021). 「노인장기요양보험 통계연보」.

노인 장기요양인정자들이 확대된 것은 건강상의 이유로 일상생활에 어려움을 겪고 있는 노인과 그 가족의 부담을 덜어줌으로써 노후생활의 안정을 도모할 수 있도록 건강보장 영역이 확대되었다는 측면에서 환영할 만한 일임이 분명하다.

〈연습 문제〉

1. 다음 중 재가노인복지서비스의 이론적 모형에 대한 설명으로 옳지 않은 것은?(　)

① 보충 모형은 비공식적 돌봄의 역할이 중요하며 공식적 돌봄은 비공식적 돌봄 서비스를 보충하는 개념으로 본다.

② 대체모형은 공식적 보호가 증가하면 비공식적 보호는 소멸 가능성이 있다.

③ 분업모형에서 공식적 보호는 전문적인 문제를 담당하고 비공식적 보호는 비전문적 문제나 예측 불가능한 과제를 담당한다.

④ 위계적 보상모형은 노인이 서비스가 필요할 때 국가로부터 먼저 도움을 받고 순차적으로 가족으로부터 보호를 받는다.

⑤ 보완모형은 공식적 돌봄 서비스와 비공식적 돌봄 서비스의 관계를 상호보완적 관계로 본다.

2. 다음 중 재가노인복지시설에 해당하는 노인복지시설 중 성격이 다른 하나는?(　)

① 방문서비스

② 주·야간보호서비스

③ 단기보호서비스

④ 노인요양공동생활가정

⑤ 복지용구지원서비스

3. 다음 네모 안의 보기 중 노인장기요양보험제도가 적용되지 않은 공공부조 성격의 노인재가복지서비스만 묶은 것은?(　)

a. 재가노인지원서비스	b. 노인맞춤돌봄서비스
c. 긴급돌봄서비스	d. 방문간호서비스

① a, b, c　　② a, c, d　　③ b, c, d

④ a, b, d　　⑤ a, b, c, d

4. 다음 중 재가노인복지서비스의 종류에 관한 설명으로 옳지 않은 것은?( )

① 방문요양서비스에서는 개인 활동 지원서비스를 지원한다.

② 주·야간보호서비스는 노인장기요양보험제도 내에서 실시하는 서비스이다.

③ 단기보호서비스는 1일 이상 30일 이하의 기간 동안 이용할 수 있다.

④ 재가노인지원서비스는 공공부조로 진행되는 서비스이다.

⑤ 복지용구서비스는 보건복지부 장관이 고시하는 필요한 용구를 구입하고 대여하는 서비스이다.

〈정답 및 해설〉

1. 정답 : ④

해설: 위계적 보상모형은 노인이 서비스 필요를 느낄 때 배우자, 자녀, 친척 등의 가족으로부터 먼저 도움을 받고, 순차적으로 마지막 보호에 공식적 보호가 있다.

2. 정답 : ④

해설 : 노인요양공동생활가정은 생활시설에 해당하는 노인의료복지시설로 이용시설에 해당하는 재가노인복지시설에 부합하지 않는다.

3. 정답 : ①

해설 : 사회보험인 노인장기요양보험제도가 적용되지 않은 공공부조로 제공되는 서비스는 노인재가복지서비스, 노인맞춤돌봄, 긴급돌봄 등이 해당된다.

4. 정답 : ③

해설 : 노인단기보호서비스는 노인요양등급 1등급~5등급과 인지지원등급 수급자가 이용할 수 있는데, 입소일 포함 퇴소일을 제외하여 월 9일 이내까지 이용이 가능하고, 연간 4회까지 가능하다.

〈해결 문제〉

노인장기요양보험이 실행된 지 14년째인 2022년 현재 그동안에 신설된 재가노인복지시설 가운데 절반 이상이 폐업된 것으로 나타났다. 또한, 보건복지부 '2018-2022 제2차 장기요양 기본계획'에 따르면, 고령화의 심화로 인해 장기요양 수급대상자가 증가할 것으로 예측됨에 따라 요양시설은 875개, 주야간보호 시설은 515개가 부족할 것으로 전망하고 있다. 더군다나 **광역시의 경우 단기보호시설이 단 한 곳도 없다. 이는 단기보호대상 노인 부족과 이용자 부족으로 단기보호시설 경영난이 심각해 민간에서 단기보호시설 운영을 꺼리고 있기 때문으로 판단된다. 그렇다면, **광역시는 단기적으로 보호할 노인이 발생한다면 어떻게 보호해야 하고, 향후에도 노인의 단기보호에 대한 문제를 해결할 방법은 어떤 것들이 있을까?

〈찬반 토론〉

보건복지부(2017)에서 실시한 노인실태조사에 의하면, 절반 이상의 노인(57.6%)이 거동이 불편해도 재가서비스를 받으면서 현재 살고 있는 곳에서 거주하기를 희망한다. 하지만, 시간이 흐를수록 노인성 질환이 증가하여 노인의 일상생활의 불편함은 확대될 가능성이 높아 주로 낮에 이루어지는 재가복지서비스로는 그 한계가 있을 수 있다. 어떤 노인 A 씨가 있다고 가정하자. A 노인 본인은 가족과 함께 살면서 재가서비스를 원하고 있지만, 전문가들은 A 노인과 가족을 위해 노인요양시설에 입소하여 서비스를 진행하는 것이 적절함을 권장하고 있다. 그렇다면 A 노인 본인의 의사대로 가족과 같이 살면서 재가복지서비스를 계속 받게 하는 선택과 전문가적 판단에 의해 A 노인을 노인요양시설에 모셔서 일상생활에 대한 전반적인 서비스를 받는 것 중 어떤 것을 선택해야 할지 찬반 토론을 해보자.

제8장

노인복지실천과 상담

1. 노인복지실천의 이해

1) 노인복지실천 개념

노인을 대상으로 한 사회복지실천을 노인복지실천이라 할 수 있다. 따라서 노인복지실천은 사회복지실천에 그 뿌리를 두는 경향이 크다.

노인복지실천은 개인, 집단, 조직 및 지역사회 수준에서 원조와 서비스를 제공하여 노인의 사회적 기능을 향상하려는 통합적인 노인복지 접근방법이라고 정의할 수 있다. 또한, 노인과 그를 둘러싼 환경에 관심을 두면서 특별히 가족을 주된 대상으로 하여 노인이 환경과의 상호작용 과정에서 갖게 되는 욕구나 문제를 예방, 경감, 해결하여 노인의 사회적 기능을 향상하는 것을 기본 목적으로 한다(권중돈, 2019).

노인복지 실천은 노인을 대상으로 사회복지실천의 가치, 원칙, 기술을 적용하여 노인이 인간다운 삶을 영위할 수 있도록 복지서비스를 제공하는 방법을 의미한다. 노인이 자신의 노년기와 사회에 잘 적응할 수 있도록 도움을 제공함은 물론이고, 노인 스스로가 필요한 자원에 접근할 수 있도록 하고, 문제해결을 위해 잠재적으로 가지고 있는 역량을 발휘할 수 있도록 강화시켜 주는 것까지를 포함한다(정순둘 외, 2020).

즉, 노인복지실천이란 복지실천 대상을 노인으로 한정하여 노인의 건강한 삶을 영위할 수 있도록 각종 자원 파악과 서비스를 제공하여 노인의 욕구를 충족시켜 주는 전문적인 복지서비스 제공 활동을 노인복지실천이라고 정리할 수 있다.

2) 노인복지실천 개입수준

노인복지실천 개입 수준은 크게 세 가지로 나누어 예방, 치료, 재활로 구분하여 제시할 수 있다(박석돈 외, 2018).

(1) 1차적 개입수준 : 예방

노인들의 건강과 안녕을 증진시키는 활동이며, 계속해서 가능한 신체적으로, 사회적으로, 정서적으로 건강하게 유지하는 것이다. 예로서 노인교육프로그램과 건강증진캠페인이 있으며, 다른 활동으로는 특별히 위험에 직면할 가능성이 높은 집단을 위한 홍보, 교육계획이 있다.

(2) 2차적 개입수준 : 치료

노인들은 일반적으로 신체적 건강상태가 젊은 사람보다 좋지 않으며, 이로 인해 축적되는 손상들은 우울증을 비롯한 정신건강 문제도 일으킬 위험이 있다. 따라서 사회적인 고립감과 다른 질병으로 인한 심각한 기능적 손상이 발생하는 것을 최대한 방지하는 것을 강조한다.

(3) 3차적 개입수준 : 재활

장애극복과 재활활동을 포함한 실천으로 심각한 기능적, 행동적 문제가 있다는 것을 의미한다. 목적은 장애 상황을 호전시키고, 가능한 많은 기능을 유지하도록 원조하는 것이다. 여기에는 노인 개인과 그 부양가족 및 사회복지시설뿐만 아니라 지역사회 내에서의 노인들을 포함된다.

2. 노인복지실천 구성 체계

노인복지실천은 노인이 충족하지 못한 욕구에 관심을 기울이는 것에서부터 시작하여 노인이 처한 상황과 문제에 대한 사정과 개입계획을 수립하고, 이를 바탕으로 서비스나 원조를 제공하는 일련의 과정으로 구성된다. 이때 노인의 욕구에 대한 관심은 가치체계이고, 노인의 상황에 대한 사정과 개입계획은 지식체계이며, 서비스나 원조는 기술체계라 할 수 있다. 그러므로 효과적인 노인복지 실천을 위해서 사회복지사는 독자적인 지식체계와 실제 현장에 적용하는 기술체계 그리고 이러한 지식과 기술을 활용을 안내하는 가치체계를 갖추어야 한다(배기효 외, 2021). 노인복지실천의 구성 체계는 [그림 8-1]과 같다.

지식체계
(사고, 머리)
- 기초지식
- 실천지식
- 실천지혜

가치체계
(느낌, 마음)
- 인간욕구에 대한 관심
- 타인의 복지에 대한 관심
- 사회복지사의 윤리

기술체계
(행동, 손과 발)
- 인간관계기술
- 개입기술
- 서비스기술

[그림 8-1] 노인복지실천의 구성 체계

3. 노인복지실천 원칙과 과정

1) 노인복지실천 원칙

쉐퍼 등(Sheafor, et al., 1998)은 노인을 돕는 사회복지사가 가져야 할 지침으로 다섯 가지를 강조한다. 첫째, 노인 클라이언트를 존중하여야 한다. 이는 노인의 자율성을 높이 평가하고, 노인 개인의 역사를 이해해야 하는 것이다. 둘째, 노인의 강점을 파악해야 한다. 노인을 병리적으로 보기보다 능력의 관점에서, 부정보다는 긍정적으로 파악하는 것이 중요하다. 셋째, 대부분의 노인은 자신의 독립성을 유지하고자 한다. 사회복지사는 이러한 상황을 이해하고 노인 클라이언트가 최대한 통제력을 가지고, 독립성을 유지할 수 있도록 도와야 한다. 넷째, 시력과 청각 손실로 인한 어려움을 고려하여 가능하면 메시지를 명확하게 반복적으로 말하는 것이 중요하다. 다섯째, 노인학대와 방임, 특히, 자기방임의 지표에 주의를 기울여야 한다(정순둘 외, 2020 재인용).

엄명용 외(2020a)도 노인복지실천에 있어 원칙을 7가지로 제시하였다. 첫째, 노인은 인간적인 권리로서 존엄성이 존중되어야 한다. 둘째, 노인 스스로가 자신의 복리를 위한 결정과 선택을 하도록 해야 한다. 셋째, 권리와 함께 노인의 책임이 수반되어야 한다. 넷째, 노인복지를 고려함에 있어 주어진 재정과 사회적 여건 중 노인의 욕구에 따라 선별적 원칙과 보편적 원칙이 상호 보완적 관계에서 실행되어야 한다. 다섯째, 노인에게 내재된 능력을 발휘할 수 있도록 노력한다. 여섯째, 노인의 신체적, 지적, 사회적, 심리적, 영적인 제 측면에서의 전체적인 이해에 기반을 두어 서비스가 제공되어야 한다. 일곱째, 노인의 시대적 요구가 적절하게 반영되어야 한다.

2) 노인복지 실천 과정(6단계)

(1) 접수 및 면접

접수·면접은 사회사업의 최초 단계로 상담을 하러 온 노인의 문제가 어떠한 것인지, 그리고 어떠한 어려움에 있는지를 충분히 들어주어야 한다. 또한, 그러한 문제를 노인이 어떻게 받아들이고 있는지 등의 요점을 파악하는 것이 중요하다. 그리고 자신이 소속한 기관이나 시설에서 지원할 수 있는 것인지를 검토한 후 지원 여부를 판단해야 한다. 노인의 문제와 욕구를 확인해 본 결과 그 기관에서 해결할 수 없을 때 다른 적합한 기관으로 클라이언트를 보내는 것을 의뢰라고 한다. 적절한 의뢰를 위해서 사회복지사는 자신의 기관뿐만 아니라 다른 기관의 정책과 자원 그리고 지역사회의 여타 자원에 대해 소상히 파악하고 있어야 한다(고명석 외, 2021).

(2) 자료수집

자료수집은 노인복지 실천대상자의 욕구와 문제, 해결방안을 파악하는 근거를 찾는 데 매우 유용하다. 수집된 자료는 노인복지 실천에서 목표선정과 실천계획을 세우기 위한 중요한 근거자료가 된다. 또한, 수집된 자료는 효과적인 노인복지 실천의 정보를 얻고, 대상자로서 노인을 이해하는 데 도움이 된다.

자료수집은 노인복지실천의 사정과정 전에 이루어져야 하는 것이 일반적이다. 하지만, 자료수집은 사정과정과 동시에 이루어지기도 한다. 대표적으로 수집할 자료는 실천 대상 노인의 언어적 증언, 비언어적 행동, 인테이크 자료, 개인력, 가족력, 의료정보, 일상생활 능력, 상담자료, 행정자료, 가족정보와 가족증언, 이웃정보와 이웃증언, 이전 서비스 관련 인력, 활용 가능한 자료 등을 파악한다.

(3) 사정

사정은 노인의 문제와 원인이 무엇인지, 그리고 문제를 완화, 해소하기 위하여 무엇이 변화될 수 있는지를 탐사하는 사회복지실천과정의 핵심적 단계이다. 따라서 사정은 노인의 욕구나 문제해결을 위한 자원을 조사하여 사회복지사의 개입계획을 세우기 위한 토대를 제공하는 것이다. 즉, 사정은 클라이언트의 욕구와 문제에 따라 사회복지사가 실천 가능한 프로그램을 결정하게 된다(길귀숙, 2018).

① 사정 내용

가. 문제 발견

사정의 기초적인 단계이며, 노인이 제시한 문제에 초점을 둔다. 노인의 고유한 가치와 상황 속에서 정의되는 것이므로 사회복지사는 문제에 대한 노인의 이해를 존중하고 그 문제를 잘 정의할 수 있도록 도와주어야 한다.

나. 정보 발견

누가 문제체계에 관여를 하며, 어떻게 개입하고, 어떤 의미와 언제, 어디서 문제 행동이 있었는가, 왜 그러한 정서적 반응과 행동처럼 육하원칙에 의해 자세하며 정확하게 정보를 수집해야 한다.

다. 문제 형성

그동안 얻어낸 정보들을 분석하여 사회복지사가 전문적 소견으로 판단하는 것이다. 무엇보다도 우선 충족되지 못한 욕구를 찾아내고, 어떤 요인들이 욕구 충족을 방해하는지 고려해야 한다.

② 사정 도구

가. 가계도

대부분 사회복지사들이 선호하는 사정도구이다. 가계도는 2~3세대의 가족관계를 도표로 작성하며, 보통 3세대 이상의 가족들에게 나타난 중요한 생활사건(결혼, 별거, 사망, 입양 등)과 인구학적 정보(연령, 학력, 직업, 주거 등)들을 기술한다. 가족 구조를 도식화하고 가족에 관한 정보를 기록하며 마지막으로 가족관계를 시술하는 순서로 작성된다. 노인복지실천의 과정에서 사용되는 가계도 사례는 [그림 8-2]와 같다.

나. 생태도

가족 및 가족 구성원과 환경 간의 상호작용을 그림으로 나타낸 것으로 특정 문제에 대한 개입계획을 세우는 데 매우 유용한 도구이다. 외부체계로부터 문제를 경험하고 있는 가족에게 적용하면 유용하며, 완성된 생태도는 가족과 환경체계 간의 관계에 대한 전체적 조망과 개입에 필요한 정보를 간략하게 파악할 수 있도록 해준다. 노인복지실천의 과정에서 사용되는 생태도 사례는 [그림 8-2]와 같다.

가계도

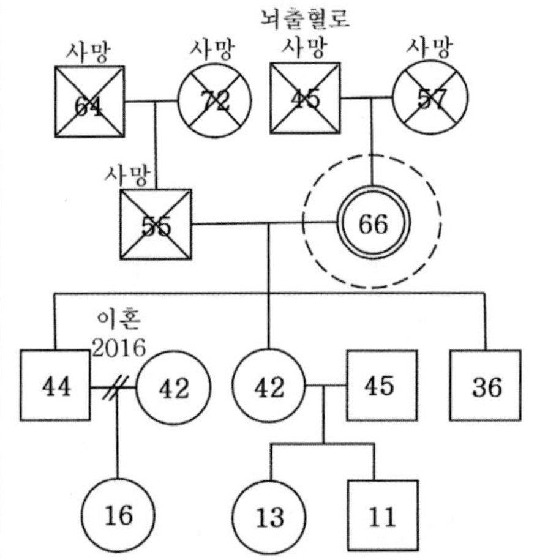

- 슬하에 2남 1녀를 두고 있으며, 전부 타지역에 거주 중임
- 클라이언트는 현재 혼자 거주 중임
- 클라이언트의 남편은 55세에 사망
- 클라이언트의 아버지가 고혈압으로 인한 뇌출혈로 사망한 가족력이 있음
- 첫째 아들은 경제적 갈등으로 이혼상태임
- 둘째 딸은 자녀양육, 경제문제로 인해 남편과 갈등을 겪고 있음

생태도

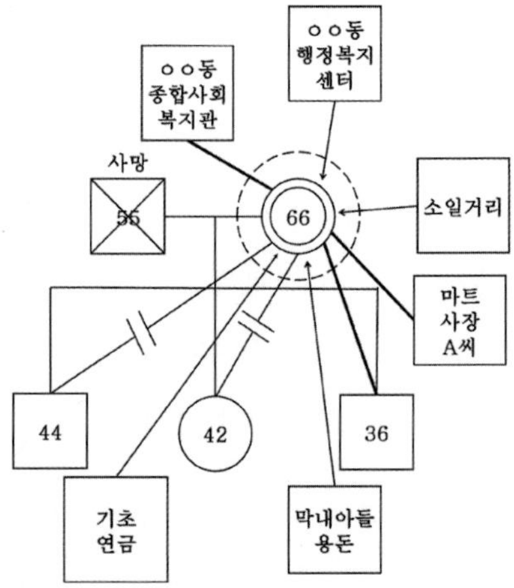

- 기초연금(30만 원)을 지원받고 소일거리(5만 원)의 수입이 있음
- 막내아들로부터 매월 용돈 10만 원을 받고 있음
- 마트 사장 A 씨와 교류를 통해 00동 종합사회복지관의 지원을 받고 있음
- 00동 행정복지센터의 가정방문을 거절함
- 첫째 아들, 둘째 딸은 클라이언트와 관계가 단절된 상황

[그림 8-2] 노인복지실천 가계도와 생태도 사례.

다. 사회적 관계망 그리드

개인, 가족의 사회적 지지체계를 사정하는 도구이다. 사회적 관계망을 그림이나 표로 보여주며 가족의 관계망을 전체적으로 볼 수 있다. 사회적 관계망의 그리드는 지지 제공 유형, 제공되는 정도의 중요도, 지지의 방향 및 방향의 상호성과 일반성, 개인적 친밀감 정도, 접촉 빈도, 종교성 등이 포함된다.

라. 생활력 도표

여러 시기에 개인이 경험한 것이나 가족 구성원에게 발생한 중요한 사건 등의 시기를 조사하여 그 자료를 연대기적으로 조직화한 것이다. 이 도표는 현재 문제나 기능 수행의 어려움이 특정 시기의 경험과 관계가 있는지 알 수 있으며, 생태도나 가계도처럼 원이나 화살표 등 기호를 사용하지 않고 표로 제시한다.

(4) 서비스 계획

서비스 계획은 클라이언트의 욕구충족을 위한 목적을 발전시키는 과정이며, 이러한 목적을 성취하기 위한 서비스를 구체화하는 과정으로 드러난 문제들 가운데 해결할 수 있는 표적문제를 정하고 클라이언트와 함께 모색하는 단계이다. 사회복지사의 전문적 판단과 실천적 경험에서 수립되며, 욕구사정이 이루어진 후 특정한 서비스의 목표를 정립하게 되면서 이루어진다. 커스트-애쉬맨과 헐(Kirst-Ashman and Hull, 2009)이 제시한 서비스 계획단계 8개 과정 예시를 〈표 8-1〉에 제시하였다(엄명용 외, 2020b 재인용).

〈표 8-1〉 서비스 계획단계 예시

<table>
<tr><td colspan="6">사례 : 독거노인의 일상생활 능력이 현저히 저하되어 공동생활가정이나 양로원으로 주거를 옮길 필요가 있는데 클라이언트 본인이 완강히 반대하고 자녀들은 다른 지방에서 살고 있음.</td></tr>
<tr><td>1단계</td><td colspan="5">클라이언트의 참여로 함께 일하기
클라이언트 및 통장이 함께 면담에 참여하기로 함</td></tr>
<tr><td rowspan="3">2단계</td><td colspan="5">문제의 우선순위 정하기</td></tr>
<tr><td>문제 1</td><td colspan="4">연로하여 일상생활 수행능력(위생, 식사, 청소 등)이 떨어져 자기방임과 사고 우려</td></tr>
<tr><td>문제 2</td><td colspan="4">클라이언트의 반대('왜 내 집을 두고 내가 다른 데 가서 살아야 해?')</td></tr>
<tr><td>3단계</td><td colspan="5">'문제'를 '욕구'로 변환하기
1. 일상생활 수행능력과 건강문제의 정도 파악
2. 안전과 돌봄이 보장되는 방법 강구</td></tr>
<tr><td rowspan="5">4단계</td><td colspan="5">욕구 1 : 충족을 위한 개입 수준 평가하기
욕구 2 : 안전과 돌봄이 보장되는 방법 강구</td></tr>
<tr><td>수준</td><td>대안</td><td>장점</td><td>단점</td><td>클라이언트 강점</td></tr>
<tr><td>미시체계</td><td>가족이 돌보는 방법</td><td>클라이언트 거부 없음</td><td>실제 가능성 낮음</td><td>독립생활에 대한 의지가 강함</td></tr>
<tr><td>중시체계</td><td>지역사회 보호로, 관련 기관 연계</td><td>클라이언트의 생활 반경이 유지되며 모니터링 가능</td><td>책임소재 불분명하고, 응급사태 발생 시 대처가 늦어질 수 있음</td><td>지역사회 거주기간이 길어 이웃, 근린 기관 인지도 높음</td></tr>
<tr><td>거시체계</td><td>양로원, 요양원 등 시설</td><td>지속적 보호로 안전과 건강유지</td><td>새로운 환경 적응에 대해 클라이언트가 부담느낌</td><td>양로원, 요양원 등에 대해 알고자 함</td></tr>
<tr><td>5단계</td><td colspan="5">목표 설정하기
어떤 대안이 있는지 자세히 논의하고 생각해 보기</td></tr>
<tr><td>6단계</td><td colspan="5">목표 구체화하기
자녀와의 합가, 주간보호시설 이용, 양로원의 세 가지 대안 논의</td></tr>
<tr><td rowspan="4">7단계</td><td colspan="5">실행단계 구체화하기</td></tr>
<tr><td>누가</td><td colspan="2">무엇을 할 것인가?</td><td>언제까지</td><td>달성 여부 측정방법</td></tr>
<tr><td>1) 클라이언트</td><td colspan="2">자녀와의 합가 가능성 타진, 양로원과 주간보호센터 이용 동료와 이야기하기</td><td>다음 면담(3차)시까지</td><td>면담, 자녀와 전화 상담</td></tr>
<tr><td>2) 사회복지사</td><td colspan="2">주간보호센터 방문 안내, 양로원 등 시설 정보와 방문</td><td>매주 1곳 방문</td><td>직접 방문</td></tr>
<tr><td>8단계</td><td colspan="5">계약절차 진행하기</td></tr>
</table>

출처 : Kirst-Ashman and Hull(2009)의 단계에 따라 재구성함(엄명용 외, 2020b).

이와 같은 노인복지실천 서비스 계획 단계에서 가장 중요한 것은 목표선정이라 할 수 있다. 목표 선정에 구체적 원칙 5가지를 제시하면 다음과 같다. 첫째, 목표 명료화이다. 둘째, 목표의 수량화이다. 셋째, 실현 가능한 목표 설정이다. 넷째, 목표에 대한 클라이언트의 동의이다. 다섯째, 서비스 제공자와 실행자의 능력을 고려하여야 한다.

(5) 서비스 개입

사회복지사의 원조활동이란 바로 개입활동을 의미한다. 이 개입 단계가 바로 노인복지실천 과정의 핵심적 단계라고 할 수 있다. 개입의 궁극적 목표는 클라이언트의 문제해결이기 때문에 이를 위해 모든 서비스 제공자는 문제와 관련되어 설정된 목표를 달성하기 위한 노력이 필요하다. 서비스 계획에 따른 개입은 다음과 같은 점을 고려하여 이루어진다(엄명용 외, 2020b) 첫째, 노인의 신체적 조건을 고려한다. 둘째, 현재에서 과거에 이르기까지의 노인생활사를 점검해 본다. 셋째, 노인의 현재 심리상태 등을 파악한다. 넷째, 노인의 당면하고 있는 경제적·사회적 조건을 살펴본다.

(6) 종결

사회복지사가 전문적으로 사례에 개입하는 것은 노인에게 도움을 제공하고, 이러한 개입은 종결에 있다는 가정하에 시작하게 된다. 종결은 치료적인 관계가 끝나고 개입과정을 총합하는 과정이다. 따라서 사회복지사와 노인의 지금까지의 개입과정을 점검하고 평가할 수 있는 기회로 작용한다. 종결과정에서 중요한 기법은 개입과정의 검토, 최종평가, 최종결과와 관련된 감정을 공유하고 작별인사 나누기, 사례종결 요약하기 등이 있다(양정남·정민숙, 2017). 종결은 이별이나 서비스가 끝난 것과 같은 부정적 분위기보다 새로운 시작을 의미하는 긍정적 분위기를 조성하는 것이 종결에서 중요하게 다루어야 할 요인이다.

① 일방적인 조기 종결(계획되지 않은 종결)

가. 대상노인의 일방적 종결

대상노인이 약속을 어기거나 자기 문제를 노출시키지 않으면서 종결을 원하는 경우에 일방적으로 종결이 나타날 수 있다.

나. 사회복지사의 일방적 종결

대상노인이 사회복지사에게 물리적 위험을 주거나 지속해서 욕설을 퍼붓는 경우, 소송을 일으키거나 공식적인 불만을 표명한 경우, 적절한 이유 없이 서비스에 대한 요금 지급과 관련한 재정적 동의를 위반한 경우 등에 사회복지사의 일방적 종결이 나타날 수 있다.

② 시간제한에 의한 종결(계획된 종결)

계획단계부터 예고된 종결로 모든 실천과정을 정상적으로 진행한 후 종결되는 종결을 의미한다. 이때, 종결을 미리 알고 있으므로 이별에 대한 감정을 처리할 수 있는 시간을 줄 수 있다. 필요한 경우 추가 서비스를 위해 현재 실천이 후에 대상노인에게 적절한 서비스를 제공할 수 있는 다른 기관 의뢰를 통한 연결까지 포함되어야 한다.

③ 시간제한이 있는 양식과 관련된 종결(계획된 종결)

시간제한의 양식을 거칠 수밖에 없다면, 종결 시기는 처음부터 클라이언트와 함께 정한다. 개입 초기부터 종결시간을 알게 되는 경우 정서적인 실망감이나 의존성 문제를 줄일 수 있는 조치를 고려할 필요가 있다.

④ 시간제한이 없는 양식을 포함한 종결(계획적 종결)

시간제한이 없는 종결은 대부분 만성적인 장애나 정신장애, 인격 장애가 있는 장기적인 서비스가 필요한 노인을 대상으로 할 때 이루어진다. 장기간의 개입과정에서 노인의 의존심이 증가하고 원조관계에서 만족감을 포기하지 못하도록 만들 수 있다.

⑤ 사회복지사의 이동으로 인한 종결

사회복지사가 이동함으로써 이루어진 종결은 기관의 행정상 어쩔 수 없지만, 그에 따른 심리적인 문제를 최소화해야 한다. 특히, 이전의 중요한 관계에서 거부당한 적이 있는 대상노인은 상처받기 쉽고 자존감이 낮아질 가능성이 있기 때문에 충분히 사유를 설명하고 이해시키는 과정이 필요하다.

4. 노인복지실천 모델

1) 위기개입모델

(1) 위기개입모델의 기본개념

위기개입모델은 위기로 인한 불균형 상태를 회복하기 위하여 일정한 원조수단을 개인, 가족 및 집단 그리고 지역사회 등에 적용하는 단기치료과정이라 할 수 있다(구혜영, 2021). 이 모델은 자연재해나 갑작스러운 생활상의 사건으로 인해 극심한 고통의 감정을 일시적으로 경험하거나, 이로 인해 압도당하거나, 발달상의 어려움을 경험하는 경우 이에 대처할 능력이 부족한 사람들에 대한 관심에서 나왔다(고명석 외, 2021).

(2) 위기개입모델의 목적

위기개입의 목적은 개인의 위기해결, 위험지각의 변화 그리고 사회적 기능을 위기 이전의 수준으로 회복시키는 것이라고 했다. 이와 같이 위기에 있는 노인을 회복시키려는 사회복지실천 방법을 노인복지실천 방법에 적용하면 위기의 노인을 위기 이전의 상태로 회복시키고, 노인의 사회적 기능을 향상 유지하는 데 목적이 있다(배기효 외, 2021).

(3) 위기개입모델의 과정

위기개입모델의 개입과정은 사정-계획-개입-위기대비 계획단계로 구성 할수 있다(길귀숙, 2018).

첫째, 사정단계에서는 내담자 위기상태의 특성과 수준, 위기가 내담자에게 주는 의미와 영향 위기 상황을 초래한 사건과 요소, 내담자의 대처능력, 위기 상황을 완화할 수 있는 자원 등을 결정한다.

둘째, 계획단계에서는 위기로 인한 내담자의 기능 손상 정도와 회복 가능성, 주변 자원들의 반응과 도움을 줄 수 있는지 등에 대해 평가를 하고, 그다음으로 가능한 대안들을 고려하고, 이들의 장단점을 파악하여 무엇을 수행할 것인지 행동 계획을 세운다.

셋째, 개입단계에서는 내담자가 표현하기 힘든 감정을 드러내도록 도우며, 대처기제를 탐색하고 사회활동을 재개하도록 돕는다.

넷째, 위기대비단계에서는 내담자가 미래의 다른 위기를 준비하도록 돕는다.

2) 체계이론모델

(1) 체계이론모델의 개념

체계이론은 한 개인의 문제와 증상이 개인에 국한된 것이 아닌 체계와의 상호작용에 기인한 것으로 보기 때문에 개인과 환경 사이의 매우 복잡한 상호작용적 현상을 분석하여 증상의 원인을 찾으려고 한다. 자기결정과 변화과정에서의 클라이언트 참가를 강조한 사회복지사의 관심을 지지하며, 클라이언트의 목표를 이해하고 고려해야 할 필요성을 강조한다. 문제나 증상을 일으키는 원인을 제거하는 데 초점을 두기보다는 체계 내부의 부분들 간의 상호작용이나 체계와 환경 사이의 관계를 변화시킴으로써 증상을 제거하는 데 초점을 두게 된다. 사회복지사의 업무는 개인적인 갈등(개인의 욕구)과 사회적인 문제(사회적 욕구) 모두에 초점을 두는 것이다(구혜영, 2021).

(2) 체계이론모델의 목적

체계이론은 문제를 가지고 있는 노인의 환경을 변화시킴으로써 직면하고 있는 문제를 해결하고 사회 환경에 대처하는 능력을 배양하는 데 목적이 있다. 체계이론은 사회적 기능을 위기 이전의 수준으로 회복시키는 것이다. 이와 같이 위기에 있는 노인을 회복시키기 위해 체계이론을 노인복지실천 방법에 적용하면 위기의 노인을 위기 이전의 상태로 회복시키고, 노인의 사회적 기능을 향상 유지하는 데 목적이 있다(길귀숙, 2018).

(3) 체계이론모델의 과정

페인(Payne, 1944)의 체계이론에 따르면 체계이론의 4단계 과정은 다음과 같다(배기효 외, 2021 재인용).

첫째, 문제제기단계 : 노인문제를 노인과 관련된 주변 여러 사람들로부터 상황을 파악한다.

둘째, 사정단계 : 노인문제와 관련된 사회체계 및 체계들의 경계선을 확인하여 문제가 확인된 후 가능한 개입목표를 세우고, 수행 가능한 전략을 수립한다.

셋째, 개입계획단계 : 확인된 체계의 범위 내에서 가능한 개입목표를 만든다.

넷째, 평가단계 : 목표에 달성되면 가능성을 탐색하고 평가한다.

3) 과업중심모델

(1) 과업중심모델의 개념

과업중심모델은 단기치료의 일종으로 계획적이고 집중적이며 구조화된 개입을 지향한다. 과업중심모델은 광범위한 문제 영역에서 효과적이며, 비용 측면에서도 효율적인 사회복지실천 모델이다. 과업중심모델은 클라이언트가 관심을 가지고 있고 명확하게 문제라고 인식하고 동의한 문제에 초점을 두고 사회복지사와 클라이언트가 표면적으로 계약한 문제들을 해결하는 데 개입의 초점을 둔다. 그리고 변화는 기본적으로 클라이언트가 상담 중에 혹은 외부에서 행한 문제해결의 활동, 즉, 과제를 통해 달성된다. 특히, 과업중심모델은 이론보다는 경험적 자료를 통해 개입의 기초를 마련한다(구혜영, 2021).

(2) 과업중심모델의 목적

문제에 어떻게 대처하는가 하는 것으로 클라이언트를 도울 수 있도록 조직된 구조 틀에서 경제적으로나 시간적으로 여유가 없는 문제 노인에게 단기형태 혹은 시간제한적 형태의 서비스 제공이 목적이다. 단기 형태라고 해서 사회복지실천 방법이 장기적으로만 치료가 최선이 아니므로 특정 심리적·사회적 문제를 가진 노인이나 가족을 도우려고 계획된 단기적인 원조과정을 목적으로 한다(배기효 외, 2021).

(3) 과업중심모델의 과정

과업중심모델의 개입과정은 체계적 실천을 통해 시간, 노력, 비용의 낭비를 최소화하고 실천과정을 효과적으로 진행하여 다른 모델에 비해 체계적이라는 특징을 가진다. 이러한 과업중심모델에서 실천과정을 다섯 단계로 나누어 제시해보면 다음과 같다(장수미 외, 2019).

첫째, 시작하기 : 일반적으로 클라이언트가 서비스를 이용하기 위해 의뢰되는 경우는 주로 비자발적인 경우다. 이 경우 클라이언트를 의뢰하는 구체적이고 확실한 이유는 무엇인지, 실행 가능한 목표와 그것을 달성하는데 필요한 자원을 의뢰기관에서 제공할 수 있는지를 파악하고 의뢰자와 직접적으로 협상한다.

둘째, 문제규명 : 이 단계의 가장 큰 관심사는 표적문제를 규명하고 이를 설명, 구체화, 명명하는 과정에 클라이언트의 참여를 촉진시키고, 문제의 우선순위를 결정하며, 신속하게 초기 사정하는 것 등이다.

셋째, 계약하기 : 계약은 개입과정의 기본 요소로 클라이언트와 사회복지사 간 동의에 대한 현대적 의미의 합의양식이다. 서면 또는 구두 계약을 통해 개입의 목적과 형태, 구조 등에 대해 제시하는 것은 실천과정을 명확히 하는 데 도움이 되고 클라이언트와 사회복지사의 관계를 강화시킨다.

넷째, 실행하기 : 과업중심모델에서 개입의 대부분은 실행단계이다. 이 단계의 주요 목표는 클라이언트가 과업을 성취할 수 있도록 원조하는 것이다. 이 단계에서는 문제에 대해 집중적으로 사정하고, 대안을 모색·결정하며, 문제를 해결하기 위한 과업을 수행하고, 과업 수행의 정도를 점검한다.

다섯째, 종결하기 : 노인복지실천 과정에서 종결은 우연히 이루어지는 것이 아니라 계획된 활동이며, 종결계획은 개입의 처음부터 이루어져야 한다. 종결 시에 사회복지사와 클라이언트는 문제의 해결 정도를 파악하고 클라이언트의 과업 수행 여부를 평가한다.

4) 생활모델

(1) 생활모델의 개념

생활모델은 인간이 살아가면서 생활상 직면하게 되는 크고 작은 스트레스, 일상생활사건의 문제에 초점을 두고 이를 해결하기 위한 개별사회복지의 주요 접근방법이다. 생태학적 관점은 인간의 욕구와 문제들이 환경적 요소들과 끊임없이 상호교류하면서 발생한다고 보는 견해이다(임병우 외, 2021).

(2) 생활모델의 목적

생활모델은 인간과 그들의 사회적·물리적 환경 간의 상호작용하는 생태학적 관점을 강조하여 클라이언트가 이들 생활환경에 적응하는 과정을 돕는 사회적인 목적을 두고 있다. 따라서 노인복지 실천모델에선 문제를 가진 노인의 사회적응 능력을 강화하고 그를 둘러싼 환경을 동시에 개선시키고자 하는 데 그 목적이 있다(장수미 외, 2019).

(3) 생활모델의 과정

생활모델의 가장 대표적인 학자인 저메인과 기터만(Germain & Gitterman, 1980)은 생활모델과정을 다음과 같이 세 단계로 나누어 설명하였다(배기효 외, 2021 재인용).

첫째, 초기단계 : 클라이언트와 만나기 전에 클라이언트의 객관적 현실에 이용 가능한 자원을 파악하고 편안한 분위기를 조성하여 클라이언트의 상담의뢰를 수용할 준비를 한다.

둘째, 진행단계 : 환경의 문제, 변화된 생활, 대인관계 등과 연관된 대처과업에 대하여 활동을 진행시킨다. 시설에 입소한 노인의 적응문제에 대처할 수 있도록 기관의 자원과 주변자원을 동원 활용하는 대처과업을 준비하고 이를 활용한다.

셋째, 종결단계 : 사회복지사는 서비스 종결의 마무리를 한다. 원조관계의 종결은 클라이언트와 사회복지사 모두 어려운 일이므로 종결 후 예상되는 상실감, 불안 등을 예측하여 문제가 다시 생겼을 경우 언제든지 도움을 요청할 수 있도록 요청하는 방법과 요령을 알려준다.

5. 노인 상담

1) 노인상담의 개념

노인상담이란 노인을 대상으로 전문적 훈련을 받은 상담자와 전문적 관계를 형성하여 다양한 노인발달 문제에 다루는 과정에서, 정서, 사고, 행동 측면의 긍정적인 변화를 통해 보다 적응적인 노년을 유지할 수 있도록 상담자와 노인 클라이언트가 함께 노력하는 과정이다.

노인상담은 상담과정을 통해 노인이라면 누구나 겪게 되는 다양한 사회, 경제, 건강, 심리적 발달 상 변화에 적극적으로 적응하도록 도우면서 노년 적응 단계에서 심리·정서적 만족감 등의 긍정적인 정서를 관리하고 노년으로서의 통제감과 자존감을 유지할 수 있도록 돕는 광범위한 과정이라고 할 수 있다(임병우 외, 2021).

즉, 노인상담은 보호가 필요한 노인을 대상으로 대화나 관찰 등의 방법으로 상담이라는 전문적인 활동을 통해 욕구와 문제를 파악하고, 치료방법을 찾아내는 전문적인 노인복지 치료활동이라고 정의할 수 있다. 노인상담은 의료정보, 기관

자료와 같은 행정적 자료 외에 대상 노인의 개인이 느끼는 주관적인 생각, 가치관, 욕구 등을 파악하는데 매우 유용한 노인복지실천 방법이다.

2) 노인상담의 목적

노인상담은 노인의 신체적·정서적·사회적 재적응과 안정을 돕기 위한 것으로 구체적인 노인상담의 목적을 다음과 같이 제시할 수 있다(배기효 외, 2021).

(1) 문제해결능력의 증가

급변하는 사회 속에서 노인들은 다양한 정보부족 등의 문제로 그들의 문제 상황을 처리하고 대처하는 데 어려움을 겪을 수 있다. 이러한 노인들은 불안해하거나 우울해한다. 그러므로 노인상담에서 여러 가지 문제에 대처하는 해결방법을 학습하도록 도와야 하며, 급격한 변화 시기에 중요한 결정을 해야 하는 상황에서 합리적인 문제해결 방법을 적용함으로써 최선의 선택을 할 수 있도록 돕고, 불안감을 감소시킬 수 있다.

(2) 상실에 대한 대처

노화는 종종 불안과 우울을 야기하는 심한 상실을 가져온다. 사람들은 나이가 들어감에 따라 그들의 삶에서 매우 중요한 사람이나 지위, 역할의 상실을 경험하게 된다. 특히, 많은 상실을 경험하게 되는 노인들에게 상실을 긍정적으로 수용하고 비탄에 빠지지 않고 극복하도록 돕는 일은 매우 중요한 노인상담의 목표가 된다. 또한, 가까운 죽음에 대한 불안을 가진 노인들을 돕기 위하여 상담자는 죽음에 대한 자신의 감정을 의식할 필요가 있고, 노인에게 죽음을 자연적인 삶의 한 부분으로 받아들이도록 도울 필요가 있다.

(3) 위기상황의 해결

노인들은 서로 다른 유형의 중요한 위기상황에 직면할 수 있다. 노인들은 이미 확립된 생활유형이 중단되는 데 대하여 민감하기 때문에 사회적 역할의 변화나 중요한 상실은 노인들에게 심한 정서적 혼란을 가져올 수 있다. 노인상담은 이러한 혼란의 위기상황에서 객관적이고 합리적인 판단능력을 잃어버린 노인들에게 위기를 객관적으로 지각하고, 가장 합리적인 대안을 찾아 나가도록 도와야 한다.

(4) 스트레스 감소

노인들은 새로운 상황을 적절히 처리하지 못하였을 때 오랜 기간 스트레스에 노출되지 않더라도 단번에 심한 스트레스를 받기 쉽다. 상담은 스트레스적 상황과 관련된 불안정서와 무력감을 감소시키며, 스트레스 상황에서 노인 스스로 이를 관리할 수 있는 기술을 훈련할 수 있으며, 노인들은 스트레스에 대처할 자신들의 능력을 확신함에 따라 불안감이 감소된다.

(5) 대인관계 개선

노년기는 개인적·사회적 역할의 변화, 가족 내 역할의 변화를 겪게 되고, 그 안에서 다양한 주변인들과의 관계의 변화를 겪게 된다. 사회, 가족, 부부, 자녀, 친구 관계 등의 변화는 대부분 부적응과 갈등을 일으키게 된다. 이런 상황 속에서 노인들에게 의사소통 훈련 및 자기표현 훈련 등의 학습을 통해 주변인들과의 관계를 개선하며 새로운 관계를 확장하도록 돕는 것은 노인상담의 중요한 목표가 된다.

(6) 삶의 통제력 유지

인간은 노화과정에서 신체적 변화, 신체기능 저하, 질병으로 인한 장애, 그리고 인지기능 변화나 기억장애 등은 개인의 자아개념에 매우 충격적인 외상적 경험을 불러일으킬 수 있다. 이로 인해 노인들은 자긍심이 감소되고, 부적절감이나 무가치감, 불안감 등을 경험할 수 있기 때문에 자신의 긍정적 자아개념을 유지하며, 삶의 통제력을 유지하도록 돕는 것은 노인상담의 구체적인 목표가 된다.

3) 노인상담의 과정

노인상담의 과정은 상담을 준비하는 과정부터 상담을 종결하는 과정까지 포함된다. 노인상담 과정을 7단계로 요약하여 제시하면 다음과 같다.

(1) 1단계 : 상담을 위한 환경조성

노인상담을 위한 적절한 환경조성은 본격적인 상담에 앞서 필수 요인이다. 환경조성은 상담실의 물리적인 환경이 가장 중요하다. 상담실은 2층보다 접근성이 높은 1층을 권장하고, 공간 규모는 약 9~12제곱미터(3평~4평) 정도의 공간을 권장한다. 대상자의 입장에서 편안한 상담이 될 수 있도록 상담실 바닥과 벽 구성의 친화적 인테리어가 필요하고, 책상과 의자 배치, 간단한 간식과 차, 안내 책자 등의 준비를 필요로 한다.

(2) 2단계 : 사전 자료 점검과 1차 목표 선정

본격적인 상담 전에 상담대상 노인의 관련 자료를 사전에 점검한다. 사전에 점검할 자료는 상담대상 노인의 인테이크자료, 의료자료, 개인력, 가족력 등 노인복지실천 과정에서 수집된 자료 전반을 최대한 점검한다. 이 자료를 근거루 대상노인의 상담을 어떻게 진행 할 것인가에 대한 1차 목표를 선정한다.

(3) 3단계 : 대상자 상담 및 관계 설정

3단계부터 실제로 상담대상 노인과 만남이 시작된다. 첫 번째 상담은 상담대상 노인과의 좋은 관계형성이 제일 중요하다. 첫 번째 상담부터 무거운 얘길 하는 것보다 가벼운 날씨 얘기나 사회문제 등의 얘기로 대화를 시작할 필요가 있다. 즉, 첫 번째 상담에서 많은 정보를 얻지 못하더라도 대상 노인과 좋은 관계가 형성된다면, 첫 번째 상담은 어느 정도 성공적이라 할 수 있다.

(4) 4단계 : 2차 목표와 최종 상담목표 선정

상담이 진행되면서 사전에 점검했던 자료와 대상 노인이 진술하는 내용과 일치하는지 확인하고, 사실과 다른 경우 사실관계를 정확히 파악하고, 그 이유를 파악하는 것이 중요하다.

상담대상 노인의 욕구와 문제에 관해 사실관계가 파악되면 본격적인 상담을 위해 1차 목표를 확인한 후 필요한 경우 목표를 수정하여 2차적으로 목표를 선정한다. 2차 목표를 상담대상 노인의 동의와 확인을 거친 후 수정하여 최종 상담목표를 선정한다. 이때 녹화나 녹음 등 상담내용 기록방법도 동의를 거쳐 확정한다. 4단계는 꼭 1회의 상담시간이 필요한 건 아니지만, 가능하면 빠르게 최종상담목표를 선정하는 것을 필요로 한다.

(5) 5단계 : 실천계획 선정

상담목표가 선정되면 구체적인 상담일정과 상담주제 등을 포함하여 구체적인 상담계획을 선정하는데, 상담자가 먼저 선정한 후 상담대상 노인의 동의를 받는 방법이 효율적이다. 상담 일정이나 내용 등을 포함한 상담계획은 이때를 포함해 상담 전 과정에서 언제든 수정이 가능하다. 이렇게 상담계획 수정이 가능하다는 것도 상담대상 노인에게 알려야 한다.

(6) 6단계 : 상담과정 진행과 기록 정리 보관

상담계획에 의한 상담과정을 진행하면서 상담내용을 사전에 동의한 기록방법(녹음, 녹화 등)으로 기록한다. 대상노인과 상담이 끝난 후 상담자는 상담내용 기록을 확인하여 정리하여 보관한다.

(7) 7단계 : 상담 종결 및 평가

모든 상담이 계획대로 진행되거나, 상담을 마쳐야 할 것으로 판단될 때 상담을 종결한다. 종결과정에서 기록된 상담 내용은 대상노인과 확인과정을 거친다. 상담이 종결된 후에는 반드시 전체 상담의 최종평가가 뒤따라야한다. 최종평가는 상담내용평가, 상담과정평가, 상담효과성평가, 상담효율성평가, 상담자평가 등을 포함한다.

〈연습 문제〉

1. 독거노인에게 병원에 동행할 자원봉사를 연계해 주는 사회복지사의 역할로 알맞은 것은?(   )

① 중재자 역할　　② 교사의 역할　　③ 조력자 역할

④ 중개자 역할　　⑤ 변호자 역할

2. 사정 단계에서 사용하는 사정 도구 중 하나인 가계도에 대한 설명으로 옳은 것은?(   )

① 개인 및 가족을 둘러싼 사회체계들과의 상호작용 상태를 그림으로 나타낸 도구

② 클라이언트의 삶의 중요한 사건이나 문제를 시기별로 전개한 도구

③ 클라이언트가 중요하다고 생각하는 사람을 그림이나 표로 보여주는 도구

④ 가족 구성원의 특성 및 위치와 성격을 도식화하여 보여주는 도구

⑤ 발생 시점이나 촉발사건 등을 파악할 수 있는 도구

3. 과업중심모델 특성에 대한 내용으로 옳지 않은 것은?(   )

① 단기 개입

② 과제를 통해 달성

③ 문제라고 인식하고 동의한 문제에 초점

④ 비용측면에서 효율적인 개입

⑤ 클라이언트의 환경적 접근을 중심으로 개입

〈정답 및 해설〉

1. 정답 : ④

해설 : 클라이언트와 지역사회의 자원이나 서비스를 연결하는 것을 돕는 것은 중개자 역할이다.

2. 정답 : ④

해설 : 가계도는 가족 구성원의 특성 및 위치와 성격을 표시하고 가족에 대한 방대한 양의 자료를 도식화한 도구이다. 생태도는 개인 및 가족을 둘러싼 사회체계들과의 상호작용 상태를 그림으로 나타낸 도구이다. 생활력 도표는 클라이언트의 삶의 중요한 사건이나 문제를 시기별로 전개한 도구로 발생 시점이나 촉발사건 등을 파악할 수 있다. 사회적 관계망 그리드는 클라이언트가 중요하다고 생각하는 사람을 그림이나 표로 보여주는 도구이다.

3. 정답 : ①

해설 : 과업중심모델은 단기 개입 모델로 문제라고 인식하고 동의한 문제와 과제를 통해 달성하기 때문에 비용측면에서 효율적인 개입방법이다.

〈해결 문제〉

노인 클라이언트 A 씨(66)는 심장질환 및 심각한 허리디스크 등의 만성질환으로 지체장애 2급 중증장애인으로 거동을 전혀 할 수 없는 와상상태로 노모(89)의 보살핌을 받았다. 사회복지기관에서는 사례관리 및 방문상담을 통한 정서지원 및 물품지원서비스를 제공하며 생활안정을 도모하였으나, 노모(89)의 건강 악화와 초기 치매 증상으로 경제적 활동을 할 수 없는 상황이다. 이 사례 클라이언트의 문제 해결을 위해 어떤 실천모델을 사용할지와 노인복지실천 과정 순서를 어떻게 구성하면 좋을지 제시해 보자.

〈찬반 토론〉

A 사회복지사는 1인 가구 여성노인 클라이언트 B 씨(70)와 상담 과정 중 경제적 어려움으로 취업과 후원을 원하고 있어 취업과 후원 연결을 서비스 1차 목표로 선정하였다. 하지만, 사회복지사가 근무하는 기관은 취업프로그램이 여유가 없었고, 후원자도 부족해 새로운 후원자를 발굴해야 할 처지였었다. 또한, 클라이언트 부양자로 아들이 있었고, 그 아들은 상당한 재력가임에도 클라이언트를 돌보지 않는 것을 확인하였다. 클라이언트 본인도 아들에게 연락하는 것을 바라지 않고, 아들의 도움도 원치 않고 있었다. 상담의 최종목표 선정에 클라이언트의 동의도 받아야 하는데, 최종목표를 기관의 원조로만 정할지, 아들의 도움으로 정할지 찬반 토론을 해보자. 또 다른 대안이 있는지도 토론해 보자.

제9장

노인 사례관리

1. 노인 사례관리 개념과 필요성

1) 사례관리(Case management) 개념

사례관리의 정의는 학자마다 그 개념을 조금씩 다르게 해석하고 있다. 학자들의 사례관리에 대한 정의는 다음 〈표 9-1〉과 같다.

〈표 9-1〉 학자별 사례관리 정의

주요 학자 및 기관	정의
미국사회복지사협회 (NASW, 1984)	다양한 사회복지서비스들을 계획하고 실행하고 모니터링하는 과정으로 사회복지사들이 전문가팀 활동을 통해 클라이언트에게 다양한 서비스를 제공할 수 있도록 함
목슬레이 (Moxley, 1989)	다양하고 복합적인 욕구를 지닌 클라이언트를 대상으로 사례관리자 또는 사례관리팀이 공식적 · 비공식적 지원망과 클라이언트의 기능과 복지를 최대화하기 위해 고안된 활동을 조직하고, 조정하며, 유지하는 것
우드사이드와 맥클램 (Woodside & MaClam, 2006)	복합적인 욕구를 가진 대상자들에게 다양한 서비스를 효과적으로 전달하기 위한 실천전략
무어 (Moore, 1990)	클라이언트의 욕구를 충족시키기 위해 비공식 보호체계 및 공식 보호체계의 활동을 통합하여, 클라이언트가 잠재력을 최대한 발휘할 수 있도록 지원하며 사회 환경 내에서 효과적으로 상호작용할 수 있도록 촉진하는 것
베이커와 인타글리아타 (Baker & Intagliati, 1992)	클라이언트 옹호, 서비스 조정, 자원 통제, 서비스 구입 등에 통합적이고 효율적인 개입을 통해 기관이 클라이언트를 책임지는 활동
블러키스 (Vourlekis, 1992)	클라이언트의 욕구를 충족시킬 서비스를 지지적이며, 효과적이며, 효율적이며, 비용효과적인 방법으로 제공할 수 있도록 서비스 연계망 안에서 상호작용하는 과정

출처 : 김성경(2020). 「사회복지 사례관리론」.

이와 같은 다양한 학자들의 견해를 종합해 사례관리의 개념 정의를 다음과 같이 내릴 수 있겠다. 사례관리는 복잡하고 다양한 문제나 욕구를 가진 클라이언트의 욕구와 문제를 해결하기 위해 지역사회 내 공식적·비공식적 자원을 활용한 통합적인 사회복지실천 방법이라고 정의할 수 있다. 이러한 사례관리 실천 기법은 노인을 대상으로 한 지역사회보호와 재가복지에 매우 유용하게 적용할 뿐만 아니라 노인복지실천 영역에서 가장 효과적이고 효율적인 실천 방법이라 할 수 있다.

2) 사례관리 등장 배경 및 필요성

사례관리의 대표적인 등장 배경을 제시하면 다섯 가지로 제시할 수 있다. 탈 시설화 확대, 복합적 욕구를 가진 노인인구 증가, 서비스의 단편성과 서비스 중복 제공, 효율적인 복지 서비스 필요, 사회·인구학적 변화, 사회적 환경에 대한 인식 증대, 복지체계의 변화 등으로 요약될 수 있는데, 이를 보다 자세하게 살펴보면 다음과 같다.

(1) 탈 시설화 확대

탈 시설화는 복지시설에서 복지서비스를 제공하지 않는 것을 말한다. 과거에는 복지대상자에게 복지시설에서 서비스를 제공하는 것이 일반적이었다. 하지만, 시설에서 돌봄을 제공하는 것은 인간의 자율성, 개별성 등에 상당한 제약이 따를 뿐만 아니라 시설에서의 돌봄은 포괄적인 서비스체계가 부족하고, 클라이언트들의 자립능력 저하 등의 문제가 제시되면서 그 한계가 많다는 것이 지적되기 시작하였다. 실제로 복지 선진국에서는 시설에서 클라이언트를 보호하는 것보다 지역사회에서 클라이언트를 돌보는 탈 시설화 시스템이 더 증가하고 있는 추세다. 한국의 경우도 노인복지가 확대되고 있는 상황에서 시설보호보다 재가복지나 지역사회 돌봄을 더 선호하는 탈 시설화 정책이 점점 더 증가하고 있어 그 대비를 위해 사례관리가 등장하게 되었다.

(2) 복합적 욕구를 가진 노인인구 증가

서구사회에서는 1960년대와 1970년대를 거치면서 과학기술 발달과 경제성장이 있었으나, 인간의 욕구와 문제는 점점 다양하게 나타나기 시작하였다. 신체장애, 지적장애, 사회적 기능장애, 정신질환, 노숙자 등 다양한 복지대상자가 증가하였고, 무엇보다 노인인구가 증가하면서 복합적 욕구를 가진 노인인구의 증가로 이들의 욕구를 해결하기 위한 복지실천 프로그램이 필요하게 되어 사례관리가 등장하게 되었다. 한국의 경우도 다양하고 복합적인 욕구를 가진 노인인구가 증가해 새로운 실천방법에 대한 관심이 요구되면서 사례관리가 등장하는 배경이 되었다고 볼 수 있다.

(3) 기존 서비스 단편성과 서비스 중복 제공

전통적인 복지실천방법과 단편적인 기존의 복지서비스 제공으로는 복합적인 욕구 대상자의 문제를 해결하기에는 그 한계가 컸다. 또한, 서비스의 중복제공이라는 문제도 나타나기 시작하였다. 한국의 경우도 1980년대와 1990년대를 거치면서 경제발전과 노인인구 증가로 과거와는 다른 다양한 사회문제가 등장하였고, 사회적 욕구도 다양하고 복합적으로 나타나기 시작하였다. 하지만, 기존의 단편적인 복지서비스 제공으로는 서비스의 중복제공과 서비스 사각지대가 많아 다양하게 나타나는 복지문제들을 해결하는 데는 한계가 있었다. 이러한 문제를 해결하기 위해 서비스를 조정하고, 각 욕구에 맞는 다양한 복지서비스를 제공하기에 유용한 사례관리가 등장하기 시작하였다.

(4) 효율적인 복지 서비스 필요

서구의 경우 1960년대를 거치면서 과도한 복지정책으로 재정위기가 나타나기 시작하였고, 1970년대에는 오일쇼크까지 겹쳤다. 복지 서비스도 정부주도의 공식적 서비스로는 그 한계가 있었고, 비공식적 자원을 동원할 필요성이 제기되기 시작하였다. 특히, 1980년대 각 국가에서는 복지정책으로 인한 재정위기와 경제적 위기를 해결하기 위해 신자유주의 사상이 확대되면서 복지예산의 절감과 효율적인 복지서비스 필요성이 나타나기 시작하였다. 한국의 경우도 늘어나는 노인인구에 대한 복지 서비스로 재정적 부담이 늘어나기 시작하면서 효율적인 복지실천 프로그램이 필요하게 되어 정부주도의 공식적 자원과 민간 주도의 비공식적 자원을 활용하고 조정하는 효율적인 노인복지실천 프로그램인 사례관리가 등장하게 되었다.

(5) 사회서비스 지원망 확대와 지방자치

복합적이고 다양한 사회가 발달하면서 그에 따른 사회적 욕구를 대비하기 위한 사회서비스 지원망이 점점 확대되는 시대적 요구에 대한 중요성이 강조되기 시작하였다. 이에 따라 사회서비스의 다양성과 노인복지서비스 지원망의 확대 욕구 증가로 사례관리가 등장하게 되었다. 또한, 한국의 경우 지방자치제가 자리매김하면서 지방의 자치 능력이 요구되고, 지방자치 차원에서 사회서비스 지원망을 확보하려는 노력도 자연스럽게 증가하기 시작하였다. 특히, 노인인구가 증가하면서 지역사회 내에서 노인복지욕구를 해결하기 위한 노력으로 사례관리가 등장하기 시작하였다.

2. 노인 사례관리 목적과 특징

1) 노인 사례관리 목적

일반적으로 사례관리의 주요 목적은 복잡하고 다양한 욕구를 해결하기 위해 지역사회 내 공식적 자원과 비공식적 자원을 통합하고 조정하여 직접적서비스와 간접적서비스를 제공하기 위함이다. 노인 사례관리의 구체적인 목적은 다음과 같이 다섯 가지로 정리할 수 있다.

(1) 노인의 욕구충족

사례관리의 중요한 목적 중의 하나는 클라이언트에게 포괄적인 서비스를 제공하여 그들의 복합적이며 장기적인 욕구를 충족시키는 것이다. 즉, 노인에게 필요로 하는 서비스를 제공하여 욕구를 충족시킴으로써 그들이 지역사회에서 원활하게 생활할 수 있다는 목적이 있다(이근홍, 2020).

(2) 노인의 역량강화

노인의 역량강화는 노인 자신이 원하는 자원을 얻을 수 있는 힘을 갖추는 것으로 장점과 역량을 키우고, 사회적 관계를 회복하며, 노인 스스로 자신의 생활을 관리할 수 있는 힘을 키우는 것을 의미한다. 즉, 노인사례관리의 궁극적 목적은 노인이 사례관리자의 도움 없이도 자신이 원하는 삶을 살 수 있도록 하는 목적이 있다(최해경, 2020).

(3) 서비스 제공의 연속성

복지 대상자로서 노인은 만성적이고 복합적인 욕구를 갖고 있을 가능성이 크기 때문에 이들에게 지속적인 서비스가 제공되도록 해야 한다. 기관단위의 개입을 초월하여 지역사회 내에서 필요한 자원을 발굴하고 지속적이고 연속적으로 서비스가 제공될 수 있도록 하는 목적이 있다(강흥구, 2021).

서비스의 연속성은 횡단적인 것과 종단적인 것으로 구분하여 접근방법을 제시할 수 있다. 횡단적 서비스의 연속성은 어떤 일정한 시점에서 서비스를 제공할 때 개인의 욕구를 적절히 충족시킬 수 있어 포괄적이고 조정된 서비스를 제공하는 것이다. 종단적 서비스의 연속성은 시간의 경과에 따라 변화하는 개인의 욕구를 충족시키기 위해 지속적으로 서비스를 제공하는 것이다(이근홍, 2020).

(4) 비용 효과성 증진

사례관리는 요보호 노인에 대한 서비스 전달에서 비용을 절감하고, 서비스의 효과를 최대화하려는 노력을 통하여 비용효과성을 증진하고자 하는 데 목적이 있다. 비용효과성 증진은 정확한 사정을 통하여 클라이언트와 필요한 서비스를 연결하며, 클라이언트에게 제공되는 다양한 서비스에 대한 조정과 지속적인 점검을 통하여 서비스의 중복과 낭비를 막기 위한 노력과 관련되어 있기 때문이다(이근홍, 2020).

(5) 서비스 접근성 증진

욕구가 있는 노인에게 인종, 종교, 성적 지향, 사회경제적 계층, 장애 여부 등과 상관없이 서비스에 접근할 수 있는 평등한 기회가 보장되어야 한다. 정보 부족, 서비스 제공의 복잡성 등으로 인해 노인이 서비스에 접근하는 데 장애가 되는 요소를 줄여 노인이 필요로 하는 서비스를 쉽게 받을 수 있도록 지원하는 목적이 있다. 서비스 접근성을 높일 수 있는 방법으로 아웃리치 서비스, 정보 제공과 의뢰, 비용 면제, 교통편의 제공 등이 있다(최해경, 2020).

2) 노인 사례관리 특징

노인 사례관리는 노인 개인이나 가족을 대상으로 서비스를 제공한다는 측면에서 전통적인 사회복지실천 방법론의 하나인 개별사회복지(Case work)를 적용한 직접적인 실천방법과 유사하지만,[1] 사회복지기관 이외에도 현장개입이나 옹호활동 등을 통한 지역사회에서 다양한 서비스를 제공하는 간접적인 개입까지 포함하는 특징이 있다. 이러한 노인 사례관리의 특징은 다음과 같이 일곱 가지로 제시할 수 있다(박용순 외, 2016 ; 박선태 외, 2015 ; 이근홍, 2020).

첫째, 지역사회에서 서비스 활동과 연계를 강조하는 지역사회 중심의 접근법이다.

둘째, 복합적이고 장기적인 욕구와 문제를 가진 노인을 대상으로 한다.

1) 사회복지실천 3대 방법론에는 개별사회복지, 집단사회복지, 지역사회복지가 있다. 그 가운데 개별사회복지는 개인을 대상으로 개인의 문제를 해결하기 위해 개인의 욕구, 자질, 서비스 환경 등을 고려하여 제공하는 실천 방법으로 사례관리와 가장 관련이 깊다.

셋째, 노인의 욕구충족, 문제해결 및 서비스 제공에 초점을 둔다.

넷째, 노인의 사회적 기능과 독립을 극대화하기 위해서 보호의 연속성과 책임성을 보호하는 활동이다.

다섯째, 서비스의 효과성과 효율성을 높이기 위해 포괄적인 서비스를 제공하고 서비스의 조정과 점검을 실시한다.

여섯째, 연속적인 기능들을 시간 순서적으로 수행하는 문제해결 과정이다.

일곱째, 사례관리자와 노인의 긴밀한 상호관계를 기초로 노인 중심의 개별화된 접근을 한다.

3. 노인 사례관리 역할과 기능

1) 노인 사례관리(자) 역할

노인 사례관리자는 요보호 노인과 그의 가족의 욕구를 사정하고, 그 욕구를 해결하기 위해 서비스를 계획, 실행, 조정, 점검, 평가하고, 노인을 옹호하는 다양한 서비스 패키지를 제공하는 전문가이다(김성경, 2020). 노인 사례관리자의 역할로는 사정자, 계획자, 상담자, 중개자, 조정자, 옹호자, 중재자의 역할이 있다.

(1) 사정자(assessment)

사정기능은 노인 사례관리의 중심 기능으로 노인과 가족이 당면한 문제와 욕구를 파악하고, 나아가 잠재적 문제와 욕구까지도 파악해야 하는 기능이다(최은정, 2020). 노인 사례관리대상자는 대개 고위험군으로 이들에 대한 포괄적인 정보 수집은 노인 사례관리자가 수행하는 업무 중에 중요한 역할을 차지한다. 노인 사례관리자는 노인과 관련된 정보를 수집하고, 노인의 욕구와 관심사항을 확인해야 한다(강흥구, 2021).

(2) 계획자

계획자는 요보호 노인의 욕구를 충족시키고 문제를 해결하며 사회적 기능을 향상시키기 위한 서비스계획, 치료, 서비스 통합, 기관과의 협력 및 서비스망을 설계하는 사람이다(이근홍, 2020).

(3) 상담자

상담기능은 요보호 노인과 가족에게 공감과 정서적 지지를 제공하는 근간이 되며, 동시에 사정기능을 수행하기 위한 정보수집도 이루어져야 하기 때문에 중요하다. 이런 상담과정은 임파워먼트에 기반하며, 대개는 문제의 원인에 집중하기보다는 당면한 문제 해결에 집중되어 있다(최은정, 2020).

(4) 조정자

조정자로서 노인 사례관리자는 다른 기관으로 연계된 노인 클라이언트가 예정된 서비스를 적합하고 충분하게 받고 있는지를 확인하며, 노인을 위해 해당 기관의 변화가 필요할 때는 일정한 영향력을 행사할 수 있다(박미은, 2021).

(5) 옹호자

옹호자는 요보호 노인에게 필요한 자원이나 서비스의 확보를 위해 지역사회에 있는 노인 개인이나 가족의 권리를 대변하고, 두둔하면서 주장하며, 정책적인 변화를 모색하기 위한 활동을 수행하는 사람이다(박용순 외, 2016).

즉, 옹호자는 노인 클라이언트가 특정 서비스가 필요함에도 불구하고, 그들은 실질적인 서비스 이용방법을 모를 수 있으므로 그들에게 서비스가 잘 제공 될 수 있도록 그들 편에서 대변하고, 두둔하는 과정을 포함한다.

(6) 중개자

중개자의 역할은 요보호 노인의 욕구에 부응하는 지역사회 내 적절한 기관이나 자원을 선정하는 데 관여하는 것이다. 이 역할을 잘 수행하기 위해서는 먼저 노인과 신뢰관계를 형성하고 그 바탕 위에 정확한 욕구사정 및 그에 따른 개별화된 서비스 계획을 수립할 필요가 있다(박미은, 2021).

(7) 중재자

중재자는 중립적인 입장에서 요보호 노인이 겪게 되는 분쟁을 조정하며, 상호 이해를 증진시키고 긴장을 완화시키기 위해 노력하는 역할을 수행한다.

2) 노인 사례관리 기능

노인 사례관리의 기능은 요보호 노인과 서비스의 연결, 사회적 관계망의 상호작용 촉진, 문제해결, 서비스 제공기관 상호 간의 조정, 옹호 등이 있다(이근홍, 2020).

(1) 요보호 노인과 서비스 연결

요보호 노인에게 필요한 서비스의 연결은 노인 사례관리 기능 중 가장 중요한 기능으로 노인의 욕구를 충족시키고 문제를 해결하며 사회적 기능을 향상시키기 위해서 필요하고 유용한 서비스와 권리를 노인에게 양도하는 것이다.

(2) 사회적 관계망의 상호작용 촉진

사회적 관계망을 통하여 요보호 노인은 욕구충족과 문제해결을 위해 필요한 서비스를 제공 받을 수 있다. 정서적 지지, 상담, 조언, 옹호 등을 받을 수 있다. 요보호 노인에게 서비스를 제공할 수 있는 사회적 관계망에는 가족, 친척, 친구, 이웃, 직장 동료, 종교단체, 자조집단, 자원봉사자, 공식적 서비스 제공자 등이 있다. 이들은 다른 지원체계보다 노인에게 안락하고 개별적이며 신속하고 융통성이 있는 서비스를 제공할 수 있는 훌륭한 사회자원이다.

(3) 문제해결

이는 상담과정에서 발생할 수 있는 요보호 노인 개인의 성격상 문제, 위기상황 또는 실적, 부부갈등과 같은 일상생활상의 문제 등을 극복할 수 있도록 하는 기능이다(강흥구, 2021). 노인 사례관리자는 요보호 노인 스스로 자신의 문제를 해결할 수 있도록 동기를 부여하거나 격려하며, 권한부여를 통하여 노인 자신의 문제를 해결할 수 있는 자원이나 권리에 접근할 수 있도록 한다.

(4) 서비스 제공기관 상호 간의 조정

기관 상호 간의 조정은 공식적인 정책이나 비공식적인 기관들 간의 협정을 통하여 이루어지는데, 기관들 사이의 조정기능이 이루어지려면 연계가 촉진되어야 한다(강흥구, 2021).

(5) 옹호

옹호는 요보호 노인이 자기 능력으로 제공받을 수 없는 서비스나 자원을 획득할 수 있도록 하기 위해 노인에게 불리하게 작용하는 현재의 정책과 절차 또는 관례를 노인입장에서 대변하거나 수정하여 필요한 자원 또는 서비스를 제공 받을수 있도록 하기 위한 과정이다.

4. 노인 사례관리 구성과 과정

1) 노인 사례관리의 구성요소

노인 사례관리의 구성요소는 대표적으로 세 가지로 구성할 수 있다. 도움이 필요한 요보호 노인인 사례관리 대상자, 노인의 욕구를 사정하고 이에 근거하여 다양한 사회자원을 찾고 연결하는 노인 사례관리자, 노인 사례관리의 실천을 지원하는 운영체계 등이다. 이 세 가지 노인 사례관리 구성 체계를 구체적으로 살펴보면 다음과 같다.

(1) 노인 사례관리 대상자

사례관리에서 가장 많은 대상자는 단연 노인일 가능성이 높다. 주지하듯이 사례관리를 적용하기에 가장 효과적인 대상자도 노인이다. 실제로 노인은 시설보호를 필요로 하지만 탈 시설화 욕구가 강하고, 복합적 욕구를 가지고 있을 가능성이 높다. 또한, 노인인구증가에 따른 효율적인 사회정책과 서비스 등을 필요로 하기 때문에 지역사회에서 가장 많은 복지대상자가 노인일 수 있고, 사례관리에서도 가장 큰 주 대상자가 노인일 수 있다.

(2) 노인 사례관리자

노인 사례관리자는 사례관리 서비스를 제공하는 사회복지사가 대부분 해당된다. 하지만, 꼭 사회복지사만 사례관리자가 되는 것은 아니다. 상담 전문가, 심리나 중독 치료 전문가, 행정적 지원을 제공하는 사회복지직공무원도 각자 나름대로의 복지대상자에게 사례관리 서비스를 제공하기 위한 사례관리자가 된다. 특히, 노인을 돌보는 기관인 노인복지관, 노인주간보호센터, 노인방문센터 등 노인이 이용하는 복지기관에서 서비스를 제공하는 실천가는 노인 사례관리자임이 틀림없다.

(3) 노인 사례관리 운영체계

노인 사례관리 운영체계 확립은 사례관리 실행을 위한 본질적인 요소로 노인 사례관리자를 누구로 할 것이고, 별도의 전담팀과 슈퍼비전 체계를 어떻게 할 것이며, 지역사회단위의 통합사례관리에는 어떻게 참여할 것인지 등에 대한 계획수립과 의사결정을 하는 것이다. 효율적인 노인 사례관리를 위해서는 사례관리의 체계 구축이 중요한데, 기관 내부뿐만 아니라 지역사회 내의 다른 기관과 협력적인 운영체계를 마련할 필요가 있다(강흥구, 2021).

이와 같은 구성요소를 바탕으로 노인 사례관리의 상호작용을 그림으로 표현하면 [그림 9-1]과 같다.

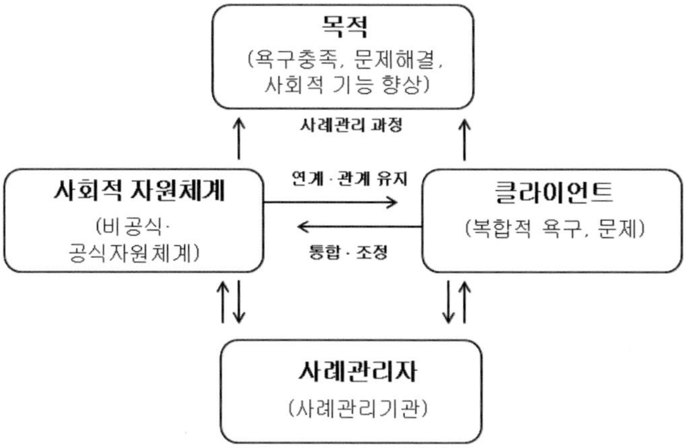

[그림 9-1] 노인 사례관리의 구성요소와 상호작용

출처 : 박선태 외(2015). 「노인복지론」.

2) 노인 사례관리의 과정

사례관리가 아닌 일반적인 노인복지 실천에서도 효과적인 실천을 위해 구체적이면서 체계적인 진행절차와 실천과정을 선정한다. 노인 사례관리 역시 요보호노인에게 필요한 서비스 제공과 그 서비스 목적을 달성하기 위해 인테이크부터 종결단계에 이르기까지 각 단계별로 사례관리과정을 제시한다.

〈표 9-2〉 학자별 노인 사례관리 과정

학자명	노인 사례관리 과정
Steinberg & Carter(1983)	가입→서비스 기획을 위한 사정→목표설정과 서비스 기획→서비스 계획의 수행→재사정과 종결
Weil & Karls(1985)	요보호 노인 확인과 출장원조→개별적인 사정과 진단→서비스 기획과 자원확인→서비스 연결→서비스 실행과 조정→서비스 전달의 점검→옹호→평가
White & Goldis(1992)	사례발견→사정→서비스 기획→계획수행→사후검토→재사정
Moxley(1989)	사정→서비스 계획→실행→점검→검토 또는 평가
최은정 외(2020)	사례발견→인테이크→클라이언트 선정→욕구사정→자원 및 강점 사정→장애물 사정→목표 설정→개입계획수립→평가 및 종결
강흥구(2021)	대상자 탐색→접수→사정→계획 수립→실행→점검 및 재 사정→평가→종결

다양한 학자들에 의한 노인 사례관리 과정이 〈표 9-2〉에 정리되었다. 이 외에 사례관리에서 가장 대표적인 학자라 할 수 있는 로스만(Rothman, 1990)에 의한 노인 사례관리의 과정은 기관접촉, 접수(자료수집), 사정, 목표수립, 개입계획, 계약 및 서비스 제공, 점검 및 재사정, 평가와 종결과 같이 8단계로 구분하고 있는데, 각 단계별 특성을 좀 더 자세히 살펴보면 다음과 같다.

(1) 기관접촉

타 기관 및 타인 의뢰에는 지역 사회 내 다양한 사회복지기관, 학교, 경찰, 공공기관 그리고 가족과 지역사회 주민에 의한 의뢰가 해당된다. 이러한 의뢰가 효과적으로 이루어지기 위해서는 노인 사례관리 수행을 위해 협력해야 하는 지역사회 기관들과 긴밀한 네트워크 구축이 중요하다(최은정, 2020).

(2) 접수(자료수집)

접수는 요보호 노인 문제와 욕구, 그리고 노인이 처한 상황을 밝혀내는 것을 말하며, 접수단계에서는 다양한 차원의 정보를 수집하는 과정이다(박선태 외, 2015). 노인 사례발견을 통하여 서비스를 신청한 노인에 대해서는 서비스 적격성을 판단하여야 하고, 지역사회복지관을 중심으로 각종 상담이나 지역주민의 정보를 통해서 서비스를 받도록 권장하거나 홍보하는 단계이다(고수현·윤선오, 2021).

(3) 사정(assessment)

요보호 노인의 사회생활 전체 시점에서 파악하여 각종 욕구를 사전에 평가한다. 사정의 내용은 원조대상자들의 종류에 따라 달라지지만, 기본적으로는 현재의 문제상황, 신체적·정신적 건강생활, 일상생활동작능력, 경제상황, 세대구성, 가족구성, 이웃·친구에 관한 정보, 현재의 공적 서비스 등이 포함된다(고수현·윤선오, 2021).

(4) 목표수립

목표는 요보호 노인의 문제가 해결된 상태를 의미하는 것으로, 노인과 합의를 통해 목표를 설정한다. 목표는 달성에 소요되는 기간에 따라 장기목표와 단기목표로 구분한다. 일반적으로 단기목표는 3~6개월 이내에 달성이 가능한 목표를 의미하고, 장기목표는 6개월에서 1년 이상의 개입을 통해 긍정적인 변화를 도모할 수 있는 목표를 의미한다(최은정, 2020). 요보호 노인의 욕구와 해당 지역의 잠재적인 서비스의 제공능력에 맞추어 사례관리에 맞는 원조목표를 설정하고, 개별화된 서비스와 원조를 통합해서 서비스의 계획을 작성한다(고수현·윤선오, 2021).

(5) 개입계획

계획은 사정내용에 근거하여 개입할 내용과 과정을 체계화하는 단계이다. 개입계획 수립과정에서는 목표를 달성하기 위한 구체적인 실천계획을 수립한다. 먼저, 우선순위별 합의된 욕구 또는 문제와 합의된 목표를 결정한다. 그런 다음 합의된 목표를 달성하기 위한 구체적인 서비스 실행방법을 수립한다(최은정, 2020).

(6) 계약 및 서비스 제공

개입계획을 수립하고 서비스를 제공하기 직전에 수행해야 할 사항은 계약이다. 계약은 구두로도 가능하지만 서면으로 작성하는 방법이 많이 활용되고 있다(박선태 외, 2015). 노인 사례관리자는 요보호 노인과 신뢰감을 형성하고 상호간의 역할을 명확히 하며, 서비스에 대한 클라이언트의 기대와 기관의 서비스 제공 능력에 대해서 협상하는 것이 중요하다(권중돈, 2019).

(7) 점검 및 재사정

서비스 계획의 실시상황에 관하여 점검하고 요보호 노인에게 제공되는 서비스의 적시성, 충분성, 적절성 및 연속성을 보장하기 위해서 서비스 제공자를 포함한 요보호 노인 지원체계의 서비스 전달과 실행을 추적하고 재사정하는 과정이다(권중돈, 2019).

요보호 노인과 노인 사례관리자, 그리고 관련 자원망(가족, 전문가 등)이 계획단계에서 합의한 목적을 계속 공유하면서 약속대로 협조하고 있는지, 협력관계 속에 갈등이나 혹은 위기가 잠재되어 있지는 않은지 등을 점검하고 조정한다(박미은, 2021).

(8) 평가와 종결

평가는 요보호 노인의 진척과 만족, 사례관리 과정의 효율성 및 서비스의 질적 수준과 결과를 사정하는 과정이다. 즉, 이것은 사례관리 과정을 통한 목표달성, 노인에게 제공된 서비스의 효과성 및 서비스체계의 효율성을 종합적으로 판단하며,

노인 사례관리자의 전문적인 판단에 근거하여 사례를 종결하고 사후관리를 하는 과정이다. 따라서 평가과정은 결과평가, 종결 및 사후관리의 세 가지 주요 요소로 구성된다(이근홍, 2021).

5. 노인 사례관리 개선방안

노인 사례관리는 요보호 노인에게 좀 더 체계적이고 통합적인 복지서비스를 제공하고, 노인의 독립성을 강조하기 위해 잠재력 개발을 통해 정상적인 생활을 영위하는 것을 목적으로 한다. 이러한 노인 사례관리 실천이 잘 수행되기 위해 노인 사례관리 개선방안을 두 가지로 요약하여 제시보면 다음과 같다.

1) 노인 사례관리자의 전문성 강화

사례관리 대상자 가운데 가장 많은 대상자가 노인일 가능성이 크다. 실제로 사례관리는 다양한 노인복지실천 현장에서 빠지지 않고 사용되는 노인복지 실천기술이다. 즉, 대부분의 노인복지시설에서 노인 사례관리가 사례관리자에 의해 진행된다는 것을 알 수 있다. 그렇다면 노인 사례관리를 제공하는 사례관리자의 전문성은 어떠한가? 사례관리자는 사례관리에 대한 전문교육을 이수했는가? 또는 사례관리에 대한 보수교육을 실시하고 있는가? 란 의문을 제기할 수 있다. 하지만, 현실은 사례관리에 대한 전문교육의 부족성을 지적하지 않을 수 없다. 따라서 사례관리의 전문성 강화를 위한 교육 기회 확대가 필요해 보인다. 이를 통해 노인에게 적절한 사례관리 서비스를 제공할 수 있기 때문이다. 최소한 노인 사례관리자의 전문적 교육을 제공하기 위해 노인복지시설 종사자의 보수교육에서라도 노인 사례관리를 필수 교육과정으로 반영하여 보수교육을 제공할 필요가 있다. 또한, 노인 사례관리 전문가 과정이나 노인 사례관리자 자격제도를 두어 노인 사례관리의 전문성을 강화해야 할 것이다.

2) 비공식적 자원 연결 활성화

노인 사례관리의 특징 가운데 하나가 비공식적 자원을 활용하는 것이다. 이는 복합적 욕구를 가진 요보호 노인에게 적절한 서비스를 제공하기에는 공식적 자원으로는 그 한계가 많을 수 있기 때문이고, 예산 절감을 위한 효율적 서비스를 제공하기 위함도 있다. 특히, 노인복지시설에서 장기적 주거복지 대상자인 노인을 대상으로 지역사회연계와 같은 비공식적 자원 발굴, 서비스 연결 등으로 이어지는 사례관리 실천 제공은 요보호시설노인을 위한 사례관리의 궁극적 목적이자 방법일 수 있다. 따라서 지역사회 내 다양한 비공식적 자원을 발굴하고, 활용하는 노력이 요구된다. 추가로 실제로 사례관리 실천에서 유용한 우수 사례를 공유하는 장치도 필요해 보인다.

〈연습 문제〉

1. 노인 사례관리 등장 배경에 관한 설명으로 옳지 않은 것은?( )

① 탈시설화 확대

② 기존 서비스 단편성과 서비스 중복제공

③ 효율적인 복지 서비스 필요

④ 복합적 욕구를 가진 노인의 증가

⑤ 사회서비스 지원망 축소와 중앙정부 기능 확대

2. 노인 사례관리의 목적 중 서비스 접근성 증진의 방법으로 옳지 않은 것은? ( )

① 아웃리치 서비스

② 정보 제공과 의뢰

③ 비용 면제

④ 교통편의 제공

⑤ 임상적인 치료에 집중된 서비스 제공

3. 노인사례관리과정 중 계획 수정 여부 논의, 클라이언트 욕구변화 검토, 서비스 계획의 목표달성 정도 파악, 서비스가 효과적으로 제공되고 있는지를 확인하는 단계는 무엇인가?( )

① 목표수립 ② 개입계획 ③ 계약 및 서비스 제공

④ 평가와 종결 ⑤ 점검 및 재사정

4. 노인복지 사례관리 기능과 가장 거리가 먼 것은?( )

① 사회적 관계망 상호작용 ② 서비스 연결 ③ 클라이언트 옹호

④ 서비스 제공기관의 조정 ⑤ 클라이언트에 대한 직접적 서비스 발달

〈정답 및 해설〉

1. 정답 : ⑤

해설: 노인사례관리의 등장 배경으로는 탈시설화 확대, 기존 서비스 단편성과 중복제공, 효율적인 복지 서비스 필요, 복합적 욕구를 가진 노인인구 증가, 사회서비스 지원망 확대와 지방자치정책 증가 등이 있다.

2. 정답 : ⑤

해설 : 노인 사례관리의 목적 중 서비스 접근성 증진은 노인이 서비스에 접근하는 데 장애가 되는 요소를 줄여 노인이 필요로 하는 서비스를 쉽게 받을 수 있도록 지원하는 목적이 있다. 서비스 접근성을 높일 수 있는 방법으로는 아웃리치 서비스, 정보 제공과 의뢰, 비용 면제, 교통편의 제공 등이 있다.

3. 정답 : ⑤

해설 : 점검 및 재사정 단계는 서비스 계획의 실시상황에 관하여 점검하고 제공되는 서비스의 충분성, 적절성, 연속성 등을 보장하기 위해 서비스 제공자를 포함한 서비스 지원체계 전달과 실행을 추적하고 재사정하는 과정이다. 또한, 점검 및 재사정 단계는 계획 단계에서 선정한 목적과 목표에 부합되는 실천이 이루어지고 있는지를 점검하고 조정하는 단계이다.

4. 정답 : ⑤

해설 : 노인 사례관리의 기능은 사회적 관계망의 상호작용, 서비스 연결, 클라이언트에 대한 직접적 서비스와 문제 해결, 서비스 제공기관 상호 간의 조정, 클라이언트에 대한 옹호 등이 있다.

〈해결 문제〉

연합뉴스에서 2020년 10월 1일 「'쓸쓸한 노년' 홀로 사는 노인 159만명, 올해만 388명 고독사」라는 내용을 보도하였다. 한국 정부에서는 무연고 1인가구 노인 문제를 해결하기 위해 복지정책을 계속해서 구축해나가고 있지만, 1인가구 노인의 고독사는 1년에 약 5백여 건으로 심각한 수준이다. 이러한 복지 사각지대에 있는 노인을 사례관리 대상자로 관리하는 방법도 쉽지 않을 것이다. 여러분이 거주하는 지역의 사회복지직 공무원이라 가정하여 그 지역의 1인가구 노인의 고독사 예방을 위한 효과적 사례관리 방법을 제시해 보자.

〈찬반 토론〉

한국은 2021년 현재 지역사회통합돌봄을 위한 커뮤니티케어 선도사업을 시범으로 실시하고 있다. 이 사업은 정부(보건복지부)의 주도하에 노인의 주거·보건의료·요양·돌봄·생활지원을 맞춤형 사례관리실천방법을 적용해 지역사회와 어울려 살아갈 수 있도록 하자는 취지로 추진하는 사업이다. 시설보호가 아닌 지역사회보호라는 개념이 강조된 커뮤니티케어 대상자는 주로 노인일 가능성이 매우 크다. 정부도 이번 시범사업을 거쳐 2026년부터 전국으로 확대 실시할 계획이다. 그런데 이 사업을 전국적으로 실기하기에는 막대한 예산이 소요된다. 이 사업의 긍정적인 면은 잘 알겠지만, 예산 소요는 피할 수 없다. 커뮤니티케어의 전국적 확대 실시를 찬성하는가? 반대하는가? 찬반 토론을 해보자.

제10장

노인학대

1. 노인학대의 개념 및 유형

1) 노인학대의 개념

노인복지법 제1조 2의 4호에 의하면, 노인학대라 함은 노인에 대하여 "신체적·정신적·정서적·성적 폭력 착취 또는 가혹행위를 하거나 유기 또는 방임을 하는 것"으로 정의된다.

생명과학대사전에 의한 학대(虐待)의 정의는 "약자를 대상으로 하여 강자에 의한 가혹한 대우, 지배, 힘의 행사 또는 의도적, 비의도적과는 관계없이 대상과 특별한 관계에 있는 자 등이 대상에 불필요한 고통을 주는 것"이라 하였다(강영희, 2014).

학대에 대한 정의는 일반적으로 협의의 개념과 광의의 개념으로 나눌 수 있다. 협의의 개념은 외형적으로 드러나는 신체적 학대만을 의미한다. 광의의 개념은 신체적, 심리적, 정서적, 언어적, 의료적, 성적 학대를 말하며 방임이나 부적절한 처우도 넓은 의미에서 포함될 수 있다(오승주, 2017).

즉, 노인학대란 노인의 가족 또는 타인이 노인에게 신체적·언어적·정서적·성적·경제적으로 고통이나 장해를 주는 행위를 하거나, 노인에게 필요한 최소한의 적절한 보호조차 제공하지 않는 방임이나 유기 및 자기방임을 하여 노인에게 고통과 상처를 주어 인간 존엄의 박탈감을 가져오는 부분까지 포함되는 개념이라 정리할 수 있다.

2) 노인학대의 유형

노인학대의 유형은 정확히 법률적으로는 제시한다고 볼 수는 없지만, 노인인권과 가장 관련이 깊은 중앙노인보호전문기관(2021) 제시한 노인학대 유형으로 살펴보면, 신체적 학대, 정서적 학대, 언어적 학대, 성적 학대, 재정적 학대, 방임, 자기 방임, 유기이다. 그 구체적인 내용은 〈표 10-1〉과 같다.

〈표 10-1〉 한국의 노인학대의 유형

유형	정의
신체적 학대	물리적인 힘, 도구를 이용하여 노인에게 신체적 또는 정신적 손상, 고통, 장애 등을 유발하는 행위
정서적 학대	비난, 모욕, 위협 등의 언어 및 비언어적 행위를 통하여 노인에게 정서적으로 고통을 유발하는 행위
언어적 학대	의존적인 노인을 모욕하거나 어린아이와 같은 취급을 하거나 위협이나 협박 등을 하는 행위
성적 학대	성적 수치심 유발행위 및 성폭력(성희롱, 성추행, 강간) 등 노인의 의사에 반하여 강제로 행하는 모든 성적 행위
재정적 학대 (착취)	노인의 의사에 반하여 노인으로부터 재산 또는 권리를 빼앗는 행위로서 경제적 착취, 노인재산에 관한 법률 권리 위반, 경제적 권리와 관련된 의사결정에서의 통제 등을 하는 행위
방임	부양의무자로서의 책임이나 의무를 거부, 불이행 혹은 포기하여 노인에게 의식주 및 의료를 적절하게 제공하지 않는 행위
자기 방임	노인 스스로가 의식주 제공 및 의료 처치 등의 최소한의 자기보호 관련 행위를 의도적으로 포기 또는 비의도적으로 관리하지 않아 심신이 위험한 상황이나 사망에 이르게 하는 행위
유기	보호자 또는 부양의무자가 노인을 버리는 행위

출처 : 중앙노인보호전문기관(http://noinboho.or.kr). 「노인학대 유형」.

노인학대를 신체적·정서적·성적 학대로 구분하고, 방임과 유기를 포함시킨 것은 일반적인 학대의 개념을 벗어나지 않는다. 노인학대의 유형에서 특이한 점은 경제적 학대를 포함시킨 것과 방임을 방임과 자기방임으로 구분하였다. 경제적 학대는 노인의 의사에 반하여 노인으로부터 재산 또는 권리를 빼앗는 경제적 착취, 노인 재산에 관한 법률 권리 위반 등 경제적 권리와 관련된 의사결정에서 통제하는 행위를 말한다. 이것은 노인의 경제적 권리와 인권을 심각하게 훼손하거나 침해하는 행위이고, 가족 안에서 충분히 발생할 수 있는 일이다. 자기방임은 노인 스스로가 의식주 제공 및 의료 처치 등의 최소한의 자기보호 관련행위를 의도적으로 포기 또는 비의도적으로 관리하지 않아 심신이 위험한 상황이나 사망에 이르게 하는 행위이다(원석조, 2018).

2. 노인학대의 주요 이론

노인학대 사례를 설명하기에는 한 가지 이론만으로는 한계가 있다. 이러한 이론들은 노인학대의 예방과 치료를 위한 접근 방법에 다양한 시사점을 제공은 물론이고, 복합적인 노인학대에 관한 모든 현상에 통합적 이해를 돕는 역할을 할 수 있다. 대표적 노인학대 이론을 제시해 보면, 의존성이론, 교환이론, 상징적 상호작용이론, 사회학습이론, 가족 스트레스이론, 상황적 스트레스이론 등과 같이 여섯 가지로 제시할 수 있다. 이러한 이론들은 노인학대에 대한 접근 가능성을 위해 서로 상호보완적 역할이 될 수 있다. 각각의 이론을 구체적으로 살펴보면 다음과 같다.

1) 의존성이론

의존성이론은 노인의 의존 욕구로부터 야기된 부양자의 스트레스가 학대를 유발한다고 보는 이론이다. 노인의 신체적, 정서적, 재정적 의존욕구가 증가하는데도 불구하고 적절한 자원이 공급되지 않는다면 부양가족이 경험하는 스트레스는 부양자와 노인에게 학대를 초래할 수 있다는 것이다(조추용 외 , 2019).

즉, 의존성이론은 노인의 병리적 관점으로 강한 의존성이 나타나게 되면서 그로 인해 부양자나 가족의 돌봄에 대한 부담으로 스트레스가 나타날 수 있고, 그 스트레스의 연결선 상에서 노인학대가 일어날 수 있다고 보기 때문에 노인의 의존성과 노인학대는 관련이 깊다는 이론이다.

2) 교환이론

교환이론은 상호성이라고 하는 규범이 붕괴될 때 학대가 발생하는 것으로 본다. 부양자가 자신이 부당하게 행동함으로써 노인과 관계에서 잃을 것이 전혀 없다고 판단할 때 발생할 수 있다는 것이다(조추용 외, 2019). 교환이론은 사회에서 지속적으로 이뤄지기 위한 사회적 행동과 상호대인관계에 대한 균형을 말하며, 사회적 행동은 "적어도 두 사람 사이에서 일어나는 교환적인 활동"으로 사람들은 서로 간의 관계에서 자신에게 이익 혹은 보상이 계속적으로 교환되어져야 사회적 관계가 유지된다는 이론이다(오승주, 2017).

즉, 교환이론에서 노인학대는 노인을 돌보는 자가 노인돌봄에 소용되는 비용이 본인에게 득이 되지 않는다고 판단될 때 노인학대가 발생할 수 있다는 근거를 제시한다. 여기에서 비용은 물질적인 비용만을 뜻하는 것이 아니고, 돌봄을 제공하는 자의 신체적·심리적 보상 요인도 포함되는 개념으로 비용을 산정하는 것이다.

3) 상징적 상호작용이론

노인학대는 가족 간의 상호작용 결과라고 보는 이론이다. 노화에 따라 가족 안에서 역할기대와 역할수행 및 정체성에 변화가 생기는데, 이러한 변화에 서로 기대가 일치하지 않을 때 오해와 긴장이 발생하고 이 과정에서 노인학대가 발생하는 것으로 설명한다(원석조, 2018). 사회 심리학에서 상징적 상호작용 이론은 사람의 행동은 다른 사람과 겪었던 행위에 대한 반응 결과라고 보는 이론이다.

즉, 노인학대는 갑자기 혼자서 학대를 하거나, 모든 과정에서 학대가 나타나는 것이 아니라 어떤 사람들과 서로 부대끼고 겪게 되는 특정한 상호작용 후의 산물로 학대가 나타난다고 보는 이론이다. 이는 노인학대가 발생하는 상징적 상호작용의 특정한 시점과 일치성이 확인된다면 학대의 원인 파악과 함께 학대의 치료 방향 제시에 도움이 되는 이론임을 알 수 있다.

4) 사회학습이론

폭력이나 학대 행위는 하나의 학습된 현상으로서 폭력행위를 관찰·모방함으로 새로운 공격행동의 기술을 습득하고, 공격행위에 대해 양심의 가책이나 죄의식 없이 학대를 한다고 보는 이론이다(조추용 외, 2019).

즉, 학대가 학습에 의한 결과라고 보는 것이다. 노인학대가 반두라(Bandura)의 사회학습이론에 근거하여 학대라는 행동은 반복된 학습 결과로 아동기 때부터 폭력과 학대 상황에 노출된 여러 가지 행동을 모방하면서 성인이 된 후에 폭력이나 학대로 나타난다고 보는 이론이다.

5) 가족 스트레스이론

노인학대의 원인으로 작용할 수 있는 가족 상황은 동거부양 여부, 부양자의 특성 변인, 자녀와의 관계 변인 등이 있다. 부양자와 동거하는 경우에는 신체적 학대와 심리적 학대에 노출될 가능성이 상대적으로 높은 반면, 별거할 경우에는 방임이나 유기라는 학대 유형에 노출될 가능성이 높은 것으로 알려져 있다(권중돈, 2019).

즉, 가족 스트레스이론은 노인이라는 가족으로서 나타날 수 있는 스트레스로 인해 학대가 나타난다는 이론이다.

6) 상황적 스트레스이론

상황적 스트레스이론은 노인학대의 원인을 피해노인과 학대자가 처한 상황의 특성과 스트레스에 초점을 둔다. 노인의 의존성이 커지면 부양자의 스트레스도 커진다. 이러한 스트레스에 대한 대처가 부족하면 스트레스가 축적되어 노인학대로 이어진다. 빈곤과 같은 만성적인 스트레스가 있는 가족, 폭력 성향이 있는 가족, 스트레스 대처능력이 결여된 가족일 경우 부양 스트레스가 커질 가능성이 높다(원석조, 2018).

즉, 어떤 특별한 상황이 오면 부양자의 스트레스가 나타나고, 그 스트레스의 결과로 학대가 발생한다는 이론이다. 상황적 스트레스 이론은 앞서 설명한 상징적 상호작용이론에서 제시한 특정한 상황이라는 점에서는 유사할 수 있지만, 스트레스라는 요인의 특징이 있음을 알 수 있다.

3. 노인학대의 국내 실태[1)]

중앙노인보호전문기관(2021)의 「노인학대현황보고서」에 의하면, 한국의 노인학대 신고접수는 2020년에 16,973건이었고, 이 가운데 학대로 판정받은 건수가 6,259건으로 전체 신고 건수의 36.8%이었다. 〈표 10-2〉와 같이 연도별로 보면 지난 5년 동안 학대사례 건수가 증가하였지만, 노인학대의 특성상 노출되지 않은 숨겨진 부분을 감안한다면 이보다 훨씬 많은 노인이 학대를 받고 있을 것으로 판단된다.

학대사례를 성별로 보면 여성노인이 전체의 75.3% 남성노인이 24.7%로서 여성노인이 남성노인에 비해 훨씬 많은 것으로 나타났다. 학대피해 노인을 연령별로 보면 60대가 19.8%, 70대 43.5%, 80대 30,5%, 90대 이상이 6.2%이었다. 학대장소별로 보면 가정 내의 학대가 전체의 85.3%를 차지하고 있으며, 생활시설 10.8%, 이용시설 1.4%, 공공장소 0.6%, 병원 0.5%의 순으로 나타났다.

학대행위자별로 보면 아들이 34.2%로 가장 많으며, 배우자 31.7%, 기관 12.7%, 딸 8.8%, 타인 3.7%, 본인 3.3%, 손자녀 2.5%, 며느리 1.8%, 타인 1.1%, 친척 1.0%, 사위 0.4%의 순으로 나타났다. 이와 같이 학대행위자 중에서 친족이 80.4%로 거의 대부분을 차지하고 있는 것으로 나타났다. 한편, 노인학대 상담은 2020년에 150,846건으로 지난 5년간 지속적으로 증가하였다.

〈표 10-2〉 노인학대 신고접수 및 상담 현황

(단위: 건)

구분	2016년	2017년	2018년	2019년	2020년
전체신고접수	12,009	13,309	15,482	16,071	16,973
학대사례접수	4,280	4,622	5,188	5,243	6,259
가정 내 학대	3,799	4,129	4,616	4,450	5,505
노인학대상담	82,468	88,919	102,172	110,226	150,846

출처 : 중앙노인보호전문기관(2021). 「노인학대 현황보고서」.

1) 한국의 노인학대 실태를 확인하기 위해 노인학대에 관한 접수, 판정, 조치 등을 전문적으로 시행하는 노인보호전문기관(2020)의 「노인학대 현황보고서」 자료를 중심으로 제시하였다.

노인학대의 유형을 보면 2020년의 경우 정서적 학대가 전체의 42.7%로 가장 많은 비율을 차지하고 있으며, 신체적 학대 40.0%, 방임 7.8%, 경제적 학대 4.4%, 성적 학대 2.4%, 자기 방임 2.3%, 유기 0.5%의 순으로 나타났다(〈표 10-3〉).

〈표 10-3〉 노인학대의 유형

(단위: %)

구분	2016년	2017년	2018년	2019년	2020년
신체적 학대	31.3	36.4	37.3	38.1	40.0
정서적 학대	40.1	42.0	42.9	42.1	42.7
성적 학대	1.3	2.1	2.8	2.6	2.4
경제적 학대	7.2	5.6	4.7	5.2	4.4
방임	11.4	8.9	8.8	9.0	7.8
자기방임	7.7	4.0	2.9	2.4	2.3
유기	1.0	1.0	0.7	0.5	0.5

출처 : 중앙노인보호전문기관(2021). 「노인학대 현황보고서」.

4. 노인학대의 발생 요인

한국의 노인학대는 가족주의나 전통윤리사상과 관습 등으로 인해 노출이 잘 안 되기 때문에 그 심각성에 비해 노인학대에 대한 사회적 인식이 저조할 가능성이 크다. 노인학대의 발생요인을 개인적 요인, 가족요인, 사회 문화적 요인, 제도적인 요인 등으로 구분하여 구체적으로 제시하면 다음과 같다(오봉욱 외, 2019).

1) 개인적 요인

(1) 연령 및 성별

연령과 성별은 학대의 발생과 무관하지 않다는 것이 일반적인 견해이다. 그리고 전형적인 노인학대의 희생자는 장애를 가진 75세 이상의 여성인데 이는 여성의 평균수명이 남성보다 길어 배우자와 사별 후 혼자 사는 경우가 많고, 노인여성이 학대행동에 덜 저항하는 경향이 있다.

(2) 신체적 · 정신적 건강상태와 의존성

노인의 건강이 나쁘거나 일상생활에서의 의존성이 높을수록 노인학대의 가능성이 더 높은 경향이 있다. 많은 연구에서 신체, 질병, 일상생활 동작능력의 제한, 치매 등의 인지기능장애로 인하여 노인의 의존성이 높아지고, 간호에 대한 부담이 증가하면 학대에 노출될 가능성이 높다고 지적한다. 이러한 노인의 의존성 증가는 독립적으로 노인학대를 유발하는 요인이 되기도 하지만, 대개 부양자의 스트레스나 과중한 부양부담을 촉발하는 요인으로 작용하여 노인학대로 이어지는 경우가 많다.

(3) 경제적 상태

노인들은 심신의 기능이 쇠퇴하게 되면 노동능력이 감퇴되어 사회의 일선에서 물러나게 되고, 이로 인해 소득 및 지위상실에 따른 고통을 겪게 된다. 그동안 자녀부양 등으로 노후 대비에 미흡하여 경제적인 어려움이 노인의 지위를 격하시키고 있다(임정문 외, 2016). 노인의 경제수준에 따라서는 경제적으로 여유가 없는 노인이 경제적 여유가 있는 노인보다 학대를 받는 비율이 상대적으로 높은 것으로 나타난다(권중돈, 2019).

(4) 성격

학대받는 노인의 성격은 고집이 세고, 말다툼을 좋아하고, 통제하기 어렵거나 노화로 인한 사리 판단이 부족하고, 공격적이고, 폭력적인 경우가 더 학대받는 경향이 있다. 또한, 가족과 잘 어울리지 못하는 노인이 더 학대받는 경향이 있다.

2) 가족요인

(1) 스트레스

일반적으로 노인학대는 부양부담으로 인해 발생하는 스트레스와 밀접한 관계가 있다. 즉, 노인이 일방적으로 지나치게 신체적·정서적·물질적으로 부양자에게 의존하거나, 정신적·신체적으로 문제가 있는 노인이 부양자에게 공격적인 폭언, 무절제한 행동, 폭행을 행하기 때문에 그로 인해 발생되는 스트레스 때문에 부양자가 노인을 학대하게 된다. 그러나 부양부담으로 인한 스트레스를 받는 부양자 모두가 학대 행위를 하는 것은 아니기 때문에 부양자 개인의 특성 또한, 무시할 수 없는 요인이 된다(모선희, 2018).

(2) 부양자와 피부양자의 주거상태

부양자와 피부양자의 주거상태에 따라 학대 사례를 설명할 수 있다. 그런데, 주거상태에 따라 노인학대를 설명하는 사례는 서로 반대인 상황으로 나타날 수 있다. 어떤 사례에서는 부양자와 피부양자가 같은 곳에서 거주하거나 생활할 경우 학대 발생이 높음을 보고하고 있다. 이는 부양자에 의한 피부양자의 돌봄 유지와 부양자의 일반적인 생활을 같이하면서 부양자의 개인생활과 일반적인 사회활동 유지가 어려울 경우 그에 따른 스트레스로 학대가 발생할 가능성이 있음을 시사하고 있다. 반대 사례의 경우는 부양자와 피부양자가 같은 공간에 거주하는 것이 아닌 다른 공간에 거주하거나 혼자서 생활할 경우 학대 발생이 높음을 보고하고 있다. 이는 혼자 사는 피부양자는 다른 사람과 사회활동이 적어 고립될 가능성이 높고, 학대가 일어나더라도 그 학대를 확인할 방법이 부족할 수 있기 때문에 혼자 사는 노인에게 학대가 발생할 가능성이 더 높다는 것이다.

(3) 부양자의 개인적 특성

노인 부양자는 노인 부양과정에서 스트레스가 발생할 수 있으나, 그 스트레스로 인해 모든 부양자가 노인학대에 가담하진 않을 것이다. 대부분의 학대 사례에서 부양자의 알콜 중독, 마약 중독, 경제적 궁핍, 자존감 결여 등의 정상적인 사회활동의 결여 요인들이 있을 경우 노인학대에 가담할 가능성이 크다는 점이 보고되고 있다. 하지만, 사회활동 결여 요인이 있는 모든 사람이 학대에 가담하지 않는다. 아주 정상적이면서 모범적인 사회활동을 유지하면서도 학대에 가담하는 경우도 발생하고 있어 사람마다 개인적 특성이 다를 수 있음을 시사하고 있다.

(4) 부양자의 학대 경험

부양자의 학대 경험을 사회학습이론에 적용할 수 있다. 아동기 때 부모로부터 학대를 당했거나, 성장과정 중 다른 사회화 과정에서 학대를 경험했을 경우 힘없는 노인을 학대할 가능성이 있다는 것이다. 즉, 학대 피해자인 부양자가 그 학대 행위가 학습되어 학대 가해자가 될 수 있음을 설명하고 있다.

3) 사회문화적인 요인

사회의 노인차별, 가치관의 변화, 사회보장 및 노인복지서비스의 결여 등과 같은 요인들에 의해서도 노인학대가 일어나게 된다. 노인의 사회적 지위가 낮기 때문에 학대받기는 더욱 쉽다. 사회가 더 이상 노인을 대접하지 않고, 인정하지 않으며, 아무런 기대도 하지 않기 때문에 자연스럽게 노인을 사회적으로 고립시키는 것이다. 사회문화적으로 노인을 사회의 많은 활동으로부터 이탈시키는 차별주의가 노인을 학대로 밀어 넣는 것이다(김한식 외, 2019).

4) 제도적인 요인

우리나라의 사회정책은 노인문제가 개인 혹은 가족의 문제로 간주되는 경향이 있다. 정부의 노인정책 원칙은 '선 가정보호 후 사회보장'인데 이는 노인문제를 가족에게 책임을 전가시킬 가능성이 크다.

5. 노인학대 개선방안

노인인구가 늘어나면서 그에 따른 사회문제도 확대되고 있는 가운데 노인학대 문제도 노인복지에서 빼놓을 수 없는 중요한 문제 가운데 하나이다. 노인학대를 줄이기 위한 다양한 개선방안을 다섯 가지로 요약하면 다음과 같다.

첫째, 학대피해노인의 즉시 도움 시스템 강화가 필요하다. 가장 우선적으로 학대피해노인의 안전한 보호가 우선일 것이다. 현재 한국은 학대피해노인을 돕는 역할을 전문적으로 담당하는 노인보호전문기관이 있고, 학대피해노인쉼터를 이용해 피해노인을 보호하고 있다. 노인보호전문기관 한곳이 넓은 광역도시 전체를 감당하기에는 학대피해노인에게 즉시 도움을 주는 데는 한계가 있을 수 있다. 따라서 노인보호전문기관 설치를 확대하고, 학대피해노인쉼터에서 심리적 안정과 의학적 치료 기능 강화를 통해 피해노인의 즉시 돌봄 시스템을 더 강화할 필요가 있다.

둘째, 노인학대 예방 프로그램을 강화해야 한다. 노인학대를 예방한다는 것은 노인학대의 가장 효과적인 치료 방법이라 할 수 있다. 노인복지시설, 노인가정, 노인출입장소 등 노인이 있는 모든 곳에 노인학대 예방프로그램이 펼쳐져야 한다. 홍보영상, 홍보포스터, 캠페인 등도 이어져야 한다.

셋째, 노인학대 범주와 처벌 범위를 넓힐 필요가 있다. 노인학대 관련 행위의 범주를 넓혀 가벼운 벌금이나 경고 등의 처벌 범위 확대도 필요할 수 있다. 이는 노인학대 관련 행위의 범주를 넓힘으로써 노인학대 행위가 범법행위임을 더욱 널리 알리는 효과가 있을 수 있고, 이 또한 사전 예방효과로 기대할 수 있다. 다만, 노인학대 가해자가 대부분 가족이나 노인과 친분이 있는 사람이기 때문에 학대에 의한 처벌이 노인돌봄의 계속성을 유지할 수 있는 여지를 갖는 범위 내에서 처벌이 이루어져야 하는 민감성이 요구될 수 있다.

넷째, 노인 부양의무자와 노인 본인을 대상으로 한 학대예방교육이 필요하다. 피해노인의 경우 대부분 가족이 가해자일 가능성이 높다는 사례를 소개한 바 있다. 가족에 의해 부양되면서 그 가족에 의해 학대를 당하는 것이기 때문에 노인가정의 경우 노인학대 예방 교육을 가정에서 이수할 수 있는 장치를 두고, 노인 본인도 학대의 개념을 이해시킬 필요가 있다. 이 또한, 예방효과가 클 수 있다.

다섯째, 노인학대 신고체계 강화와 민·관 협력 시스템이 필요하다. 노인학대를 사회적으로 중요하게 이슈화하고, 노인학대 신고체계에 대한 접근성을 강화하여 노인학대 신고를 쉽게 할 수 있어야 한다. 또한, 노인학대가 어느 한 곳의 단편적 문제가 아니기 때문에 노인학대를 해결하는 데 있어 민간과 공공의 협력을 위한 행정구역 상 읍·면·동별로 노인학대예방위원회 같은 조직을 두어 민·관 협력 시스템을 마련할 필요가 있다.

〈연습 문제〉

1. 노인에게 비난, 모욕, 위협 등의 언어 및 비언어적 행위를 통해 정서적으로 고통을 유발하는 행위에 해당하는 학대 유형은?(　)

① 재정적 학대　② 정서적 학대　③ 언어적 학대
④ 말로 학대　⑤ 방임

2. 사람의 행동은 다른 사람과 겪었던 행위에 대한 반응의 결과로 보고, 노인학대가 발생하는 특정한 시점과 행위에 대한 일치성이 확인된다면 학대의 원인 파악과 함께 치료방향 제시에도 도움이 가능하다는 이론은 무엇인가?(　)

① 의존성 이론　② 교환이론　③ 상징적 상호작용이론
④ 사회학습이론　⑤ 상황적 스트레스 이론

3. 통계적으로 가장 많은 노인학대 행위자는 누구로 나타났는가?(　)

① 며느리　② 아들　③ 배우자
④ 노인시설 종사자　⑤ 딸

〈정답 및 해설〉

1. 정답 : ④

해설 : 정서적 학대는 노인에게 비난, 모욕, 위협 등의 언어 및 비언어적 행위를 통해 정서적으로 고통을 유발하는 행위이다. 언어적 학대는 언어적인 행위를 통해 노인을 모욕하거나. 어린아이와 같은 취급을 하거나, 위협이나 협박 등을 하는 행위이다.

2. 정답 : ③

해설 : 사람의 행동은 다른 사람과 겪었던 행위에 대한 반응의 결과로 보고, 노인학대가 발생하는 특정한 시점과 행위에 대한 일치성이 확인된다면 학대의 원인 파악과 함께 치료방향 제시에도 도움이 가능하다는 이론은 상징적 상호작용 이론이다.

3. 정답 : ②

해설 : 2021년 통계를 볼 때 노인학대 행위자는 아들이 34.2%로 가장 많으며, 배우자 31.7%, 기관 12.7%, 딸 8.8%, 타인 3.7%, 본인 3.3%, 손자녀 2.5%, 며느리 1.8%, 타인 1.1%, 친척 1.0%, 사위 0.4%의 순으로 나타났다. 이와 같이 학대행위자 중에서 친족이 80.4%로 거의 대부분을 차지하고 있는 것으로 나타났다.

〈해결 문제〉

의존성이론과 가족스트레스이론에 의하면 노인학대가 발생하는 원인 중에서노인이 자식에게 경제적으로 의존하여 이로 인한 부양 스트레스로 인해 학대하는 경우가 있다. 또한, 사회학습이론처럼 그 노인이 젊었을 때 아내, 아들, 딸 등 가족들을 학대한 경험도 있다. 이러한 문제가 있는 가정을 위한 학대치료 방법은 어떤 것들이 있을까?

〈찬반 토론〉

한 노인이 가족들에게 신체적 학대와 정서적 학대를 당하던 중 노인보호전문기관을 통해서 학대 사실을 전문상담원에게 알리게 되었다. 노인보호전문기관의 전문상담원은 노인에게 먼저 가족들과 격리된 후에 상담 치료를 받을 것을 제안했지만, 피해자는 가족과 격리되는 것을 거부하였고, 가족들이 피해받지 않기를 원하고도 있다. 이때 노인의 요구를 들어주는 것이 바람직한가? 아니면 노인의 보호를 위해 가족과 격리하는 것이 바람직한가? 찬반 토론을 해보자.

제11장

노인여가

1. 노인여가의 개념과 의의

1) 노인여가활동의 개념과 의의

(1) 노인여가활동의 정의

여가의 개념은 크게 세 가지로 구분할 수 있다. 첫째, 시간을 중심으로 한 정의로 여가는 하루 24시간 중에서 노동시간과 수면, 식사 등 신체적·생리적 기본 욕구충족 시간을 제외한 나머지 시간을 의미한다. 둘째, 활동의 질을 중심으로 한 개념으로 여가는 주관적 판단에서 자유롭고 평화로움을 느끼는 활동을 의미한다. 셋째, 첫 번째와 두 번째 정의를 통합한 정의로 휴식, 기분전환, 사회적 성취 및 개인적 발전을 위해 사용하는 활동의 시간을 의미한다(최해경 2020).

즉, 노인여가활동이란 노인이 자신의 시간을 자유롭게 보내는 과정을 일컫는 것으로 생리적 욕구를 충족하기 위한 목적보다는 노인의 삶의 질을 높이고 노인만의 행복을 추구하는 즐거운 활동을 의미한다고 정의 내릴 수 있다.

(2) 노인여가활동의 의의

노인여가활동은 노인이 평등하고 당당하게 가치 있는 삶을 살아갈 수 있게 하며, 개인적인 성장과 발달을 추구할 수 있게 한다. 노인에게 단순히 취미와 오락만을 제공하는 것이 아니라 경제적으로는 소득을 보충할 수 있는 기회를, 보건·의료적 만성질환에 시달리는 노인에게는 건강을, 사회·심리적으로 고독감과 무력감을 느끼는 노인들에게는 생에 대한 애착과 삶에 대한 자신감을, 그리고 정신적으로 긴장감을 해소하고 적절한 정신적 자극을 주게 되어 정신건강에 많은 도움을 줄 수 있다(이근홍, 2021).

즉, 노인여가활동은 국가와 사회의 구성원인 노인에게 필요한 적절한 여가를 제공하고, 노년기의 풍부한 시간을 활용하여 휴식과 건강을 챙겨 사회적 성취 및 개인의 발전을 위한 제반 활동을 제공한다는 의의가 있다. 또한, 노인으로 하여금 삶에 의미와 성취감을 느끼게 하여 삶과 적절한 조화를 이루며 자아존중과 자아실현을 실천할 수 있는 기회를 제공하기 때문에 여가는 노인 개인의 다양한 욕구를 충족시키고 결과적으로 지역사회 생활을 발전시켜 노인의 자립성을 확대한다는 의의도 찾을 수 있다.

2) 노인에게 있어 여가의 의미

노인여가시간은 평균수명의 연장과 더불어 점차 증가하고 있다. 여가는 인간관계의 긴장상태에서 해방되어 휴식을 취하고 자기 생활의 균형을 회복하는 차원에서 노인들에게 아주 중요하다. 노인들은 젊은 날 일과 시간 등의 여러 가지 이유로 경험하지 못했던 자신만의 문화성과 창조성을 찾아 새로운 생활의 도전으로 노년기의 생활을 의미 있게 보내기 위하여 노인들에게 여가활동은 필요하다. 이와 같은 여가가 노인에게 있어 어떤 의미가 있는지 정리하여 제시하면 다음과 같다(권중돈, 2019).

첫째, 노인여가는 삶의 질과 관련이 깊다. 노인여가는 생산적 활동에 왕성하게 참여하고 있는 젊은 세대와는 그 의미가 다르다. 노인 세대가 삶이 무료해질 수 있고 때로는 정신적 스트레스이며 정서적 불안감을 유발할 수 있으므로 여가를 어떻게 활용하는가에 따라 노인의 삶의 질을 새롭게 할 수 있는 중요한 요소가 될 수 있다.

둘째, 노인여가는 선택이 아니라 필수다. 자녀들의 독립, 퇴직, 평균수명의 연장 등으로 인하여 노년기에는 사회적 역할과 책임에서 벗어나 자유롭게 활용할 수 있는 시간들이 점점 증가하고 있다. 따라서 노년기의 여가시간은 자발적 선택이라기보다는 저절로 부여된 불가피성 여가를 보내는 경우가 많다.

셋째, 노년기 삶의 만족도에 영향이 크다. 여가활용에 있어서 여가시간을 효과적으로 이용하는 것은 노년기의 적응과 삶의 만족도를 결정하는 매우 중요한 요인이지만 특별히 하는 일 없이 무료하게 시간을 보내게 되면 노인들은 고독, 소외, 만성적 무료함, 더 나아가 인생에 대한 불행감을 느낄 가능성도 배제할 수 없으므로 노년기의 여가활동은 중요한 의미가 있다.

3) 노인여가의 특징

노인여가의 특징을 신체적·인지적·사회적으로 분류하여 제시하면 다음과 같다(권기창·권승숙, 2020).

(1) 신체적 특성

여가활동의 참여는 노년의 신체적 건강을 증진하는 데 기여한다. 능동적인 여가활동은 노인들의 통상 적인 운동 부족을 극복시켜주어 결과적으로 건강을 증진하여 신체적 측면의 성공적인 노화에 기여한다. 실제로 노인여가활동은 많은 신체활동을 요구하기 때문에 노인의 신체건강을 향상할 수 있는 계기가 된다.

(2) 인지적 특성

노인의 여가활동 참여는 인지적 측면에서 안정감과 자아정체성 확립에 도움을 준다. 노인의 여가활동 참여는 노인들의 사회적 역할 상실에 따른 고독감을 해소하고, 자기 존중과 자아정체성을 유지하며, 삶의 만족 등에 기여하는 중요한 역할을 한다. 노년기의 여가활동이 고독이나 소외감을 극복할 수 있는 방안이 될 수 있으며 노년의 여가활동 요인들이 노인의 생활 만족도 및 심리적 안녕감과 연결되어 결과적으로 노인의 삶의 질 향상에 도움이 된다.

(3) 사회적 특성

노인의 경우 이웃이나 가족, 친구 및 동료들과의 사회적 역할이나 기능이 축소되어 인간관계의 단절을 경험할 수 있는데, 여가활동을 통해 이런 문제를 보완하고 대체할 수 있다. 여가활동은 사회적 관계망 뿐만 아니라 사회적 지지에도 영향을 미친다. 자신이 어려울 때 도와줄 수 있다는 타인들이 있다는 신념이 형성되면서 사회적 측면의 관계가 심리적·정서적 측면에도 긍정적 영향을 준다.

4) 노년기 여가활동의 중요성

문화체육관광부(2019)의 「국민여가활동조사 보고서」에 따르면 60세 이상 응답자들은 개인의 즐거움과 마음의 안정과 휴식을 여가활동의 주된 목적으로 하고 있고, 다른 연령층에 비해 건강을 위해 시간을 보내기 위해 여가활동을 한다는 응답이 주류로 나타났다. 또한, 연령별 여가시간이 가장 긴 연령대가 60대 이상으로 나타났다. 따라서 노인여가활동은 개인적으로 늘어난 시간을 건전하게 보내기 위한 방편으로 작용함으로써 다른 세대에 비해 더 큰 중요성이 있다. 노인여가활동은 사회적 접촉면을 확대시켜 사회적 고립을 막을 수 있을 뿐만 아니라 신체적, 정신적 건강이 증진됨으로써 의료비 부담을 낮춰 사회적 비용이 감소될 수 있다는 점에서 매우 큰 중요성을 갖는다. 그뿐만 아니라 노년층의 여가활동은 삶의 의미를 부여하고 사회적 역할을 지속적으로 수행할 수 있게 함으로써 삶의 만족도를 높인다는 점에서 노인여가활동을 중요한 영역으로 고려할 필요가 있다(김수영, 2021 재인용).

따라서 노인여가활동은 노인의 신체적, 사회적, 정신적 건강을 향상하는데 기여가 커 노인여가를 통해 노인 의료문제를 예방하는 효과가 있고, 전체적인 사회정책 비용을 절약할 수 있다. 또한, 노인여가활동을 통해 노인의 다양한 자기결정 기회를 가짐으로써 노인의 자율적인 삶을 영위할 수 있는 자아실현 기회를 제공할 수도 있어 노인여가활동의 중요성을 찾을 수 있다.

2. 노인여가활동 유형

노인여가활동 유형은 여가 목적에 따른 유형, 성격과 관습에 따른 유형, 여가활동 참여에 따른 유형으로 구분할 수 있다(〈표 11-1〉). 좀 더 구체적인 내용은 다음과 같다(조추용 외, 2019 재인용).

1) 여가 목적에 따른 유형

노인여가활동의 유형을 여가 목적에 따라 한거(閑居)형[1], 자기완성형, 사교오락형, 사회참여형, 폐쇄형의 여섯 가지로 분류하여 크게 적극적인 활동과 소극적인 활동으로 구분할 수 있다(김성순, 1991).

2) 성격과 관습에 따른 유형

노인여가활동 유형을 노인의 성격과 관습에 따라 단독충실형, 우인교류형, 독서형, 가족충실형, 사회참여형으로 구분할 수 있다. 이 분류에서 단독충실형이나 독서형, 가족충실형은 내향적인 성격을 가지고 있으며, 우인교류형이나 사회참여형 등은 외향적인 성격을 지닌 사람이 많다고 볼 수 있다.

3) 여가활동 참여에 따른 유형

고든(Gordon)은 노인여가활동 참여에 따라 긴장해소형, 기분전환형, 발전추구형, 창조적 활동형, 쾌락추구형으로 구분하여 다섯 가지로 제시하였다. 고든에 의하면 대부분의 여가활동은 연령이 증가함에 따라 참여 빈도가 감소하지만, 긴장해소형 활동은 연령이 증가함에 따라 참여 빈도가 점차 증가하는 경향이 있고, 연령이 증가할수록 움직이는 활동보다 덜 움직이는 활동을 선호하며, 가정 밖에서의 활동보다 가정 안에서의 활동으로 변화한다고 보고하였다.

1) 한거(閑居)란, 한가하게 집에 있다는 뜻이다.

〈표 11-1〉 노인여가활동의 유형

분류	명칭	특징
1. 여가 목적에 따른 유형	한거형	독서, 그림, 음악 등의 여가활동을 즐기며 심신의 안녕을 추구
	자기완성형	각종 교양강좌의 수강, 토론회 참여 등으로 인격의 완성을 위하여 노력
	근로형	가정 내 소일, 시간제 일을 통하여 소액의 경제적 이득과 여가를 동시에 추구
	사교오락형	골프와 같은 스포츠, 낚시 또는 여행과 같은 취미활동을 통하여 사교 오락을 즐김
	사회참여형	각종 사회나 지역사회 활동에 적극적으로 참여하여 자아를 개발
	폐쇄형	가정 내에 머물며 여가활동을 영위하는 형으로 하루 종일 소일하거나 공원에서 혼자만의 시간을 가짐으로 여가활동을 대치
2. 성격과 관습에 따른 유형	단독충실형	노인이 미술이나 음악감상, 서예, 다도, 사진촬영, 우표 및 동전 수집 등으로 시간을 보내는 것을 좋아함
	우인교류형	친구들과 어울리는 일에 많은 시간을 보내는 것으로 친구들과 어울려 회식을 하거나 대화 나누기를 좋아하며 우애방문이나 관혼상제 등의 행사에도 적극 참여함
	독서형	독서를 하거나 문집 등을 정리하고 신문이나 잡지의 기사 중에서 관심 있는 내용을 모아서 스크랩하고 새로운 문헌을 수집하는 일 등으로 시간을 보냄
	가족충실형	정원손질, 집 꾸미기, 살림용구들을 수시로 바꾸는 데 시간을 보냄
	사회참여형	지역사회를 위한 봉사활동을 하고 동창회, 향우회, 친목회, 정치단체 등에 적극 참여하며 시간을 보냄
3. 여가활동 참여 따른 유형	긴장해소형	혼자서 조용한 휴식과 수면을 취하는 유형
	기분전환형	사교, 손님접대, 경기관람, 게임과 놀이, 대화, 취미활동, 독서, TV시청, 또는 라디오 청취
	발전추구형	체조 및 개인운동, 학습활동 및 수준 있는 독서, 미술이나 음악 등 심리적 활동참여, 클럽이나 조직에 참여, 관광 및 여행
	창조적 활동형	예술, 문학, 음악 등 창작적 활동, 양육활동, 수준 높은 토의, 미술 교습, 악기 배우기
	쾌락추구형	성행위, 충동적 약물사용, 무아경지의 종교체험, 육체적인 공격적 행동, 경쟁적 게임 및 운동경기, 격정적 춤

출처 : 조추용 외(2019). 「노인복지론」.

3. 노인여가활동과 여가복지시설 현황

1) 노인여가활동 경향

문화체육관광부(2020)가 발표한 「2020 국민여가활동조사」 자료에 의하면, 우리나라 노인들이 평일에 주로 참여하는 여가활동에 대한 자세한 내용이 보고되었다(〈표 11-2〉). 노인들이 주로 참여하는 여가활동은 TV시청이 60대(61.0%)와 70세 이상(65.6%)으로 가장 많았다. 그 다음으로 잡담/통화/문자가 60대(47.8.%), 70세 이상(37.4%) 순으로 나타났다. 60대와 70세 이상 노인들의 여가활동 유형은 대체적으로 비슷한 양상을 보이고 있고, 인터넷 검색이나 1인 미디어 제작, SNS와 같은 인터넷을 기반으로 하는 여가활동은 비교적 매우 적은 활동 경향으로 나타났다.

〈표 11-2〉 여가활동(70세 이상)

(단위 : %)

유형 / 연령	TV 시청	잡담/통화/문자	스포츠 경기 간접 관람	관광 활동	친구 만남/이성 교제/미팅/소개팅	인터넷 검색/1인 미디어 제작/SNS	산책 및 걷기	자동차 드라이브	모바일 컨텐츠, 동영상, VOD 시청	쇼핑/외식
60대	61.0	47.8	38.2	16.3	26.0	18.2	26.1	11.5	3.3	21.1
70세 이상	65.6	37.4	26.7	5.1	32.3	3.2	26.9	4.9	0.8	24.7

출처 : 문화체육관광부(2020). 「2020 국민여가활동조사」.

한편, 노인여가활동의 동반자 조사에서는 혼자서 여가활동을 하는 사람이 60대(54.9%)와 70세 이상(59.6%)이 가장 많았다. 그 다음으로 가족과 함께 하는 사람이 60대, 70세 이상 각각 35.4%, 31.6%로 나타났다. 이와 같은 내용을 정리해 보면, 노인여가활동은 혼자서 하는 경우가 가장 많았고, 가족을 중심으로 친근한 사람들과 여가활동을 주로 한다는 것을 알 수 있다. 자세한 내용은 〈표 11-3〉과 같다.

〈표 11-3〉 여가활동 동반자 1순위 (60세 이상)

(단위 : %)

유형 / 연령	혼자서	가족과 함께	친구와 함께	동호회 회원과 함께	직장동료와 함께	기타
60대	54.9	35.4	6.8	2.3	0.5	0.0
70세 이상	59.6	31.6	7.4	0.7	0.1	0.6

출처 : 문화체육관광부(2020). 「2020 국민여가활동조사」.

2) 노인여가복지시설

(1) 노인여가복지시설의 유형[2)]

① 노인복지관

노인의 교양·취미생활 및 사회참여활동 등에 대한 각종 정보와 서비스를 제공하고, 건강증진 및 질병예방과 소득보장·재가복지, 그 밖에 노인의 복지증진에 필요한 서비스를 제공함을 목적으로 하는 시설이다(고수현, 윤선오, 2021). 이곳에서 기본적으로 시행되는 사업으로는 평생교육지원 사업, 취미여가지원 사업, 건강생활지원 사업, 상담 및 정보제공 사업, 사회참여지원 사업, 위기 및 독거노인 지원 사업, 정서 및 사회생활지원 사업, 지역자원 개발 및 연계사업, 노인권익증진사업 등이 있다.

② 노인교실

노인들에 대하여 사회활동 참여 욕구를 충족시키기 위하여 건전한 취미생활·노인건강유지·소득보장 기타 일상생활과 관련한 학습프로그램 제공을 목적으로 하는 시설이다. 노인교실은 노인교육 프로그램이라기보다는 노인여가 형태의 평생교육 프로그램으로 보아도 무방하다.

2) 노인여가복지시설의 유형과 노인여가복지시설의 설치는 「2021 노인보건복지사업안내」 자료를 중심으로 정리하였다.

③ 경로당

지역노인들이 자율적으로 친목 도모·취미활동·공동작업장 운영 및 각종 정보교환과 기타 여가활동을 할 수 있도록 하는 장소 제공을 목적으로 하는 시설이다. 초기 경로당 기능은 노인들의 단순 친목 도모와 모임의 장소였으나, 노인들의 욕구가 다양해지고 경제적 수준이 높아짐에 따라 취미활동 및 건강 증진, 유지 등에 대한 관심이 증대되면서 지역사회의 여가복지 거점으로 자리매김 되고 있다. 지방자치단체 직영 노인복지관 시설인 경우에도 노인복지법에 따른 시설 및 직원배치기준 등 조건에 맞게 운영한다.

가. 경로당의 공공적 역할 강화

경로당은 지역 노인복지증진을 위해 역할이 강화되었다. 우선 독거노인의 생활교육 장소로 활용이 되어 프로그램 등 교육을 실시한다. 다른 기능은 공동생활 장소로 활용되어 독거노인 상호 간 안전 확인 및 정서적 외로움을 해소하는 것을 기대할 수 있다. 그리고 학대 관련 정보를 안내하며 학대 발견 시 지역노인보호전문기관에 신고한다.

나. 경로당 프로그램

경로당 프로그램은 이용 노인의 만족도를 구성하는 여가만족감 및 복지충족감을 높여주는 주요 기능을 수행한다. 즉, 경로당 이용 노인에게 제공되는 각종 프로그램의 질과 다양성에 따라 이용자의 만족도가 크게 좌우되며, 경로당 활성화의 기본 요인으로 작용한다. 현 프로그램의 현황은 〈표 11-4〉와 같다.

〈표 11-4〉 경로당 활성화 프로그램 분야

분류	내용
건강운동	노인들의 신체적 · 정신적 건강유지 및 증진을 위한 건강운동 프로그램 지원
건강관리	노인들의 신체적 · 정신적 건강유지 및 증진을 위한 건강검진, 한방치료 등
교육 · 상담	노후생활, 정보통신등 다양한 교육을 실시함으로써 노인들의 건전하고 건강한 노후생활 영위를 위한 교육프로그램 제공
여가활동	노래교실 등 각종 레크리에이션 활동 등을 통해 노년의 건전한 여가취미생활을 유지할 수 있는 프로그램 제공
권익증진	노인 권익증진을 위한 성교육, 학대예방교육 등
사회참여	지역사회 청소 및 재활용품 수집, 청소년 안전지킴이 등의 봉사활동 수행
공동작업장	노인들이 지역 특성에 맞는 일거리를 확보하여 공동으로 생산활동에 참여
기타	지역 특성에 알맞은 각종 활동

출처 : 보건복지부(2021). 「노인보건복지 사업안내」.

(2) 노인여가복지시설의 설치

국가 또는 지방자치단체는 노인여가복지시설을 설치할 수 있다. 설치하고자 할 경우에는 시장·군수·구청장에게 신고하여야 한다. 시장·군수·구청장은 신고를 받은 경우 그 내용을 검토하여 이 법에 적합하면 신고를 수리하여야 한다. 또한, 노인여가복지시설의 시설, 인력 및 운영에 관한 기준과 설치신고 등에 관하여 필요한 사항은 보건복지부령으로 정한다.

(3) 노인여가복지시설 현황

노인여가복지시설은 비교적 거동이 수월하고 건강 수준이 양호한 노인이 이용하는 시설로 각종 여가와 취미활동, 건강증진 프로그램 등이 운영되고 있다. 2020년 현재 노인복지관 398개, 경로당 67,316개, 노인교실 1,291개 기관이 운영되고 있다. 노인여가복지시설 현황은 〈표 11-5〉와 같다.

〈표 11-5〉 노인여가복지시설 현황

(단위: 개소)

구분	2017	2018	2019	2020	2021
노인복지관	364	385	391	398	357
경로당	65,604	66,286	66,737	67,316	67,211
노인교실	1,356	1,342	1,285	1,291	1,255
계	67,324	68,013	68,431	69,005	68,823

출처 : 통계청(2021). 「연도별 노인복지시설 현황」

4. 노인여가활동 개선방안

노인여가활동을 활성화하기 위한 개선방안은 다음과 같이 네 가지로 요약하여 제시해 보겠다.

첫째, 노인여가활동의 인식 개선이 필요하다. 그동안 노인여가활동은 단순한 휴식이나 즐길 거리 정도로 인식되어 우리 사회에서 많은 관심을 갖지 못한 경향이 있었다. 이는 노인여가가 노인복지 영역의 주 사업보다는 부수적인 사업으로 인식하는 결과로 이어져 노인여가가 우선순위에서 밀리는 결과로 나타났을 것으로 짐작된다. 따라서 노인여가가 노인의 건강, 삶의 질 향상, 자율성 강화 등을 위해 얼마나 중요한 요인인가를 널리 알리는 노인여가에 대한 인식 개선이 요구된다.

둘째, 노인여가복지시설 확충이 필요하다. 노인여가시설은 노인복지관, 경로당, 노인교실이 있다. 노인여가시설 가운데 가장 대표적인 시설인 노인복지관의 경우 노인여가와 관련된 프로그램 진행이 주 사업이면서 저소득층을 대상으로 다양한 복지 서비스 제공도 병행해야 하므로 노인여가에만 주력하는 데 한계가 있을 수 있다. 따라서 대규모의 노인여가복지시설을 확충하는 것보다 기존에 활발히 운영되는 노인복지관과 경로당을 활성화하는 전략이 필요해 보인다. 또한, 노인여가시설에 민간시설도 참여할 수 있는 여건을 만들어 공공부문에서 제공하기에 한계가 있었던 노인여가 영역을 민간영역에서 보완할 수 있는 방안도 필요해 보인다.

셋째, 다양한 노인여가활동 프로그램 개발이 필요하다. 노인여가시설 확충과 함께 꼭 필요한 것이 노인여가활동 프로그램 개발이다. 그동안 많은 노인복지시설에서 노인여가 관련 프로그램을 실시하였으나, 지역적 특성, 노인 개인별 욕구 등을 적극 반영한 프로그램 제공이 부족했다는 지적을 할 수 있다. 따라서 노인복지관과 경로당별로 구분된 전문적인 노인여가 프로그램과 각 계층별 욕구를 반영한 다양한 노인여가 프로그램 개발과 보급에 대한 노력이 요구된다.

넷째, 노인여가 전문 인력 양성이 필요하다. 그동안 노인여가시설에서 제공되었던 노인여가관련 프로그램을 포함한 대부분의 프로그램은 주로 시설의 사회복지사가 담당하였다. 물론 일부 전문 프로그램은 그에 따른 전문가가 진행하기도 하였지만, 노인여가의 중요성이 점점 부각되는 현대 사회에서 노인여가만을 전담하여 제공하는 전문인력은 부족하다는 점을 지적할 수 있다. 따라서 좀 더 전문적인 노인여가 프로그램을 제공하기 위한 전문인력 양성이 요구된다. 한편, 노인여가시설에 근무하는 사회복지사는 여가 프로그램을 전문적으로 진행할 수 있는 전문과정을 이수할 필요가 있다.

〈연습 문제〉

1. 다음은 노인여가활동 중 성격과 관습에 따른 유형 중 "자신의 서재에서 글을 쓰거나, 잡지의 기사내용을 스크랩하고, 독서와 새로운 문헌을 수집하는 등의 활동을 인생의 가치로 생각하며, 대부분 홀로 이루어진다"는 이 유형은 무엇인가?(　)

① 가족충실형　② 사회참여형　③ 독서형
④ 단독충실형　⑤ 우인충실형

2. 노인여가복지시설로 지정된 시설만 묶은 것은?(　)

a. 노인복지관	b. 노인교실
c. 노인바둑기원	d. 경로당

① a, b, c　② a, c, d　③ b, c, d
④ a, b, d　⑤ a, b, c, d

3. 노인여가복지시설의 역할 중 사회적 고립을 완화하기 프로그램으로 가장 적절한 것은?(　)

① 병원 및 의료 서비스 제공
② 봉사활동 참여 기회 제공
③ 혼자서 조용한 휴식을 갖게 유도
④ 체력 강화를 위한 운동 프로그램 제공
⑤ 인터넷 및 디지털 기술 교육 프로그램 운영

〈정답 및 해설〉

1. 정답 : ③

해설 : 노인여가활동 중 성격과 관습에 따른 유형 중 독서형은 자신의 서재에서 글을 쓰거나, 잡지의 기사내용을 스크랩하고, 독서와 새로운 문헌을 수집하는 등의 활동을 인생의 가치로 생각하며, 대부분 홀로 이루어지는 유형이다.

2. 정답 : ④

해설 : 노인여가복지시설로 지정된 시설은 노인복지관, 경로당, 노인교실이 있다.

3. 정답 : ②

해설 : 노인여가 복지 시설은 사회적 고립을 완화하기 위해 봉사활동 참여 기회를 제공하여 노인들이 사회와 연결되고, 다른 사람들과 함께 의미 있는 활동을 할 수 있도록 돕고 있다.

〈해결 문제〉

한 보도자료에 의하면 2020년 5월경부터 00시 00군의 경로식당이 사회복지사업 보조금 목적 외 사용으로 00시 특별사법경찰과에서 수사가 진행되었고, 00군의회에서도 경로식당 운영에 관한 문제를 제기하면서 3개소 경로식당이 무기한 운영이 중단되었다. 이와 같은 사례처럼 경로당에서도 주먹구구식으로 지원경비를 운영하고 있는 경우가 빈번함을 보도에선 지적하였다. 하지만, 경로당의 경우 회계를 담당할 전문가가 없고, 호혜적 성격을 지닌 경로당 사업비 특성상 융통성 있는 회계처리는 어쩔 수 없음을 하소연하는 경우도 있다. 이와같이 경로당 운영경비의 투명성과 효율적인 회계처리를 위한 문제 해결 방법을 제시해 보자.

〈찬반 토론〉

00광역시의 경우 제3의 노인복지타운을 00구에 60여억 원을 들여 설치하기로 하였다. 연간 운영비도 40여억 원이 들어갈 전망이다. 그동안 00광역시의 00구와 00구는 노인복지타운이 있었으나, 00구의 경우 노인복지타운이 없어 새롭게 설치될 노인건강타운은 00구 노인을 대상으로 양질의 여가복지서비스를 제공할 수 있다는 긍정적 측면이 있다. 하지만, 일각에선 기존의 노인복지관의 기능을 강화해 노인여가복지서비스를 제공하면 큰 예산을 줄일 수 있는데, 새롭게 노인복지타운을 신축하는 것은 예산 낭비라는 우려의 목소리도 적지 않다. 그렇다면, 큰 예산이 소요되는 대규모 노인여가 전문시설을 확충하여 양질의 여가서비스를 제공하는 것이 바람직한가? 아니면, 기존 노인여가시설을 더 보강하여 정부예산을 조금이라도 줄이면서 여가서비스를 제공하는 것이 바람직한지 찬반 토론을 해보자.

제12장

노인 자원봉사활동

1. 노인 자원봉사활동 개념과 의의

1) 노인 자원봉사활동의 개념과 역할

자원봉사활동(Volunteer activity)의 어원을 보면 라틴어의 volo에서 유래하는데, 의지라는 뜻이 있다. 또한, 자발적·자주적 의미를 포함하여 자유의지가 있는 활동이란 개념으로 단어 풀이를 할 수 있다.

자원봉사활동은 우리 사회에서 열악한 사람을 돕는다는 의미도 포함되는 것은 당연하다. 거기에다 사회의 안녕을 위한 역할에 참여하거나 국가적 행사에도 참여할 수 있다. 그런데, 자원봉사는 단순히 남을 돕는 것에 국한하지 않고, 자원봉사를 행하는 본인의 활동력을 통해 건강한 신체와 건강한 심리를 가질 수 있고, 우리 사회의 건강함도 추구할 수 있는 활동이다.

즉, 노인 자원봉사활동은 노인이 자발적으로 하는 봉사활동으로 단순히 힘든 상황에 처한 사람을 돕는 것에서 더 발전하여 노인의 사회참여를 증진시켜 노인의건강과 행복을 도모하는 것은 물론이고, 우리 사회의 건전함과 안정된 지역사회를 추구하는 역할을 담당한다.

2) 노인 자원봉사활동 의의

노인의 경우 다양한 인생의 경험을 자원봉사활동으로 연결 지을 수 있고, 국가와 지역사회에 필요한 부분에 기여할 수 있으며, 본인의 건전한 사회활동의 계기가 되는데 매우 유용한 활동이다. 최근 우리 사회가 노인인구가 증가함에 따라 노인 자원봉사는 노년기의 중요한 활동 가운데 하나이고, 사회적 가치로 보면, 노인은 매우 중요한 자원봉사 인적자원임에 틀림없다.

즉, 노인 자원봉사활동은 노인 스스로 사회에 기여하는 활동을 하면서 본인의 건강과 안녕은 물론이고, 건강한 국가와 사회를 형성하는 데 그 의의를 찾을 수 있다.

2. 노인 자원봉사활동 특성 및 필요성

1) 노인 자원봉사활동 특성

노인은 일반 자원봉사자와 다르게 자원봉사의 대상인 동시에 주체가 된다. 다시 말해서, 노인은 자원봉사를 받는 사회적 약자 또는 요보호 대상자이면서 반대로 사회를 위해 자원봉사자로 활동할 수 있는 자원이기도 하다. 이러한 이유로 노인의 자원봉사활동은 양방향성, 양면성, 치료성, 자조성이라는 네 가지 특성으로 정리할 수 있다(원석조, 2017).

(1) 양방향성

노인 자원봉사는 자원봉사를 행하는 측과 받는 측의 상하관계로 구분되는 것이 아니라 '줌'으로써 '받는 것'이며, '하는 것'이 자신의 삶의 보람이나 즐거움으로 이어진다.

(2) 양면성

노인들은 젊은 시절에 한 봉사에 대한 보상으로 봉사를 받을 수 있으며, 어떤 사람에게 봉사를 받지만 다른 사람에게는 노인 자신이 봉사를 행할 수 있다.

(3) 치료성

노년기에 타인을 돕거나 사회발전에 기여하는 활동에 참여하면 노인 자원봉사자는 신체 및 심리적으로 긍정적 보상을 받고, 자신이 가진 심신의 문제를 해결할 수 있는 효과가 있다.

(4) 자조성

동일한 문제로 고민하는 노인이 집단을 구성하여 스스로 문제해결을 돕는 경우가 많다. 또한, 자원봉사 자체가 노인 스스로 선택한 활동이므로 자립심과 자발적 성향이 향상되는 효과가 있다.

이와 같은 네 가지 특성을 보면 사회에서 멀어져가는 노인들이 다시 사회활동에 접근할 수 있다는 공통점이 있다.

2) 노인 자원봉사활동 필요성

노인들은 시간적 여유가 있고, 자신의 이미지를 찾기 위해 사회적 역할을 추구하는 노인들에게 있어 자원봉사 활동은 매우 바람직하면서 건강한 활동이기 때문에 그 필요성이 있다. 또한, 노인 자원봉사활동은 노인복지 영역에서도 빼놓을 수 없는 중요한 영역으로 자리매김하고 있는 추세이기 때문에 그 필요성이 있다.

노인의 자원봉사활동은 타인에게 봉사하며 여가를 즐기는 것으로, 축적된 인생 경험을 살리고 사회적 위치도 재확인할 수 있게 해 준다. 그리고 노인에게 삶의 의미를 가져다줄 수 있고, 창의적이면서 성취하는 삶을 유지한다는 것에 대해 자긍심을 갖게 해준다. 또한, 노인 자원봉사활동을 하면서 해당 업무에 대한 사회·교육적 측면에서 재교육을 받고 동료 봉사자들과 이웃이 유대관계를 형성함으로써 노인의 고독문제를 해결할 수도 있기 때문에 그 필요성이 있다(조추용 외, 2019).

즉, 노인 자원봉사활동은 노인의 자발적인 참여로 행해지기에 스스로 느끼는 자부심과 자립심을 가질 수 있고, 사회기여가 높아 우리 사회에서 노인의 존재 가치를 높일 수 있으며, 노인 본인과 사회 전체의 건강함과 건전함을 추구할 수 있어 노인에게 매우 필요한 활동이라 할 수 있다.

3. 노인 자원봉사활동 대표 이론

노인 자원봉사활동과 관련된 이론은 교환이론, 활동이론, 계속이론과 같이 세 가지 이론이 가장 대표적인 이론이라 할 수 있다. 각각의 이론을 좀 더 구체적으로 살펴보면 다음과 같다.

1) 교환이론(exchange theory)

교환이론은 사회적 현상을 설명하는 데 있어 다양한 사회적 현상에 적용하고자 하는데, 이 이론은 다른 사람 또는 조직에 행한 자기 자신의 행동이 특정한 결과를 가져올 것이라는 기대에서 비롯하여 행동한다는 것이다. 교환이론은 인간의 사회행위를 주고받는 교환행위를 보고서 정립한 이론으로 이 이론의 대표주자인 Homans(1974)가 사회적 행동 원리를 설명하고자 제시하였고, 학습자는 지난 과거에 보상을 받은 경험이 있는 활동 등을 반복할 가능성이 크다는 학습이론과 접목한 이론이다(송한용, 2017 재인용).

2) 활동이론(activity theory)

박석돈(2016)은 활동 이론에 대해 노인은 필연적인 생물학적 변화와 육체적 건강 약화를 제외하고는 중년과 동일한 사회적·심리적 욕구를 지니고 있어 퇴직으로 인한 역할 부재에 대신할 만한 활동을 찾아 사회참여를 추구한다고 보고하였다.

노인들은 일반적으로 사회적 역할에서 후퇴하는 것을 매우 싫어하고 사회활동이 축소되는 것에 대해 저항의식을 갖는다. 그러므로 은퇴가 아니라 사회참여가 노화에 훌륭하게 적응하는 방법이다. 노인들의 사회참여의 범위가 클수록 그리고 중년기에 가졌던 활동 유형과 별 차이가 없을수록 노후의 생에 대한 만족도가 높다(오봉욱 외, 2019).

3) 계속이론(continuity theory)

계속이론은 한 인간의 생애에서 어떤 활동을 계속해서 행한다는 것이 각자의 자신감을 가질 수 있고, 삶의 만족도도 높일 수 있어 전 생애에 걸쳐 쉬지 않고 계속해서 활동이 필요하다는 이론이다.

특히, 노인 자원봉사활동을 계속이론으로 적용해 볼 때 노인의 생애에서 은퇴로 인한 단절감, 실망감, 좌절감 등의 부정적인 요인을 줄이는 역할을 하고, 노인의 삶에서 계속된 활동으로 이어져 사회적 지위를 회복할 수 있을 뿐만 아니라 계속된 창의성과 책임감을 가질 수 있다. 또한, 노인 자원봉사활동은 단절되지 않은 사회활동으로 이어질 수 있어 계속이론과 가장 어울리는 방법이며, 가장 긍정적이고 효과적인 계속이론 실천 방법이 노인 자원봉사활동이라 할 수 있다.

4) 분리이론(separation theory)

분리이론은 노화과정을 설명하는 노년사회학 이론으로 노인이 자발적으로 사회에서 분리된다는 뜻을 의미한다. 또한, 활동이론과는 상반된 입장인 분리이론은 노년기에 사회적 교류와 활동범위를 축소하고, 개인이나 사회를 위해 노인이 사회로부터 분리되고, 사회 역시 노인을 사회에서 분리할 필요성이 있음을 설명하는 이론이다(박명화 외, 2020).

즉, 노인은 나이가 들면서 점차 스스로 사회활동에서 분리하고 멀어지는 현상을 분리이론이라고 정리할 수 있다.

4. 노인 자원봉사활동 분야와 지원기관

1) 노인 자원봉사활동 분야

노인 자원봉사의 분야는 다양하지 못하고, 일시적인 활동이 많아 봉사활동에 참여하는 노인이 전문적인 활동에 문제가 많았다는 지적이 있다. 하지만, 노인 자원봉사 영역은 점점 확대되고 있으며, 그 실천에도 전문성 있는 봉사활동이 꾸준히 증가하고 있는 추세다.

노인 자원봉사활동의 대표적인 분야는 생활편의, 주거환경, 상담, 교육, 보건의료, 농어촌, 문화행사, 환경보호, 행정보조, 안전·방범, 인권·권익, 재해·재난·응급, 국제협력, 멘토링, 기타영역 등이 있다. 이외에도 각종 사회복지시설 봉사, 유치원부터 대학까지 포함하여 교육봉사 등이 있다.

2) 노인 자원봉사활동 지원기관

(1) 대한노인회

대한노인회는 우리나라 최대 노인단체로 노인과 관련된 대표적인 단체라고 할 수 있으며 전국에 조직을 두고 있는 사단법인이다. 노인의 권익 신장과 복지증진, 사회 참여 촉진을 국가가 돕는다는 취지의 '대한노인회 지원에 관한 법률'을 통해 대한노인회는 중앙정부 또는 지방단체로부터 각종 지원을 받아 다양한 간담회, 인식 개선 캠페인, 노인일자리 연결 등의 사업을 하고 있다(대한노인회, 2021). 이러한 대한노인회의 주 활동이 자원봉사이기 때문에 노인 자원봉사활동 지원기관 중 가장 대표적인 단체라고 할 수 있다.

(2) 노인복지관

대표적인 노인여가복지시설 중 하나인 노인복지관은 지역 노인의 다양한 욕구를 충족시키기 위해 설치된 것으로 법제처(2021) 자료에 따르면 노인복지관은 노인의 교양·취미생활 및 사회참여활동 등에 대한 각종 정보와 서비스를 제공하고, 건강증진 및 질병 예방과 소득보장·재가복지, 그 밖에 노인의 복지증진에 필요한 서비스를 제공함을 목적으로 하는 시설이다.

즉, 노인복지관은 노인 자원봉사활동을 주요 프로그램으로 선정하여 노인이 노인을 위한 봉사활동을 할 수 있고, 노인복지관을 운영하는 데 자율적인 봉사와 참여를 돕는 역할을 하여 노인 자원봉사 활동에 가장 접근성이 좋고 가장 쉽게 봉사활동을 할 수 있는 기관이다.

(3) 자원봉사센터

자원봉사센터의 설립목적은 자원봉사활동 기본법 및 동법시행령 제19조에 의해 지역자원봉사센터를 설치하였으며, 전문성 보완과 운영의 활성화 등 전국적인 자원봉사 활동의 허브역할을 맡고 있다(1365자원봉사포털, 2021). 자원봉사센터에서는 자원봉사 인정, 격려, 자원봉사의 홍보, 정책개발 및 연구조사, 센터직원의 역량강화 등과 같은 다양한 사업을 진행하고 있다(광주광역시 자원봉사센터, 2021).

자원봉사센터는 전국 17개 시·도에 광역지자체 별 자원봉사센터가 있고, 기초지자체인 시·군·구 별로도 자원봉사센터가 설치되어 있어 노인 자원봉사활동을 가장 활발히 진행할 수 있는 기관이다.

(4) 기타 노인 관련 단체

한국노년자원봉사회, 대한적십자사, 한국노인복지회, 노인상담소, 노인의 전화, 각종 노인대학, 종교단체 등 다양한 노인이 활동하는 대부분의 단체에서 노인 봉사활동이 이뤄지고 있기 때문에 노인 봉사활동은 이미 우리 사회에서 뿌리를 잘 내리고 있는 것으로 보인다. 따라서 각 기관에서는 각 기관에 맞는 다양한 노인 봉사활동 프로그램을 개발하기를 기대한다.

5. 노인 자원봉사활동의 개선방안

노인 자원봉사활동은 이미 우리 사회에서 활발하게 진행되는 것으로 보인다. 하지만, 더 체계적이고 발전적인 노인 자원봉사활동이 되기 위해 다음과 같은 개선방안을 제시해 보겠다.

1) 노인 자원봉사 총괄 관리 기구 설치

앞서 설명하였듯이 한국은 노인 자원봉사를 할 수 있는 관련 단체가 수천 군데에 이를 것으로 보인다. 전국적으로 광역도시에 자원봉사센터가 있고, 기초자치단체 별로도 자원봉사센터가 설치되어 있다. 또한, 노인이 활동하는 각종 단체들도 노인 자원봉사 역할을 대부분 수행하고 있다. 하지만, 이렇게 많은 노인 자원봉사활동을 제공하는 기관은 많지만, 이들의 자원봉사활동을 총괄적으로 관리하는 시스템은 부재하고 있어 관련문제가 뒤따를 수 있다. 예를 들면 어떤 곳에선 자원봉사가 활발히 이루어지고 있지만, 다른 어떤 곳은 자원봉사가 부족할 수 있다. 따라서 이와 같은 노인 자원봉사활동을 총괄적으로 관리하고, 파악하는 기구나 장치가 필요할 수 있다. 노인 자원봉사활동을 총괄 관리하는 기구가 마련된다면, 자원봉사가 필요한 곳의 사각지대를 줄일 수 있어 우리 사회의 공평하고 고른 노인 봉사활동을 기대할 수 있을 것이다.

2) 노인 자원봉사에 대한 적극적 홍보와 인식전환

노인 자원봉사활동의 활성화 성패에 홍보의 중요성을 강조하고자 한다. 앞서 제11장 노인여가활동에서 소개하였듯이 통계청(2021)의 「2020 국민여가활동조사」에 따르면, 우리나라 노인이 가장 많이 참여하는 여가활동은 TV시청, 잡담/통화/문자로 조사되었음을 소개한 바 있다. 이는 대부분의 노인이 TV와 잡담 등으로 시간을 보낼 수도 있다는 것인데, 이러한 여가활동을 노인 자원봉사활동으로 전환할 필요가 있다. 노인 스스로도 자원봉사활동의 긍정적인 면을 받아들일 수 있는 인식변화를 위한 적극적인 홍보 활동도 요구된다. 따라서 노인의 삶에 신체적, 정신적으로 긍정적인 영향을 주는 노인 자원봉사활동을 다양한 매체와 복지기관을 통한 홍보와 광고 등이 필요하다. 한편, 노인 자원봉사활동 공로자를 대폭 선발해 지자체가 포상함으로써 자원봉사활동 노인을 존경하는 문화가 더 형성되길 바란다.

3) 다양한 프로그램 개발과 전문 교육

노인인구 증가와 동시에 각 노인 개인이 가지고 있는 욕구와 필요 요인도 다변화되고 있다. 또한, 노인 자원봉사활동도 각 개인별 능력과 자질이 요구될 수 있다. 기왕에 하는 노인 자원봉사활동이 우리 사회의 어떤 곳에서 매우 유용하게 쓰인다면 금상첨화일 것이다. 따라서 획일적인 자원봉사 프로그램에서 벗어나 개인의 특성과 흥미에 맞거나 자원봉사를 필요로 하는 곳의 욕구에 근거한 노인 자원봉사활동이 될 수 있는 세부 봉사 프로그램 개발과 함께 봉사활동을 참여하는 노인을 대상으로 하는 전문교육도 필수적인 절차임을 잊지 말아야 할 것이다.

4) 노인 자원봉사활동의 유급화 확대

노인 자원봉사활동은 대부분 무료봉사이다. 그런데, 어떤 전문적 봉사활동은 비용을 지불해도 아깝지 않을 정도의 전문성 있는 봉사활동일 수 있다. 또한, 기존의 노인일자리 사업을 자원봉사활동과 연계해 전문성이 있는 봉사활동으로 승화한다면 그 봉사활동은 우리 사회에 꼭 필요한 봉사활동이자 사회정책이 될 수 있다. 한편, 노인 자원봉사활동 관련 필수 진행 비용인 식사비용, 교통비 등의 진행비용이 마련되거나, 소정의 참가 비용도 마련된다면, 노인 자원봉사활동이 활성화하는 데 분명한 도움이 될 수 있다. 다만, 자원봉사의 유급화는 봉사가 갖는 순수성이 결여될 우려가 있다.

〈연습 문제〉

1. 다음 중 자원봉사활동의 개념에 대한 설명으로 옳지 않은 것은?(　)

① 자원봉사활동은 참여자의 자발적인 참여에 의해 이루어지는 활동이다.

② 자원봉사활동은 무보수성의 특징을 지닌다.

③ 자원봉사활동은 지속적으로 이루어지는 활동이다.

④ 자원봉사활동은 활동을 통한 참여자의 자아실현에 도움을 준다.

⑤ 자원봉사활동은 대가성을 지닌 활동이다.

2. 노인 자원봉사의 특성 중 현재 타인에게 도움을 주고 있지만 언젠가는 자신이 도움을 필요로 할 때 도움을 받을 수 있는 입장이 될 수 있음을 나타내는 특성은?(　)

① 치료성　② 의존성　③ 자조성

④ 양방향성　⑤ 양면성

3. 한 인간의 생애에서 어떤 활동을 계속해서 행하면서 삶의 만족도를 높이고, 진 생애에서 쉬지 않고 계속해서 활동이 필요하다는 이론은?(　)

① 교환이론　② 활동이론　③ 분리이론

④ 계속이론　⑤ 삶의 만족이론

4. 다음 중 노인자원봉사의 분야 중 지역사회 공헌활동에 해당하는 것으로 옳은 것은?(　)

① 상담 및 안내　② 보건의료　③ 안전지도

④ 교육지도　⑤ 문화예술

〈정답 및 해설〉

1. 정답 : ⑤

해설 : 자원봉사활동은 영리적 보상을 받지 않고서도 이타적인 서비스를 제공함으로써 사회발전을 도모함과 동시에 자아실현을 이뤄내는 활동이다.

2. 정답 : ⑤

해설 : 양면성은 현재 타인에게 도움을 주고 있지만 언젠가는 자신이 도움을 필요로 할 때 받을 수 있는 입장이 될 수 있는 측면을 말한다. 양방향성은 자원봉사를 행하는 측과 받는 측의 상하관계로 구분되는 것이 아니라 '줌'으로써 '받는 것'이며, '하는 것'이 자신의 삶의 보람이나 즐거움으로 이어진다.

3. 정답 : ④

해설 : 계속이론은 한 인간의 생애에서 어떤 활동을 계속해서 행하면서 삶의 만족도를 높이고, 전 생애에서 쉬지 않고 계속해서 활동이 필요하다는 이론이다.

4. 정답 : ③

해설 : 노인자원봉사 중 초등학교 앞 어린이 교통지도나 안전지도는 지역사회 공헌활동에 해당된다.

〈해결 문제〉

뉴스워커의 2021년 10월 13일 보도자료에 따르면 코로나19의 여파로 인해 2020년 봉사활동자가 전년 대비 절반가량 줄었으며, 자원봉사 횟수 역시 3분의 1수준으로 축소했다. 이러한 축소의 원인은 사람간의 접촉으로 인한 바이러스 전파의 위험 때문이었다. 이러한 문제를 대비하기 위해 비대면이나 화상채팅을 통한 온라인상의 봉사활동이 증가하고 있다. 그러나 컴퓨터나 인터넷 사용이 미흡할 가능성이 큰 노인의 경우 온라인 봉사활동에 참여하기 어려울 수 있다. 그렇다면, 코로나19와 같은 팬데믹 상황에서 노인들이 할 수 있는 봉사활동 및 비대면 기반 봉사활동에 참여할 수 있는 방안은 무엇이 있을까?

〈찬반 토론〉

장애인 활동보조인은 유급으로 봉사활동이 이루어진다. 이러한 유급봉사는 자원봉사의 무보수성 원칙에 어긋나므로 자원봉사활동 인증서를 발급받지 못한다. 이는 유급으로 봉사하는 것은 법적근거에 의해 근로활동을 하는 인력으로 분류될 수 있기 때문이기도 하다. 하지만, 유급으로 봉사하는 것이 무보수 원칙에 어긋나는 것은 사실이나, 봉사활동임에는 분명한 사실이다. 그렇다면 유급봉사활동을 할 경우 현재처럼 자원봉사활동 인증서를 받지 못하는 것이 바람직한가? 아니면, 현행 제도를 개선해 유급봉사임에도 자원봉사활동 인증서를 발급하는 것이 바람직한가? 찬반 토론을 해보자.

제13장

노인장기요양보험제도

1. 노인장기요양보험제도의 이해

1) 노인장기요양보험제도의 개념

한국은 2008년 7월부터 「노인장기요양보험제도」가 시행되고 있다. 노인장기요양보험은 한국의 다섯 번째 사회보험으로 치매나 중풍 등의 노인성 질환으로 일상생활을 혼자서 수행하기 힘든 노인 등에게 신체활동이나 가사활동 지원을 위해 노인장기요양급여를 제공하는 제도이다. 다음 〈표 13-1〉에 노인장기요양보험제도의 주요 내용을 간단히 요약하여 제시하였다.

〈표 13-1〉 노인장기요양보험제도 주요 내용

구분	주요 내용
보험자	• 국민건강보험공단
피보험자(가입자)	• 국민 건강보험 가입자와 의료급여 수급자
신청자격	• 장기요양보험 가입자 및 피부양자, 의료급여 수급자 중 65세 이상의 노인, 65세 미만인 자로서 치매나 뇌혈관성 질환 등 노인성질병을 가진 자 중 노인 장기요양인정자
장기요양인정	• 장기요양인정 신청하여 조사 및 등급판정 절차를 거쳐 장기요양등급 인정 • 노인장기요양등급인정은 5등급 시행(치매노인을 위한 5등급 신설)
급여내용	• 시설급여 : 노인요양시설, 노인요양공동생활가정에서 장기간 입소하여 신체활동 및 가사활동 지원 • 재가급여 : 방문급여(방문요양, 방문목욕, 방문간호), 주야간보호급여, 단기보호급여, 복지용구 구입 또는 대여 급여 • 특별현금급여(가족요양비) : 가족 등에 의해 요양서비스를 제공받을 경우 현금으로 비용 지급. 그 외 특례요양비와 요양병원간병비
재원조달방식 및 비율	• 국가는 매년 예산 범위안에서 해당 연도 장기요양보험료 예산수입액의 100분의 20에 상당하는 금액을 건강보험공단에 지원 • 노인장기요양보험료는 건강보험료와 통합되어 부과 • 본 제도 시행 2018년에 건강보험료액의 7.38%에 해당하는 금액을 노인장기요양보험 비용으로 책정 → 건강보험료 × 장기요양보험료율(7.38%) = 노인장기요양보험료
본인 부담금	• 시설급여 : 장기요양급여의 100분의 20 • 재가급여 : 장기요양급여의 100분의 15 • 차상위계층 : 본인부담액의 50% 감면 • 기초수급자 : 무료(의료수급권자 포함)

출처 : 국민건강보험공단(2022). 「노인장기요양보험」.

2) 건강보험 특징과 노인장기요양보험 특징

국민건강보험은 의료법에 근거를 두고 있다. 국민건강보험은 국민의 질병치료, 재활 등을 목적으로 하여 병·의원과 약국 등 의료기관에서 제공하는 의료서비스이다. 즉, 국민건강보험은 모든 국민의 질병을 치료하기도 하면서 노인의 치매나 중풍 등 노인성 질환도 치료할 수 있는 의료서비스이기 때문에 치료를 주 목적으로 한다는 특징이 있다.

노인장기요양보험은 노인복지법에 근거를 두고 있다. 노인장기요양보험은 치매나 중풍 등의 노인성 질환으로 일상생활을 혼자 힘으로 수행하기 힘든 노인 등에게 노인장기요양기관에서 신체활동이나 가사활동을 지원하는 의료복지서비스를 제공하기 때문에 요양을 주목적으로 한다는 특징이 있다.

3) 노인복지서비스와 노인장기요양보험

노인복지법을 중심으로 한 기존 노인복지서비스 체계는 노인복지서비스의 이용 자격 조건이 국민기초생활보장 수급자와 저소득층을 중심으로 특정 대상만 선별하여 제공한다는 특징이 있다. 또한, 그 재정을 정부 및 지방자치단체에서 부담하면서 공급자 위주로 진행할 가능성이 높다는 지적을 할 수 있다. 이는 본인 의사보다 행정적 영향력이 더 강할 수 있고, 보편적으로 노인부양문제를 적절히 대응하기에는 한계가 많았었기 때문이다. 무엇보다 노인돌봄과 요양이 더 이상 가족의 책임이 아닌 국가와 사회의 책임이라는 인식이 확대되면서 공공적 성격이 강한 노인요양시스템 구축이 요구되었다.

노인장기요양보험제도는 사회보험방식으로 전체 국민을 대상으로 하는 보편적 제도로서 재정은 장기요양보험료, 국가 및 지방자치단체, 이용자 본인 부담으로 나누는 방법을 취하고 있다. 노인장기요양보험 수급자가 서비스를 선택할 수 있는 선택권을 강화하였고, 의료와 요양서비스를 복합적으로 제공할 수 있다는 장점이 있다.

〈표 13-2〉 노인장기요양보험제도와 기존 노인복지서비스 비교

구분	노인장기요양보험제도	기존 노인복지서비스
관련법	• 노인장기요양보험법	• 노인복지법
서비스 대상	• 보편적 제도 • 장기요양이 필요한 65세 이상 노인 및 치매 등 노인질병을 가진 65세 미만자	• 특정대상 한정(선별적 성격) • 국민기초생활보장 수급자를 포함한 저소득층 위주
서비스 선택	• 수급자 및 부양가족의 선택에 의한 서비스 제공	• 지방자치단체장의 판단(공급자 위주)
재 원	• 장기요양보험료+국가 및 지방자치단체 부담 + 이용자 본인 부담	• 정부 및 지방자치단체의 부담

출처 : 국민건강보험공단(2021). 「노인장기요양보험」.

2. 노인장기요양보험의 적용 대상

1) 노인장기요양보험의 적용 대상 개념

「노인장기요양보호법」에 따르면 장기요양 등급 인정을 신청할 수 있는 자는 다음과 같다. 첫째, 노인장기요양보험가입자이거나 그 피부양자이어야 한다. 둘째, 「의료급여법」 제3조 1항에 따른 의료급여 수급권자이어야 한다. 그리고 대상자는 65세 이상의 노인 또는 65세 미만의 자로서 치매·뇌혈관성질환 등 대통령령으로 정하는 노인성 질병을 가진 자를 말한다.

이러한 대상자를 파악하기 위해 요양을 필요로 하는 수준에 따라 노인장기요양 등급을 판정해 그 서비스를 제공하고 있다.

2) 장기요양 등급판정

장기요양등급판정은 주관적인 개념이 아닌 "심신의 기능 상태에 따라 일상생활에서 도움(장기요양)이 얼마나 필요한가?"를 지표화한 장기요양인정점수를 기준으로 5개 등급으로 판정한다(〈표 13-3〉). 우리나라의 노인장기요양보험제도의 등

급은 2008년 도입시기에는 3등급으로 운영되어 왔으나, 2014년 7월부터 총 5등급으로 세분화되었고, 2018년 1월부터는 장기요양 '인지지원등급'을 신설·시행하여 그간 신체기능이 양호하여 장기요양등급 판정에서 탈락했던 경증치매환자도 인지 서비스 등 장기요양서비스를 이용할 수 있게 되었다(조추용 외, 2019).

〈표 13-3〉 장기요양 등급판정기준

장기요양 등급	심신의 기능상태
1등급	• 심신의 기능상태 장애로 일상생활에서 전적으로 다른 사람의 도움이 필요한 자로서 장기요양인정 점수가 95점 이상인 자
2등급	• 심신의 기능상태 장애로 일상생활에서 상당 부분 다른 사람의 도움이 필요한 자로서 장기요양인정 점수가 75점 이상 95점 미만인 자
3등급	• 심신의 기능상태 장애로 일상생활에서 부분적으로 다른 사람의 도움이 필요한 자로서 장기요양인정 점수가 60점 이상 75점 미만인 자
4등급	• 심신의 기능상태 장애로 일상생활에서 일정 부분 다른 사람의 도움이 필요한 자로서 장기요양인정 점수가 51점 이상 60점 미만인 자
5등급	• 치매환자로서 (「노인장기요양보험법 시행령 제2조」에 따른 노인성 질병으로 한정) 장기요양인정 점수가 45점 이상 51점 미만인 자
인지지원등급	• 치매(노인성 질병에 해당하는 치매로 한정)환자로서 장기요양인정 점수가 45점 미만

출처 : 보건복지부(2021). 「노인장기요양보험」.

3. 노인장기요양급여의 유형

노인장기요양급여는 크게 시설급여, 재가급여, 특별현금급여로 그 유형이 구분된다. 이를 유형별로 살펴보면 다음과 같다.

1) 시설급여

노인장기요양기관 급여 중 시설급여는 노인의료복지시설인 노인요양시설, 노인요양 공동생활가정이 있다. 시설급여는 일종의 노인생활시설에 가까워 장기간

(24시간 365일) 노인요양서비스를 제공하는 시설서비스를 의미한다. 시설급여에 노인전문병원은 제외된다.

2) 재가급여

노인장기요양기관 급여 중 재가급여는 방문급여(방문요양, 방문목욕, 방문간호), 주야간보호급여(주간보호, 야간보호), 단기보호급여, 복지용구 급여가 있다.

(1) 방문급여

방문요양은 방문요양, 방문목욕, 방문간호가 있다. 방문요양, 방문목욕서비스는 장기요양원인 요양보호사 수급자의 가정 등을 방문하여 요양이나 목욕서비스를 제공한다. 방문간호는 장기요양요원인 간호사가 가정 등을 방문하여 간호서비스를 제공한다.

(2) 주 · 야간보호급여

주·야간보호급여는 수급자를 하루 중 일정한 시간인 주간만 보호하거나, 야간만 보호하면서 장기요양요원인 요양보호사가 심신기능 유지, 식사, 목욕, 치매관리 등의 요양서비스를 제공한다.

(3) 단기보호급여

단기보호는 보호자의 사정으로 수급자를 보호하지 못했을 때 짧은 기간(몇일 또는 몇 달)동안 수급자를 보호하면서 생활, 심신기능 유지, 식사, 목욕, 등의 요양서비스를 제공한다.

(4) 기타 재가급여

기타재가 급여는 「복지용구 급여범위 및 급여기준 등에 관한 고시」에서 정하는 기준으로 수급자의 일상생활·신체활동 지원 및 인지기능의 유지·향상에 필요한 복지용구를 대여·판매·제공할 수 있고, 수급자의 가정을 방문하여 요양에 관한 지원 등을 제공한다.

3) 특별현금급여

노인장기요양보험제도에는 불가피하게 가족 등에게서 요양서비스를 제공 받은 경우에 지원되는 특별현금급여가 있다. 특별현금급여에는 가족요양비, 특례요양비, 요양병원간병비가 있다. 단, 특례요양비와 요양병원간병비가 「노인장기요양보험법」에 명시되어 있으나 현재는 시행하지 않고 있다.

(1) 가족요양비

장기요양기관이 현저히 부족한 지역(도서·벽지)에 거주하거나, 천재지변 등으로 장기요양기관이 실시하는 장기요양급여의 이용이 어렵다고 인정된 경우, 신체·정신·성격 등의 사유로 가족 등에게 장기요양을 받아야 하는 자에게 지급하는 것이다(한국재가노인복지협회, 2021).

(2) 특례요양비

건강보험공단은 수급자가 장기요양기관이 아닌 노인복지시설 등의 기관 또는 시설에서 재가급여 또는 시설급여에 상당한 장기요양급여를 받은 경우 대통령령으로 정하는 기준에 따라 당해 장기요양급여비용의 일부를 해당 수급자에게 특례요양비로 지급할 수 있다. 또한, 장기요양급여가 인정되는 기관 또는 시설의 범위, 특례요양비의 지급 절차, 그 밖에 필요한 사항은 보건복지부령으로 정한다(국민건강보험, 2021). 현재는 시행하지 않고 있다.

(3) 요양병원 간병비

수급자가 「노인복지법」에 의한 노인전문병원 또는 「의료법」에 의한 요양병원에 입원할 때 대통령령이 정하는 기준에 따라 장기요양에 소요되는 비용의 일부를 지급하는 것을 말한다(한국재가노인복지협회, 2021). 현재는 시행하지 않고 있다.

4. 노인장기요양급여의 이용 절차

1) 노인장기요양 인정 신청 절차

(1) 장기요양보험의 신청 및 방문조사

장기요양 신청인이 노인장기요양보험 등급인정을 국민건강보험공단에 신청할 수 있다. 이때 신청대상의 질병이 있을 경우 의료기관의 의료인에게 의사소견서를 발급받아 국민건강보험공단에 제출할 수 있다. 신체적·정신적 사유로 인해 직접 신청할 수 없다면 대리인 신청도 가능하고, 주민복지센터(읍·면·동사무소)에서도 신청이 가능하다. 국민건강보험공단은 이러한 인정신청을 받으면 장기요양 인정 조사 90개 항목을 장기요양직원(사회복지사, 간호사, 물리치료사 등)이 직접 가정 등을 방문하게 하여 신청인의 장기요양 욕구와 상태를 먼저 조사하는 방문조사과정을 거친다.

(2) 장기요양인정 및 장기요양등급판정

장기요양보험 가입자 및 피부양자나 의료급여 수급권자가 장기요양인인정 신청을 한 후 1차적으로 가정 등을 방문하여 장기요양인정(등급)조사를 거친다. 방문조사를 거친 후 등급판정위원회는 방문조사결과, 의사소견서, 특기사항 등을 기초로 최종 장기요양등급판정을 내린다.

(3) 장기요양인정서 및 표준장기요양이용계획서 송부

등급판정위원회의 장기요양인정 등급을 판정받았다면, 장기요양인정서와 표준장기요양이용계획서를 송부받는다. 「노인장기요양보험법」 제27조에 따르면 수급자는 장기요양인정서와 표준장기요양이용계획서를 송부 받은 후부터 장기요양인정 등급에 따른 장기요양서비스를 제공받을 수 있다.

(4) 장기요양급여 이용계약 및 급여 이용

수급자는 표준장기요양이용계획서가 도달한 날부터 장기요양급여를 받을 수 있는데, 수급자를 돌볼 가족이 없는 경우 등 대통령령으로 정하는 사유가 있는 경우 신청서를 제출한 날부터 장기요양인정서가 도달되는 날까지의 기간 중에도 장기요양급여를 받을 수 있지만, 특별현금급여는 지급되지 않으며 재가급여와 시설급여만 지급된다. 또한, 수급자는 장기요양급여를 받으려면 장기요양기관에 장기요양인정서와 표준장기요양이용계획서를 제시하여야 한다. 다만, 이런 서류를 제시하지 못하는 경우 장기요양기관은 공단에 전화나 인터넷 등을 통해 자격 등을 확인할 수 있다.

〈표 13-4〉 장기요양 등급판정 절차

1단계 : 인정신청	2단계 : 방문조사	3단계 : 등급판정	4단계 : 결과통보	5단계 : 급여이용
건보공단지사 방문, 우편, 팩스, 인터넷, 모바일 등으로 인정신청을 할 수 있다.	건보공단에서 방문하여 신체, 기능, 인지 등의 장기요양인정 조사 90개 항목을 조사한다	등급판정위원회에서 인정조사결과와 의사소견서 등을 고려하여 장기요양등급을 판정한다	등급판정위원회가 결과를 판정하여 수급자에게 장기요양 인정서와 표준장기이용계획서를 함께 송부한다.	장기요양급여 이용을 계약하고 장기요양급여가 제공된다.

출처 : 보건복지부(2021). 「노인장기요양보험」.

5. 노인장기요양보험제도의 재원

1) 가입자 보험료

노인장기요양보험 가입자는 국민건강보험 가입자와 동일하며 건강보험료와 통합징수하였으며 장기요양보험료율은 보건복지부 장관 소속 장기요양위원회의 심의를 거쳐 대통령령으로 명시한다(보건복지부, 2021).

2) 국가 및 지방자치단체의 부담

국가는 매년 예산의 범위 안에서 해당 연도 장기요양보험료 예상수입액의 100분의 20에 상당하는 금액을 건강보험공단에 지원한다. 국가와 지방자치단체는 대통령령으로 정하는 바에 따라 의료급여 수급권자의 장기요양급여비용, 의사소견서 발급비용, 방문간호지시서 발급비용 중 공단이 부담하여야 할 비용 및 관리운영비의 전액을 부담한다. 지방자치단체가 부담하는 금액은 보건복지부령으로 정하는 바에 따라 특별시·광역시·특별자치시·도·특별자치도와 시·군·구가 분담하고 지방자치단체의 부담액 부과, 징수 및 재원관리, 그 밖에 필요한 사항은 대통령령으로 정한다(보건복지부, 2021).

3) 본인 일부부담금

노인장기요양보험의 급여비용 중 일부는 본인이 부담하는데 그 부담 비율은 다음과 같다.

① 시설급여는 해당 장기요양급여 100분의 20에 해당하는 비용 본인부담

② 재가급여는 해당 장기요양급여 100분의 15에 해당하는 비용 본인부담

③ 국민기초생활보장법에 따른 의료급여 수급자는 본인부담금 전액 면제

④ 건강보험료 하위 25%까지는 본인부담금의 60% 경감, 건강보험료 순위 하위 25%를 넘고 50% 이하는 본인부담금 40% 경감

6. 노인장기요양급여의 수가체계

노인장기요양보험급여의 수가는 보건복지부 장관 소속 장기요양위원회의 심의를 거쳐 고시한다. 장기요양급여 수가는 장기요양 서비스에 필요한 임금, 관리 비용, 물가 등 전반적인 자원을 반영하여 정한다. 장기요양 수가는 시설급여, 재가급여(방문, 주야간, 단기보호) 등의 종류에 따라 적정한 수가금액을 월 한도액으로 정하여 고시한다.

1) 시설급여

노인장기요양시설의 시설급여는 원칙상 1·2등급 대상자만 가능하지만, 국민건강보험공단에서 별도의 승인을 받을 경우 3~5등급 대상자도 시설급여서비스를 지원받을 수 있다. 노인장기요양시설의 수가는 2024년 대비 2025년에 5.11% 인상되었고, 1일당 이용 비용은 〈표 13-5〉에서 제시하였다. 노인요양시설의 1일 이용 비용을 등급별로 살펴보면, 1등급은 90,450원, 2등급은 83,910원, 3~5등급은 79,240원이다.

시설급여 수가는 일반적으로 1·2등급에 해당하는 수급자만 서비스를 받을 수 있지만, 국민건강보험공단의 승인을 받으면 3~5등급 대상자도 서비스를 받을 수 있다. 1일 이용 수가는 62,000원부터 90,450원까지이므로 이용 날짜를 월별로 산정하여 월 한도액을 계산할 수 있다. 2025년 노인요양공동생활가정의 시설급여는 1등급은 72,480원, 2등급은 67,250원, 3~5등급은 62,000원이다.

〈표 13-5〉 시설급여기관의 1일당 비용

(단위 : 원)

비교 / 등급	노인요양시설		노인요양공동생활가정	
	24년 수가	25년 수가	24년 수가	25년 수가
1등급	84,240	90,450	71,010	72,480
2등급	78,150	83,910	65,890	67,250
3~5등급	73,800	79,240	60,740	62,000

출처 : 국민건강보험공단(https://longtermcare.or.kr 접근일 : 2025.06.26.) 시설급여비용을 바탕으로 구성함.

2) 재가급여

노인장기요양보험의 재가급여는 국민건강보험공단(2024) '2025년 장기요양보험료율'에서 제시한 바와 같이 8시간 서비스 이용 가능 횟수를 기존 월 6회에서 8회로 확대하였다. 장기요양등급 별로 매월 1일부터 말일까지 한 달 동안 방문요양, 방문목욕, 방문간호, 주·야간보호, 단기보호와 같은 재가서비스를 이용할 수 있다. 만약, 월 한도액을 초과하여 재가급여를 이용할 경우 초과금액은 전액 수급자 본인이 부담한다. 2024년 수가와 비교하면 2025년 수가가 6.42% 인상되었고, 등급별 이용 가능한 월 한도액은 〈표 13-6〉에 제시하였다. 2025년 재가급여 월 한도액을 보면, 1등급은 2,306,400원, 2등급은 2,083,400원, 3등급은 1,485,700원, 4등급은 1,370,600원, 5등급은 1,177,000원, 인지지원등급은 657,400원이다.

〈표 13-6〉 재가급여 월 한도액

(단위 : 원)

구분	1등급	2등급	3등급	4등급	5등급	인지지원
2024년	2,069,900	1,869,600	1,455,800	1,341,800	1,151,600	643,700
2025년	2,306,400	2,083,400	1,485,700	1,370,600	1,177,000	657,400
증가액	236,500	213,800	29,900	28,800	25,400	13,700

출처 : 국민건강보험공단(https://longtermcare.or.kr 접근일 : 2025.06.26.) 재가급여비용을 바탕으로 구성함.

(1) 방문요양

노인장기요양보험의 재가급여는 2025년 국민건강보험공단(2025)에서 제시한 바와 같이 2024년 대비 2025년의 방문요양 급여수가는 1.89% 인상되었고, 이용 가능한 월 한도액은 〈표 13-7〉에 제시하였다. 2025년 재가급여 월 한도액을 보면 다음과 같다. 30분 이상의 수가는 16,940원에 본인 부담액은 2,541원, 60분 이상의 수가는 24,580원에 본인부담액은 3,687원, 90분 이상의 수가는 33,120원에 본인부담액은 4,968원, 120분 이상의 수가는 42,160원에 본인부담액은 6,324원, 150분 이상 수가는 49,160원에 본인부담액은 7,374원, 180분 이상의 수가는 55,350원에 본인부담액은 8,303원, 210분 이상의 수가는 61,670원에 본인부담액은 9,251원, 240분 이상의 수가는 68,030원에 본인부담액 10,205원이다.

〈표 13-7〉 방문요양 급여비용(방문당)

(단위 : 원)

방문당 시간	24년 수가	24년 본인부담	25년 수가	25년 본인부담
30분	16,630	2,495	16,940	2,541
60분	24,120	3,618	24,580	3,687
90분	32,510	4,877	33,120	4,968
120분	41,380	6,207	42,160	6,324
150분	48,250	7,238	49,160	7,374
180분	54,320	8,148	55,350	8,303
210분	60,530	9,080	61,670	9,251
240분	66,770	9,116	68,030	10,205

출처 : 장기요양급여 제공기준 및 급여비용 산정방법 고시 제18조.

(2) 방문간호

노인장기요양보험의 방문간호 급여는 수급자 등의 상태에 따라 불가피한 경우

간호사 2인이 급여를 제공할 수 있게 함으로써 방문간호서비스의 질을 보장한다.

노인장기요양보험의 방문간호 수가는 2024년 대비 2025년도부터 방문간호 급여비용(수가)은 2.34% 인상되었다. 그런데 방문간호의 장기요양요원인 간호(조무)사와 치위생사의 인건비 지출비율은 2024년 60.4%에서 2025년에는 60.1%로 확정하여 0.3% 감소되었다.

한편, 방문간호 급여의 최소 제공 시간 기준의 모호로 적절한 급여가 제공되었다고 보기 어렵다는 문제점을 개선하기 위해 급여제공 시간을 정하고 있다. 특히 10분 미만 급여제공이 매년 증가함에 따라 방문간호 급여제공 시간 최소 기준 15분 이상 30분 미만이 유지되었고, 방문간호 간호사 등 2인이 동시에 급여를 제공하는 기준도 유지되었다. 방문간호의 시간에 따른 이용 가능한 수가와 본인부담금은 〈표 13-8〉에 제시하였다. 15분 이상 30분 미만의 수가는 41,710원에 본인부담액 6,257원, 30분 이상 60분 미만의 수가는 52,310원에 본인부담액은 7,847원, 60분 이상의 수가는 62,930원에 본인부담액은 9,440원이다.

〈표 13-8〉 방문간호 급여비용(방문당)

(단위 : 원)

방문당 시간	24년 수가	24년 본인부담	25년 수가	25년 본인부담
15분~30분 미만	40,760	6,114	41,710	6,257
30분~60분 미만	51,110	7,667	52,310	7,847
60분 이상	61,490	9,224	62,930	9,440

출처 : 「노인장기요양보험법」 제28조 장기요양급여 제공기준 및 급여비용 산정방법.

(3) 방문목욕

「노인장기요양보험법」 제26조에 의하면 방문목욕은 주 1회만 이용이 가능하다. 다만, 변실금·요실금 등 피부의 건강유지·관리가 불가피한 경우 초과 이용이 가능하다. 노인장기요양보험의 방문목욕 급여비용은 반드시 2인 이상의 요양보호사가 60분 이상 목욕서비스를 제공한 경우에만 산정하고, 목욕서비스 소요시간이 40분 이상 60분 미만이면 해당 급여비용의 80%만 적용한다. 다만, 방문목욕 차량 미이용 시 수급자의 수치심을 사유로 부득이하게 몸씻기 과정만 1인의 요양보호사가 제공한 경우 해당 급여의 80%만 산정하되, 목욕서비스 소요시간이 40분 이상 60분 미만인 경우에는 해당 급여의 70%만 적용한다.

노인장기요양보험의 방문목욕은 2024년 대비 2025년의 수가가 2.14% 인상되었고, 이용 가능한 월 한도액은 〈표 13-9〉에 제시하였다. 차량이용(차량 내) 시 2025년 수가는 86,480원에 본인부담액은 12,972원, 차량이용(가정 내) 시 2025년 수가는 77,970원에 본인부담액은 11,696원이다. 차량 미이용 시 2025년 수가는 48,690원에 본인부담액은 7,904원이다.

〈표 13-9〉 방문목욕 급여비용(방문당)

(단위 : 원)

구분	24년 수가	24년 본인부담	25년 수가	25년 본인부담
차량이용(차량 내)	84,670	12,701	86,480	12,972
차량이용(가정 내)	76,340	11,451	77,970	11,696
차량 미이용	47,670	7,151	48,690	7,904

출처 : 「노인장기요양보험법」 제25조 장기요양급여 제공기준 및 급여비용 산정방법.

(4) 주 · 야간 보호

장기요양급여 제공기준 및 급여비용 산정방법 고시 제30조에 따르면 주·야간보호는 월 15일 이상(1일 8시간 이상) 이용한 경우 월 한도액을 초과하여(20% 범위 내에서) 재가급여를 추가 이용할 수 있다. 노인장기요양 2등급~5등급은 월 15일 이상(1일 8시간 이상) 이용한 경우 월 한도액을 초과하여 50% 범위 내에서 재가급여를 추가 이용할 수 있다. 즉, 주·야간보호(일반실) 월 15일에 8시간 이상 이용하더라도 재가급여 월 한도액 추가 산정을 미적용하면서 서비스의 질 향상의 노력을 하였다.

노인장기요양보험의 주·야간보호는 2024년 대비 2025년 수가가 6.82% 인상되었고, 이용 가능한 월 한도액은 〈표 13-10〉에 제시하였다. 노인장기요양 1등급의 경우 3시간 이상 6시간 미만의 수가는 40,620원, 6시간 이상 8시간 미만의 수가는 54,490원, 8시간 이상 10시간 미만의 수가는 67,770원에 본인부담액은 각 이용 시간 수가의 15%가 적용된다.

〈표 13-10〉 2025년 주·야간보호 급여비용(1인당)

(단위 : 원)

분류	1등급	2등급	3등급	4등급	5등급
3시간 이상~ 6시간 미만	40,620	37,630	34,740	33,160	31,580
6시간 이상~ 8시간 미만	54,490	50,470	46,590	45,000	43,400
8시간 이상~ 10시간 미만	67,770	62,780	57,960	56,380	54,780

출처: 장기요양급여 제공기준 및 급여비용 산정방법 등에 관한 고시 제 31조.

(5) 단기보호

장기요양급여 제공기준 및 급여비용 산정방법 고시 제38조에 따르면 단기보호는 월 최대 9일 이내 이용이 가능하다. 다만, 수급자가 아래와 같은 사유로 특별한 요청이 있는 경우 월 한도액과 상관없이 9일 이내 범위에서 연간 4회까지 가능하다. 한편, 치매가 있는 장기요양수급자를 돌보는 가족이 일시적인 휴식이나 휴가가 필요한 경우 8일까지 치매가족휴가제를 실시하고 있는데, 치매가족휴가제를 이용한 단기보호 서비스를 이용할 수 있다.

〈표 13-11〉 단기보호 급여비용(1일당)

(단위 : 원)

등급	24년 수가	24년 본인부담	25년 수가	25년 본인부담
1	70,500	10,575	71,970	10,796
2	65,280	9,792	66,640	9,996
3	60,310	9,047	61,560	9,234
4	58,720	8,808	59,940	8,991
5	57,110	8,567	58,300	8,745

출처 : 국민건강보험공단(https://longtermcare.or.kr 접근일 : 2025.06.20) 단기보호급여비용을 바탕으로 구성함.

노인장기요양보험의 단기보호는 2024년 대비 2025년의 수가가 2.08% 인상되었고, 1일당 이용 비용은 〈표 13-11〉에서 제시하였다. 단기보호의 1일 이용 비용은 다음과 같다. 1등급은 71,970원, 2등급은 66,640원, 3등급은 61,560원, 4등급은 59,940원, 5등급은 58,300원이고, 본인부담액은 각 이용 날짜 수가의 15%가 적용된다.

〈연습 문제〉

1. 다음 네모 안의 보기 중 노인장기요양보험제도의 방문서비스에 관한 내용으로 옳은 것만 고른 것은?(　)

> a. 방문목욕서비스의 대상자는 장기요양인정자 중에서도 장기요양 1~2등급 판정자이다.
> b. 방문간호서비스는 장기요양요원인 간호사가 의사의 지시서에 따라 대상자의 집을 방문하여 간호서비스를 제공한다.
> c. 방문요양서비스는 노인장기요양요원인 사회복지사도 제공할 수 있다.
> d. 재가노인지원복지서비스는 노인장기요양보험제도내에서 실행된다.

① a, b, c　② b, c　③ b
④ c, d　⑤ a, b, c, d

2. 2018년부터 선정기준이 조정되었으며, 치매 증상 악화지연을 위한 주·야간보호 인지기능 개선 프로그램 등의 서비스를 받을 수 있는 장기요양등급은?(　)

① 2등급　② 3등급　③ 4등급
④ 5등급　⑤ 인지지원등급

3. 노인장기요양보험제도 본인부담률이 맞지 않는 것은?(　)

① 일반인 : 노인요양시설 100분의 20
② 차상위계층 : 노인요양공동생활가정 100분의 10
③ 기초생활수급자 : 단기보호시설 무료
④ 일반인 : 방문목욕서비스 100분의 15
⑤ 건강보험료 하위 25% : 본인부담률의 60% 경감

4. 다음 중 노인장기요양보험의 적용대상에 대한 설명으로 옳지 않은 것은?( )

① 노인장기요양보험의 적용 대상자는 장기요양보험가입자여야 한다.

② 노인장기요양보험 서비스 이용 자격은 의료급여수급권자가 아니어도 가능하다.

③ 노인장기요양보험은 소득수준에 따라 적용대상을 구분한다.

④ 노인장기요양보험은 장기요양보험가입자가 아니더라도 그의 피부양자가 대리로 신청할 수 있다.

⑤ 65세 미만의 경우에도 치매와 같은 대통령령의 노인성 질병을 앓을 경우, 노인장기요양보험의 적용 대상에 해당된다.

5. 다음 네모 안의 보기 중 노인요양 등급 신청 절차 순서가 맞는 것은?( )

a. 인정신청	b. 방문조사	c. 등급판정
d. 결과통보	e. 급여이용	

① e, a, b, c, b ② b, c, a, d, e ③ c, d, a, b, e

④ b, a, c, d, e ⑤ a, b, c, d, e

〈정답 및 해설〉

1. 정답 : ③

해설 : 방문목욕서비스는 모든 장기요양인정자가 이용할 수 있다. 방문간호서비스는 간호사가 의사의 지시서에 따라 방문하여 서비스를 제공한다. 재가노인지원복지서비스는 노인장기요양보험제도와 관련이 없다.

2. 정답 : ⑤

해설 : 장기요양인정점수에 따른 등급표는 다음과 같다.

등급	인정점수	전반적 상태
1등급	95점 이상	전적도움 필요
2등급	75~94점	상당부분 필요
3등급	60~74점	부분적필요
4등급	51~59점	일정부분 필요
5등급	45~50점	치매환자
인지지원등급	45점 미만	치매환자

3. 정답 : ②

해설 : 노인장기요양보험의 급여비용 중 일부는 본인이 부담하는데 그 부담 비율은 다음과 같다.

① 시설급여는 해당 장기요양급여 100분의 20에 해당하는 비용 본인부담

② 재가급여는 해당 장기요양급여 100분의 15에 해당하는 비용 본인부담

③ 국민기초생활보장법에 따른 의료급여 수급자는 본인부담금 전액 면제

④ 건강보험료 하위 25%까지는 본인부담금의 60% 경감, 건강보험료 순위 하위 25%를 넘고 50%이하는 본인부담금 40% 경감을 적용한다.

4. 정답 : ③

해설 : 보건복지부에 따르면 노인장기요양보험의 적용 대상의 경우 소득수준과 상관없이 노인장기요양보험 가입자와 그 피부양자 또는 의료급여수급권자로서 65세 이상 노인과 65세 미만의 노인성 질병이 있는 사람을 신청 대상으로 선정이 이루어진다고 한다. 이는 노인장기요양보험에서 소득수준을 기준으로 적용 대상을 선정한다는 것이 옳지 않다는 것을 말한다.

5. 정답 : ⑤

해설 : 노인장기요양 등급 신청 절차는 인정신청, 방문조사, 등급판정, 결과통보, 급여이용 순서로 이루어졌다.

〈해결 문제〉

노인장기요양보험은 사회보험을 적용해 서비스 경쟁과 소비자 선택이라는 과정을 적용할 수 있다. 하지만, 우리 사회의 노인복지를 위한 공적복지의 가장 중심에 있는 노인장기요양시설을 자본시장 구조에 놔두는 것이 바람직한지는 깊이 생각해 봐야 할 대목이다. 한편, 우리나라 지자체의 대부분이 시내버스를 '준공영제'로 운영하고 있다. 어떤 지자체는 1,000원 택시나 1,000원 버스 등도 등장하였다. 이는 공적자금을 투입하여 민간업자인 대중교통회사의 적자노선을 유지하게 하여 지역 소멸을 막아 결국 그 지역발전에 더 효율적이라고 판단하기 때문이다. 노인장기요양시설의 공익성은 어떠한가? 시내버스나 택시에 비교해 볼 때 비교할 수 없을 정도로 공공성 수준이 더 높다는 것은 자명한 사실이다. 그렇다면, 노인장기요양시설에 준공영제를 적용한다고 가정했을 때 어떤 방법들이 있을까? 그 과정에서 중앙정부와 지방정부의 역할이 무엇일지 제시해 보자.

〈찬반 토론〉

한국경영자총협회의 '2021년 장기요양보험 주요 이슈 분석' 보고서에 따르면 직장가입자 1인당 월평균 장기요양보험료는 2017년 1만 3,958원에서 2021년 2만 9,022원으로 4년 동안 107.9%가 인상되었음을 보고하였다. 또한, 장기요양보험 지출은 2018년부터 2020년까지 연평균 20% 증가했으며, 누적 적립금도 2017년 1조 9,799억 원에서 2020년 7,662억 원으로 61.3% 감소하였다. 이러한 현상은 노인장기요양보험 수혜대상 확대와 본인부담 경감 등의 영향으로 노인장기요양보험의 재정 부담이 점점 커지고 있음을 알 수 있다. 이 때문에 한국경영자총협회와 국회의원 중 일부는 요양서비스의 질과 이용량에 따른 가격 차등화를 주장하고 있다. 이는 서비스 질이 높을 경우 높은 본인부담금을 더 많이 부담하여 전체 보험료를 줄일 수 있는 장점이 있으나, 빈곤한 수급자는 질이 낮은 서비스만 받게 돼 사회보험으로서 형평성과 분배의 원칙을 벗어나고, 수급자 부담이 가중될 수 있어 복지 사각지대가 생길 수 있다는 단점이 있다. 이 의견에 찬성인가? 반대인가? 토론해 보자.

참고문헌

강영희(2014). **생명과학대사전**. 여초.

강태경(2020). 노인의 도구적 일상생활 수행능력이 삶의 만족도에 미치는 영향. 서울대학교 행정대학원 석사학위논문.

강흥구(2021). **사례관리**. 경기 : 정민사.

고명석 · 김효정 · 박선태 · 박성수 · 박연희 · 홍예람(2021). **노인복지론**. 서울 : 동문사.

고수현 · 윤선오(2021). **노인복지론**. 경기 : 수양재.

구혜영(2021). **사회복지실천기술론**. 서울 : 신정.

권기창 · 권승숙(2020). 노인의 여가활동 참여 특성이 성공적 노화에 미치는 영향 : 사회자본의 매개효과. 한국공공관리학회. **한국공공관리학보, 34**(4).

권중돈(2019). **노인복지론**. 서울 : 학지사.

길귀숙(2018). **사회복지실천론**. 서울 : 양서원.

김병문(2020). 노인복지정책의 전환 재가복지시설에서 : 커뮤니티케어로의 전환 및 경상북도에 대한 시사점. **대한정치학회보, 28**(4). 49-72.

김성경(2020). **사회복지 사례관리론**. 경기 : 공동체.

김성순 (1991). **고령화 사회와 복지행정**. 서울 : 홍익재.

김수영(2021). 생태체계학적 관점에 기반한 노인의 여가활동에 영향을 미치는 요인 : 전기노인과 후기노인 비교를 중심으로, **여가학연구, 19**(2).

김한식 · 전연신 · 이재문 · 이은모(2019). **노인복지론**. 경기 : 정민사.

모선희 · 김형수 · 유성호 · 윤경아 · 정윤경(2018). **현대 노인복지론**. 서울 : 학지사.

문화체육관광부(2020). 2020국민여가활동조사.

박미은(2021). **사회복지사를 위한 사례관리**. 경기 : 양서원.

박석돈 · 박순미 · 이경희(2018). **노인복지론**. 경기 : 양성원.

박선태 · 최병태 · 서보준 · 송은희 · 김극명 · 신성일 · 이은경(2015). **노인복지론**. 경기 : 공동체.

박용순 · 송진영 · 권성애(2016). **사례관리**. 서울 : 창지사.

박한식 · 정영진 · 이재은 · 이은모(2019). **노인복지론**. 경기 : 정민사

배기효 · 박영국 · 송정애 · 오현숙 · 이남순 · 이은영(2021). **사회복지학개론**. 서울 : 창지사.

보건복지부(2020). 2020 노인보건복지사업안내.

보건복지부(2021). 2021 노인보건복지사업 안내.

송한용(2017). 노인의 자원봉사활동 경험에 대한 연구 - 근거이론 연구접근-. 예명대학원대학교 박사학위논문.

엄명용 · 김성천 · 윤혜미(2020a). **사회복지실천의 이해**. 서울 : 학지사.

엄명용 · 노충래 · 김용석(2020b). **사회복지실천기술의 이해**. 서울 : 학지사.

오봉욱 · 전동일 · 고경은 · 오미숙 · 심의경 · 정일영 · 주선영(2019). **(초고령사회를 대비하는)노인복지론**. 경기 : 정민사.

오승주(2017). 노인학대범죄의 대책에 관한 연구. 동국대학교 박사학위 논문.

원석조(2017). **노인복지론**. 경기 : 공동체.

원석조(2018). **노인복지론**. 경기 : 공동체.

이근홍(2020). **사례관리론**. 경기 : 지식공동체.

이근홍(2021). **노인복지론**. 경기 : 지식공동체.

이승호 · 신유미(2018). 공적돌봄과 가족돌봄의 관계 : 재가 노인 돌봄을 중심으로, **한국노년학**, **38**(4), 1035-1055.

이은희 · 박양숙(2017). **새로 쓴 노인복지론**. 서울 : 학지사

이해영(2019). **노인복지론**. 서울 : 창지사.

임병우 · 임중철 · 주경희(2021). **노인복지론**. 경기 : 지식공동체.

임정문 · 나직균 · 안원철 · 이상민 · 이덕희(2017). **노인복지론**. 서울 : 동문사,

임정문 · 현영렬 · 김재경 · 이덕희 · 나직균(2021). **사회복지개론**. 서울 : 동문사.

장수미 · 최정숙 · 박형원 · 김주현 · 홍현미라 · 이혜경 · 이영선 · 한인영(2019). **사회복지실천기술론**. 서울 : 학지사.

전미진(2016). 65세 이상 한국 노인들의 결손치와 흡연의 융합관계. **한국융합학회논문지**, **7**(5).

정상수 · 김동환 · 김철진 · 정영민 · 문정란(2018). **노인복지론**. 경기 : 정민사.

정순둘 · 김혜경 · 박화옥 · 김범중 · 곽민영 · 양옥남(2020). **노인복지학**. 경기 : 공동체.

조추용 · 김양이 · 윤은경(2019). **노인복지론**. 서울 : 창지사.

중앙노인보호전문기관(2020). 2020 노인학대현황보고서.

최은정(2020). **사례관리**. 경기 : 양서원.

최해경(2020). **노인복지론**. 서울 : 학지사.

통계청(2021). 2020~2070 장래인구추계.

통계청(2021). 2020 국민여가활동조사.

통계청(2021). 2021 고령자통계.

통계청(2021). 가족 중 부모 노후 생계 책임자.

통계청(2021). 발생장소별 노인학대 건수 · 비율.

서울신문(2021년 5월 21일). "작년 건보 총진료비 87조… 65세 이상이 37조". https://go.seoul.co.kr/news/newsView.php?id=20210521011035

메디컬 옵저버(2014년 10월 5일). 급증 노인우울증 치료 "더 전략적으로". http://www.monews.co.kr/news/articleView.html?idxno=77273

이뉴스투데이(2021년 4월 27일). "기장군, 경로식당 무료급식사업 보조금 운영제도 개선". https://www.enewstoday.co.kr/news/articleView.html?idxno=1473619

뉴스워커(2021년 12월 20일). 코로나19 여파, 활동자원봉사자 반토막 ... 도움의 손길 절실. http://www.newsworker.co.kr/news/articleView.html?idxno=132217

연합뉴스(2020년 10월 1일). '쓸쓸한 노년' 홀로 사는 노인 159만명 올해만 388명 고독사. https://www.yna.co.kr/view/AKR20200930028900530

매일경제(2021년 10월 28일). "지난해 건보 의료급여비 9조…65세이상이 절반 썼다". https://www.mk.co.kr/news/economy/view/2021/10/1023355

백세시대(2018년 4월 27일). "고령화사회 분류는 유엔이 한 것 아니다". http://www.100ssd.co.kr/news/articleView.html?idxno=53470

매일경제(2021년 11월 15일). "한국 빠른 고령화 속도에도 대책 부족으로 노인빈곤 우려". https://www.mk.co.kr/news/society/view/2021/11/1071790/

고용노동부 공식블로그(2021년 12월 20일). "D사의 임금피크제! 변화의 바람에 맞서 모두가 상생할 수 있는 방법을 찾다.". https://blog.naver.com/molab_suda/220991625666

1365 자원봉사포털(2021.12.20.). https://www.1365.go.kr/ 1365

고용노동부(2021.12.17.). **고령자인재은행**. http://www.moel.go.kr/policy/policyinfo/aged/list7.do

공무원연금공단(2021.12.17.). **공무원연금제도**. https://www.geps.or.kr/business/annuity/page_01_06.jsp

국가법령정보센터(2021.12.18.). **고령자고용촉진법**. https://www.law.go.kr/lsSc.do?

국가법령정보센터(2021.12.17.). **공무원연금법**. http://www.law.go.kr/lsInfoP.do?lsiSeq=180498&efYd=20160728#0000

국가법령정보센터(2021.12.17.). **국민연금법**. http://www.law.go.kr/lsInfoP.do?lsiSeq=178150&efYd=20161230#0000

국가법령정보센터(2021.12.17.). **군인연금법**. http://www.law.go.kr/lsInfoP.do?lsiSeq=183549&efYd=20161130#0000

국가법령정보센터(2021.12.17.). **기초연금법**. http://www.law.go.kr/lsInfoP.do?lsiSeq=180759&efYd=20160804#0000

국가법령정보센터(2021.12.17.). **노인복지법**. http://www.law.go.kr/lsInfoP.do?lsiSeq=178129&efYd=20161230#0000

국가법령정보센터(2021.12.27.). **노인복지법과 보인복지시행규칙**. https://www.moleg.go.kr

국가법령정보센터(2021.12.27.). **노인주거 복지시설**. https://www.moleg.go.kr

국가법령정보센터(2021.12.17.). **사립학교교직원연금법**. http://www.law.go.kr/lsInfoP.do?lsiSeq=183501&efYd=20170101#0000

국가법령정보센터(2021.12.17.). **상속세 및 증여세법**. http://www.law.go.kr/lsInfoP.do?lsiSeq=188353&efYd=20170101

국가법령정보센터(2021.12.17.). **생활보호법**. https://www.law.go.kr

국가법령정보센터(2021.12.17.). **소득세법 시행령**. http://www.law.go.kr/lsInfoP.do?lsiSeq=191522&efYd=20170204

국가법령정보센터(2021.12.17.). **소득세법**. http://www.law.go.kr/lsInfoP.do?lsiSeq=179610&efYd=20170120

국가법령정보센터(2021.12.17.). **조세특례제한법**. http://www.law.go.kr/lsInfoP.do?lsiSeq=179625&efYd=20170120

국가법령정보센터(2021.12.17.). https://www.law.go.kr

국가법령정보센터(2021.11.26.). **복지용구 급여범위 및 급여기준 등에 관한고시**. https://www.law.go.kr

국가법령정보센터(2025.7.8.). **노인장기요양보험법**. https://www.law.go.kr

국민건강보험공단(2021.11.28.). **노인장기요양보험. 노인복지시설 인권매뉴얼**. http://www.longtermcare.or.kr/npbs/d/m/000/moveBoardView?menuId=npe0000000940&bKey=B0020&search_boardId=50055

국민건강보험공단(2021.11.26.). **노인장기요양보험 통계연보**. http://www.nhis.or.kr

국민건강보험공단(2021.12.17.). **정책센터. 국민연금건강보험**. https://www.nhis.or.kr/nhis/policy/wbhada01000m01.do

국민건강보험공단 law(2025.7.8.). **노인장기요양보험**. http://www.nhis.or.kr/lm/lmxsrv/main/main.do

국방부군인연금공단(2021.12.17.). **연금업무안내**. https://www.mps.mil.kr/info/penKindInfo.do에

광주광역시 자원봉사센터(2021.12.20.). **지원봉사센터 공지사항**. http://www.vcgj.net/?sid=7

노인장기요양보험(2021.12.20.). **국민건강보험공단**. https://www.longtermcare.or.kr/npbs/indexr.jsp

법제처(2021.12.20.). **노인복지관**. https://www.moleg.go.kr

보건복지부(2021.12.17.). http://www.mohw.go.kr/react/sch/index.jsp

보건복지부(2023.6.10). **노인복지시설 현황**. https://www.korea.kr/

보건복지부(2021.12.17.). **노인요양보험제도(2021)**. https://www.mohw.go.kr/react/policy/index.

jsp?PAR_MENU_ID=06&MENU_ID=06390301&PAGE=1&topTitle=

보건복지부(2021.12.17.). **연구/조사/발간자료**. http://www.mohw.go.kr/react/jb/sjb030301vw.jsp?PAR_MENU_ID=03&MENU_ID=032901&CONT_SEQ=362882

보건복지부(2021.12.17.). **정책. 건강보험. 2021년 의료급여사업안내**. http://www.mohw.go.kr/react/policy/index.jsp?PAR_MENU_ID=06&MENU_ID=063201

보건복지부(2021.12.17.). **정책. 기초연금**. http://www.mohw.go.kr/front_new/policy/index.jsp?PAR_MENU_ID=06&MENU_ID=064103

보건복지부 보도자료(2025). **보험료율 13%, 소득대체율 43% 등 담은 연금개혁법안 국회 본회의 통과**. https://www.mohw.go.kr

보건복지부 보도자료(2025). **2025년 장기요양보험료율 동결**. http://www.mohw.go.kr

복지로(2021.12.21.). https://www.bokjiro.go.kr

사단법인 대한노인회(2021.12.20.). http://www.koreapeople.co.kr

사립학교교직원연금공단(2021.12.17.). **연금사업**. https://www.tp.or.kr/tp-kr/cntnts/i-215/web.do

정부24(2021.12.17.). **정책정보**. https://www.gov.kr/portal/service/serviceInfo/135200000015

중소기업중앙회(2021.12.17.). **숙련 고령자 고용유지 제도**. https://www.kbiz.or.kr/ko/index/index.do

클린아이 공공기관통합공시(2021.12.17.). https://www.cleaneye.go.kr/index.jsp

통계청(2021.12.17.). **경제활동인구조사 고령층부가조사결과**. http://kostat.go.kr/wnsearch/search.jsp

통계청(2021.12.17.). **고령층 연령별 경제활동상태**. http://kostat.go.kr/wnsearch/search.jsp

통계청(2021.12.17.). **고령층 성별 일자리 선택기준**. http://kostat.go.kr/wnsearch/search.jsp

한국경영자총협회(21.12.29.). https://www.kefplaza.com/web/index.do

한국시니어클럽협회(2021.12.17.). http://www.silverpower.or.kr/bbs/content.php?co_id=731

한국재가노인복지협회(2021.12.17.). http://kacold.or.kr

한국재가노인복지협회(2021.11.21.). **노인장기요양보험 등급판정기준 및 절차안내**. http://www.kacold.or.kr/theme/basic/html/2-2_01.php

한국행정학회(2021). **행정학전자사전**. https://kapa21.or.kr/bbs/dictionary

한국HRM협회(2021.12.28.). **시니어인턴십 안내**. http://hrmkorea.or.kr

행정안전부 국가기록원(2021.12.17.). **경로우대제도**. https://theme.archives.go.kr/next/koreaOfRecord/senior.do

e-나라지표(2021.12.17.). **노년부양비**. http://www.index.go.kr/potal/main/EachDtlPageDetail.do?idx_cd=1430

저자소개

정성배 조선대학교 행정복지학부 교수

김현기 강동대학교 사회복지학과 교수

신선애 부산과학기술대학교 사회복지학과 교수

2판

현대 노인복지론

초 판 1쇄 발행 2023년 8월 18일
제2판 1쇄 발행 2025년 8월 29일

지 은 이 | 정성배·김현기·신선애
펴 낸 이 | 김기섭
책임편집 | 오선율·이윤희
펴 낸 곳 | www.changjisa.com
08589 서울시 금천구 가산디지털 1로 83 파트너스타워 1차 9층
전화 (02) 719-2211~3
팩스 (02) 701-9386
등 록 | 1977년 4월 28일 · 제1-421호

ISBN 978-89-426-1945-0 (93330)

값 20,000원